Nuova Narrativa Newton

1210

Degli stessi autori:

Il Canaro della Magliana
Città a mano armata
Quelli cattivi
Il giallo di via Poma
Inferno Capitale

Prima edizione: novembre 2021

ISBN 978-88-227-4426-5

www.newtoncompton.com

Realizzazione a cura di Punto a Capo
Stampato nel novembre 2021 da Puntoweb s.r.l., Ariccia (Roma)

Massimo Lugli - Antonio Del Greco

Il baby killer della banda della Magliana

Newton Compton editori

PROLOGO

La mitraglietta è unta, scivolosa e fredda. Luigi stringe l'impugnatura fino a farsi sbiancare le nocche e ripassa, mentalmente, tutto quello che ha imparato. Selezione a raffica, dito sul grilletto senza strappare, l'arma che si muove lentamente in orizzontale evitando che gli possa saltare in mano e sparare a casaccio, facendo schizzare i proiettili chissà dove.

Ce la farà? Deve farcela.

«Nervoso, Fringuello? Pensa di sparare al bersaglio. Stai calmo e ricordati: quell'infame non merita di vivere».

Le parole del Capitano gli tornano alla mente all'improvviso, assieme a quello sguardo di ghiaccio che dice: se toppi stavolta hai chiuso.

Fa freddo ma Gigi suda. Viale Regina Margherita sembra una galleria del vento, la tramontana spopola le strade, affolla i bar aperti, costringe i pochi passanti a muoversi spicci, intabarrati nei cappotti col bavero rialzato, le facce seminascoste da sciarpe e cappelli ben calcati sulla fronte per non farseli strappare via dal vento. Meglio. Chi ha freddo e fretta non si guarda intorno. Gigi vede passare un tizio in Vespone: eskimo slavato, borsa di Tolfa, berretto peruviano: una zecca di sicuro. «Oggi la scampi, peloso di merda», sogghigna tra sé.

«Nervoso, Fringuè? Shtai tranquillo, tra poco shende». La voce di "Zeppola", le "esse" strascicate che gli hanno fatto appioppare il soprannome fin da ragazzino, lo fa sobbalzare come uno studente beccato a copiare. Gigi torna concentrato. Guarda per la milionesima volta il portone del palazzo, poi si gira verso la sagoma di Amaro, massiccia e leggermente curva, che gli dà le spalle, rivolto alla strada, la mano in tasca dove impugna la piccola Mauser HS calibro 7.65 col colpo in canna. Copertura. Amaro non sparerà, oggi, a meno che arrivino guardie o carubba o qualche idiota si metta in mezzo. Oggi tocca a lui. Il suo battesimo del fuoco.

Gigi soppesa la mitraglietta, che gli sembra improvvisamente pesantissima, e sente una stretta allo stomaco. Col revolver e la carabina del padre ci sa fare, si è esercitato spesso nelle cave abbandonate e un paio di volte nel poligono sotterraneo, allestito dai camerati in una cantina del Salario e insonorizzato con un'imbottitura fatta di confezioni per le uova. Mano sicura, vista da falco, respiro controllato. Per questo, probabilmente, lo hanno scelto. Per questo e per farne un vero soldato. A sedici anni, un onore che, adesso, si deve guadagnare.

Controlla ancora una volta che la sicura sia disinserita. Con la mitraglietta è un'altra faccenda. È arrivata da poco e Gigi ha avuto a malapena il tempo di scappare a Ostia in piena notte e sgranare tre o quattro scariche verso il mare, attento a economizzare le pallottole calibro 7.62 che costano un botto e non sono facili da trovare. Lì per lì gli è sembrato un giocattolo, facile da usare e affidabile, ma adesso gli vengono mille dubbi che lo fanno sudare ancora di più. E se si inceppa? Se gli sfugge dalle mani bagnate? Se…

Respira a fondo, cerca di controllare le pulsazioni in salita esponenziale. Una Cz Skorpion non s'inceppa mai, ripete come un mantra. Curioso, la stessa che usano spesso quelli dell'Armata del Popolo. I nemici.

Il nemico di oggi, invece, non si decide a farsi vedere. Strano, perché alle 20:15, puntuale come un debito, l'avvocato Sergio Iannarone molla lo studio, s'infila nella sua Giulia blu ministeriale e se ne va ai Parioli a cenare in famiglia. Il Rolex che ha ricevuto in regalo per la cresima gli dice che sono le 20:27 e il tizio non si vede. Forse sta lavorando a una causa importante e farà tardi. Forse ha la febbre, se ne sta a casa sotto le pezze e loro lì, a gelarsi il culo, col rischio di farsi blindare dalla prima volante o gazzella in vena di controlli. Per qualche istante Gigi spera che sia proprio così: l'avvocato non è in ufficio, l'azione è rimandata e forse non si farà mai. A volte succede. Parecchi si sono salvati per un imprevisto, un ritardo, un piccolo incidente stradale, un bus che ha saltato la corsa, un raffreddore che li ha tappati in casa. Condannati a morte graziati quando il boia ha già la mano sul pulsante della sedia elettrica. Zombie vivi per miracolo e che neanche lo sanno. Esecuzioni rimandate, a volte per sempre.

Alle 20:32 Gigi comincia a sentirsi sollevato e aspetta solo che il Capitano esca dalla SIMCA per dare il segnale di tornare alla base. Gigi non lo farà. Non stasera. Nessuno potrà prendersela con lui. È rimasto freddo, lucido, concentrato. Non ha esitato, non se l'è fatta addosso, non ha chiesto che lo facesse qualcun altro. Prova superata senza bisogno di lasciarsi un cadavere alle spalle. Gigi si vede già a tavola, coi genitori, Teresa, la domestica, che serve i quadrucci in brodo, il televisore acceso, i soliti commenti del padre sulla politica che fa schifo, sulla delinquenza che nessuno riesce a fermare, sulla gioventù drogata e debosciata che non combina un cazzo. Serate tutte uguali, cene di mugugni, silenzi, frecciatine da un capo all'altro della tavola. Le ha sempre odiate, adesso gli sembrano il Paradiso.

Non è il rumore a farlo voltare ma Zeppola che si irrigidisce all'improvviso ed emette un sospiro roco, quasi un gemito di sollievo e di apprensione al tempo stesso. Il portone si sta aprendo.

Gigi stringe l'arma, la punta all'altezza della vita, posa delicatamente l'indice destro sul grilletto. Aspetta.

L'uomo si chiude il portone alle spalle, alza il bavero del giaccone, si caccia le mani in saccoccia, s'avvia in fretta dandogli le spalle. Gigi apre la bocca per parlare ma s'accorge con orrore che le parole non gli escono, gli sembra di avere uno straccio conficcato in gola. Lo sguardo di Zeppola sembra trapassarlo. L'uomo è già a tre metri di distanza. Gigi fa per corrergli dietro, si controlla, rallenta, cammina a passi veloci e gli arriva quasi alle spalle. Poi, finalmente, riesce a parlare anche se è solo un gracchiare quasi incomprensibile.

«Avvocato...».

Il tizio fa per girarsi a metà e Gigi spara. Meglio, la Cz spara da sola, come animata di vita propria. La raffica centra l'uomo tra il fianco e la schiena, l'avvocato resta in piedi per qualche istante, come se non fosse successo niente e Gigi preme ancora il grilletto, chiedendosi, assurdamente, se qualcuno ha sostituito le pallottole con alcune a salve, se era tutta una finta.

Il tizio fa degli strani movimenti, tutti a scatti, come se stesse ballando in discoteca, poi cade.

Gigi fa per avvicinarsi ma è il momento di Amaro che cambia piano d'azione, gli fa cenno di restare dov'è, estrae la sua piccola semiautomatica triangolare, si china sull'uomo, lo guarda bene in faccia, punta la Mauser per piantargli un proiettile in testa, bestemmia, si rialza e indica la SIMCA Horizon che si sta avvicinando, col Capitano al volante.

Gigi, Amaro e Zeppola saltano nell'abitacolo e sbattono

con forza le portiere di quella brutta scatoletta francese, mentre schizza via a tutto gas.

Gigi nasconde la Cz sotto il sedile del guidatore e finalmente si gira a guardare Amaro come un cucciolo che aspetta una carezza. Lo schiaffo gli fa bruciare la guancia destra come se gli avessero lanciato uno schizzo di vetriolo.

«Ma che cazzo… Sei impazzito?», gorgoglia.

Amaro bestemmia ancora. È toscano e ci mette parecchia creatività.

«Perché cazzo…?». Gigi si massaggia la faccia, basito e umiliato. «L'ho beccato, no?»

«No». Amaro rimette in tasca la Mauser e si dà un gran cazzotto sulla coscia destra.

Il Capitano si gira a guardarlo coi suoi occhi da varano.

«Che succede? Datti una calmata e spiega». Glaciale.

Amaro tira giù qualche santo e parecchie madonne, poi sbotta.

«Non è lui. Non gli assomiglia nemmeno. Questo stronzetto ha ammazzato il tizio sbagliato, merda».

PARTE I

Adesso sono diventato Morte, distruttore di mondi.
Bhagavad Gita

CAPITOLO 1

Roma, molti anni dopo

Silvio Allevi imbocca via Margutta a trenta all'ora, guardando gli ingressi delle gallerie d'arte, spesso coi galleristi affacciati sulla porta a fumare o cazzeggiare tra di loro o con qualche conoscente che ha tempo da perdere. L'orologio d'oro massiccio segna le 11:25, mancano cinque minuti all'appuntamento. La puntualità è la cortesia dei re e Silvio si fa un dovere di arrivare sempre in anticipo, non solo per questioni di etichetta: è un ottimo modo per guardarsi attorno, controllare, sbirciare e rendersi conto se c'è qualcosa che non quadra. Al minimo movimento che non gli torna, particolare fuori contesto o faccia che marca male, "er Fichetto" se la squaglia. Il motore a due tempi da 50 cc, taroccato da quel mago di Pietro, il meccanico di via Gregorio VII, mito delle corse clandestine a corso Francia, può schizzare a ottantacinque all'ora e nel casino stratosferico del traffico di Roma sfida chiunque a stargli dietro, perfino su una Kawasaki. Silvio non ha paura delle giuste: se lo fermano per uno dei soliti controlli è una gran rottura di palle, ma non ha carichi pendenti e tantomeno ordinanze di custodia per cui, male che vada, si tratta di perdere un po' di tempo, mostrarsi cortesi quel tanto che basta, dare rispettosamente del "lei" agli sbirri, riprendersi i documenti e la cosa finisce lì.

Con gli altri è diverso. Se lo beccano è fottuto. E sono parecchi, in questo periodo, a stargli alle costole. Silvio sa che deve stare in campana almeno per qualche tempo:

poi le cose s'aggiusteranno, i vecchi amici di una volta torneranno amici, le rivalità si smorzeranno e ci saranno soldi per tutti. Soprattutto se il movimento andrà bene. Deve andare bene per forza.

Silvio arriva fino alla fine della strada, torna indietro, dà un'ultima occhiata alla galleria dove il tizio lo sta aspettando e decide che è tutto a posto. Lungo via Margutta non ha visto nessun personaggio allarmante, nessuna macchina con qualcuno dall'aria rattusa dentro, nessun motociclista con l'integrale a coprirgli la faccia e il motore acceso. Vero, qualcuno potrebbe aspettarlo nel locale con un ferro e fargli scoppiare la testa appena la infila dalla porta, ma le probabilità sono minime: chi potrebbe essere tanto scemo da addobbare qualcuno in pieno giorno e in una galleria d'arte nel cuore del centro, dove chiunque può entrare all'improvviso? Si rilassa, molla il Metropolis vicino all'entrata senza mettere la catena (tanto qui chi se lo frega? Mica siamo a Torbella), si aggiusta il cappotto di cammello e la coppola inglese a quadri, si raddrizza il nodo della cravatta, si toglie i guanti che usa per non gelarsi le mani quando va in motorino, se li infila in tasca e bussa con discrezione.

Il tizio che gli viene ad aprire è uno strano mix di artistoide e malavitoso, con uno sguardo da contrabbandiere fenicio e l'espressione da furetto, occhi mobilissimi che sembrano sempre cercare una via di fuga. È alto, grosso, un po' flaccido, capelli radi, lunghetti, giacca di fustagno da cacciatore con le toppe di pelle sui gomiti, spolverata di forfora sul bavero, pantaloni di velluto sformati e un po' stinti a forza di lavaggi, un assurdo foulard al collo che dovrebbe dargli un'aria anticonvenzionale ma lo fa sembrare la parodia di un play boy anni Sessanta. Il classico *bru bru* un po' barzotto: attività legale che fa anche qualche incasso, qualche movimento sottobanco, qualche quadro farlocco, magari un po' di coca spinta a pochi clienti abituali. Ad ogni modo Silvio s'è informato bene: chi lo conosce giura che è fidato e er Cane, che gli ha dato la dritta, era pronto a metterci la mano sul fuoco. «Il quadro è buono... Rubato dieci anni fa, collezione privata di Firenze, mai rivenduto. Ormai se ne saranno dimenticati tutti, pure i carabinieri artistici. Lo vende a quel prezzo perché sta in qualche casino e deve realizzare in fretta. Dammi retta, Fichetto, se sai dove piazzarlo, a quel prezzo fai un botto». Sottinteso: quando incassi ricordati degli amici. Ma Silvio non se n'è mai dimenticato, degli amici. Neanche dei nemici, se per questo. Anzi, di quelli si ricorda sempre. Soprattutto ora che sta parecchio incasinato. Il problema è riconoscere gli uni dagli altri.

Foulard tende una zampa che sembra quella di un gorilla di montagna, se i gorilla di montagna avessero le dita ingiallite di nicotina, e si presenta.

«Folco... l'amico del Cane. E tu sei il Fichetto, ti aspettavo». Silvio annuisce, sorride, libera la mano. S'aspettava una morsa stritolafalangi, invece la stretta è morbida, quasi femminile. Il Fichetto fa uno sforzo per non tirare fuori il fazzoletto e pulirsi bene il palmo e le dita. Odia i contatti fisici. Agli amici dice spesso che se fosse nato in Sicilia non sarebbe mai diventato mafioso: tutti quegli sbaciucchiamenti salivosi tra mammasantissima gli darebbero il voltastomaco.

«Vuoi un caffè? Ho la macchinetta... O magari un Campari bello fresco?». Folco dimostra, se non altro, di conoscere le buone maniere. E ci mancherebbe altro... Se ha un minimo di sale in zucca sa bene che quel tipo piccolo e smilzo, vestito come un gentiluomo inglese e dalle maniere quasi curiali, è uno dei più spietati criminali di Roma e, per uno sgarbo o, peggio, un tentativo di fregarlo, potrebbe farlo ammazzare con la disinvoltura con cui si schiaccia un ragno.

Silvio declina educatamente e cerca di far capire che vuole andare al sodo senza mostrarsi maleducato. La sola idea della tazzina sporca o del bicchiere appena risciacquato che gli verrebbero offerti gli mette i brividi.

«Grazie ma sto bene così... Allora, er Cane dice che hai qualcosa da farmi vedere... Scusa ma tra mezz'ora devo vedere uno in Prati». Il gallerista annuisce, mette su uno sguardo complice, gli fa cenno di seguirlo e gli gira le spalle.

Silvio fa in tempo a dare un'occhiata ai quadri in esposizione. Niente di che. Nessun pittore quotato, almeno a una prima occhiata, ma ormai funziona così: a via Margutta si vede e si vende quasi solo ciarpame. I grossi nomi li trovi nelle grandi case d'aste: Christie's, Sotheby's e compagnia. In galleria è già tanto se becchi un Tano Festa o un Mario Schifano del periodo in cui era così fuori di testa che si faceva dipingere i quadri dagli altri e ci metteva solo la firma.

Folco armeggia con una serratura, apre la porta di un bugigattolo, accende la luce e fa un gesto teatrale, tipo prestigiatore che presenta la sua assistente tutta impennacchiata e dà il via allo show. Il quadro è al centro dello stanzino, poggiato su un cavalletto. Silvio avanza con cautela, come se il dipinto potesse saltargli addosso all'improvviso, lo guarda, s'avvicina, s'allontana, lo guarda ancora e sente una vampata di calore all'altezza dell'esofago.

È buono. Lo sa. Lo sente. Riconosce i ghirigori su sfondo verde pistacchio che sembrano tracciati da un cieco ubriaco e non ha bisogno di controllare la firma in basso che, comunque, potrebbe essere farlocca.

Un Twombly originale.

Sette/ottocento pippi per tenersi bassi. Un miliardo se va bene. Molto di più se va benissimo. Il Fichetto pensa alla faccia di Scucchia, il piazzista, quando glielo farà vedere. Scucchia è nel giro internazionale, ha gli agganci giusti, lavora in grande: tempo qualche mese e il Twombly sarà in volo per gli Emirati o per il Giappone, dove qualche testa di cazzo con lo strofinaccio in testa o gli occhi a mandorla lo starà aspettando per il gusto onanistico di guardarselo da solo, in una camera blindata o al limite di fare un po' di scena con qualche amico fidato. Un quadro dovrebbe stare in un museo o in una galleria, secondo Silvio, ma il mondo è pieno di gente che non sa come buttare i soldi. Contenti loro…

«Ma è bono o è 'na sola?». Silvio inalbera un'aria dubbiosa e disinteressata. Trattative.

«Scherzi, Fichetto? È originale, ce fai du' mijardi come niente, ce metto la mano sur foco, me devi da crede», trasecola Folco mostrando ogni possibile espressione di onestà offesa. È un gioco delle parti di cui entrambi sono consapevoli e che va giocato secondo le regole.

«Sarà…», tentenna Silvio, fedele al suo ruolo di compratore dubbioso. «Me fido, per carità, ma avrei bisogno di qualcosa di più per essere certo. Hai detto centottanta pippi, no? So 'na bella cifra…».

«Ducento, Fichetto, ce poi stà, è regalato», replica Folco, rispettoso ma determinato. Silvio sa benissimo che la cifra è quella, pattuita in precedenza dal Cane e che sarà difficilissimo avere uno sconto, ma continua a fare scena.

«Non che nun me fidi, Folco ma… magari se potessi

vedè quarche documento pe' esse sicuro che è autentico, starei più tranquillo».

«E che te posso dà?». Folco allarga le braccia, sconsolato. «Quanno se so fregato er quadro mica hanno portato via pure l'espertizze».

Silvio considera il fatto che un gallerista d'arte dovrebbe, come minimo, saper pronunciare la parola *expertise*, ma tace.

E rilancia.

«Famo così, Folco: domani torno co' un amico mio, un esperto d'arte co' du' palle quadrate... Je famo vede er quadro e si dice che è buono è affare fatto. Si je resta quarche dubbio, amici come prima», e, per sottolineare la frase, tende una mano che Folco s'affretta a stringere. Silvio si chiede dove troverà il primo bagno disponibile per lavarsele, le mani.

«Vedrai che l'amico tuo, l'esperto d'arte, se ne verrà nei pantaloni quando vedrà 'sto capolavoro», aggiunge con signorilità Folco.

«Sarà mejo pe' tutti e due. E magari poi facciamo anche du' chiacchiere sul prezzo».

Folco sospira, pensa che, forse, potrà scendere di una decina di milioni tanto per tenersi buono un criminale che potrebbe sempre tornargli utile, rinnova l'offerta di caffè o Campari, incassa con un sorriso servile il prevedibile rifiuto e accompagna Silvio alla porta.

Fuori, Silvio vede un nasone, una delle fontanelle romane senza rubinetto che buttano acqua in continuazione, e si pulisce le mani con cura, rimpiangendo di non avere con sé una salviettina detergente. Poi sale in motorino con la testa piena di pensieri e di cifre. Deve precipitarsi da Scucchia, che ha la propensione a muovere il culo di un bradipo zoppo, convincerlo ad accompagnarlo dal gallerista il giorno dopo, organizzare la spedizione del quadro, mettersi d'accordo sulla cifra, tenere buoni gli amici carcerati che continuano a mandargli emissari con richieste sempre più pressanti e a volte addirittura minacciose, chiedere un appuntamento con Sua Eminenza per cercare di venire a capo del pasticciaccio dei soldi versati alla Banca Vaticana e mai tornati indietro, fare un salto dal meccanico perché il freno davanti del motorino inchioda e va cambiato, andare a pranzo dalla madre...

Un sacco di impegni. Troppi.

Aziona il pilota automatico mentale, raggiunge piazza del Popolo, circumnaviga l'obelisco, s'infila nel casino del lungotevere e ne percorre un pezzo verso ponte Mazzini. Il traffico è quello di sempre: sgangherato, fracassone, maleodorante, maleducato, aggressivo. Il Metropolis sguscia agilmente tra le auto in coda, lasciandosi alle spalle facce incazzate, dita tambureggianti sul volante, autoradio col volume a palla, sigarette che lasciano uscire volute di fumo dai finestrini abbassati, questioni di precedenza, brevi diverbi e insulti tra automobilisti esasperati, clacson, smog e tutto il resto. Roma.

Al semaforo rosso Silvio frena all'ultimo istante, distratto e assorto.

La grossa Enduro gli si accosta subito dopo. Il guidatore ha un casco modulare che gli nasconde completamente la faccia. Si gira verso Silvio e lo apre con calma, tirando su la visiera come un cavaliere medievale che alza la celata del cimiero.

Silvio riconosce la faccia e il sorriso e gli basta.

Dà tutto gas al motorino che fa una specie d'impennata, stile cavallo selvaggio del West, ma il tizio sull'Enduro ha già la pistola in pugno.

Silvio sente due botti e una strana sensazione alla nuca. Poi non sente più niente.

CAPITOLO 2

«Vieni da me, guagliò».

Tommaso Elleni abbassa il telefono, si alza, fa per uscire, ci ripensa, va in bagno e si dà una controllata al nodo della cravatta. Visto che ha uno specchio davanti ne approfitta anche per passarsi una mano tra i capelli folti e lunghi sulle orecchie ma senza esagerazioni, come vuole il codice non scritto della questura e sui baffoni color inchiostro che gli nascondono il labbro superiore.

Tutti gli sbirri o quasi hanno i baffi. Puro stile questurino.

Completata l'ispezione, soddisfatto di aver scelto il completo grigio più ministeriale che ha in guardaroba, Tommaso s'affretta verso la stanza del capo della mobile con la spiacevolissima sensazione dello scolaro che affronta l'ultima interrogazione per salvarsi dalla bocciatura.

Per lui, appena approdato a San Vitale da Milano, con una ferita da proiettile alla gamba sinistra che ancora lo fa zoppicare e una promozione sul campo tutta da meritare, è la prima occasione, non l'ultima, ma il concetto è lo stesso. Sa di cosa si tratta, ha fatto i compiti, si sente preparato ma ha strizza lo stesso e, prima di bussare, non resiste: infila una mano in tasca e si dà una strizzatina beneaugurante ai gioielli di famiglia che, per qualche strana ragione psicosomatica, gli sembrano vagamente rimpiccioliti.

«Iamme, Tommà, entra, conosci Nicola, vero? Vi siete già presentati?». Tommaso stringe la mano al capo della mobile, Rino Frati, che lo guarda con la solita espressione da zio benevolo e vagamente ironico, e all'uomo piccolo e massiccio, con lunghi mustacchi da tricheco e uno scintillante chevalier d'oro al mignolo destro, stravaccato sulla poltrona davanti alla scrivania.

«Piacere, Tommaso Elleni».

«Nicola Destrieri, piacere mio».

Tommaso si trattiene per un soffio dal dire che lo conosce benissimo di fama, per non fare la figura del lecchino, ma è esattamente così. Dirigente della sezione criminalità organizzata della mobile, Destrieri è una figura leggendaria in polizia. Ammirato per la sagacia, i colpi di genio, le intuizioni fulminanti che ne hanno fatto uno degli investigatori di punta della questura, temuto per le battute velenose, le ruvidezze improvvise, gli scoppi di collera incontrollabili in cui l'anello da mignolo sbatte sui mobili come un martello sull'incudine. Insomma, uno da prendere con le molle anche perché è convinzione comune che quando, tra un anno o due al massimo, Rino Frati lascerà la poltrona per una promozione imminente, sarà il "dottor Micione", come lo chiamano quasi tutti, a prendere il suo posto.

«Il nostro ultimo acquisto», spiega Frati a Destrieri, mentre Tommaso si siede con la disinvoltura di chi ha un piolo di legno conficcato nello sfintere. «Me lo sono andato a cercare a Milano, dopo che l'avevano azzoppato a fucilate, e vedrai che 'o guaglione ten'eppalle».

Tommaso annuisce al complimento con un sorriso da seminarista.

«Chi ti ha sparato, Tommà?». Il dottor Micione ha un'inflessione mista di romano e toscano e il solito scintillio divertito negli occhi.

«Ma niente... Un militare di leva in servizio a un seggio elettorale è andato fuori di testa, ha fatto il matto e, quando siamo entrati per disarmarlo, ha premuto il grilletto. Mi sono beccato una scheggia. Dà ancora fastidio ma va già meglio», minimizza Tommaso che, in realtà, ha rischiato seriamente di farsi ammazzare e si è beccato un encomio solenne assieme a sette mesi di convalescenza e a una gamba ballerina in sempiterno.

Destrieri annuisce in silenzio. Sicuramente conosceva già la versione completa. Figurarsi se Frati non gli ha raccontato tutto. Un novellino messo a capo della prima sezione omicidi può essere due cose: molto promettente o molto raccomandato. E Tommaso è figlio di un maresciallo dei carabinieri e s'è fatto tutta la gavetta senza saltare una tappa. Santi in Paradiso zero. Tenacia, ambizione e voglia di lavorare in abbondanza fin dai primi giorni del corso, tantissimo di tutte.

«Vabbuò... Tenimm' 'sta rogna del Fichetto», taglia corto Frati che, come sempre, fa sfoggio del suo dialetto napoletano più verace quando vuole mettere i subalterni a loro agio. «Sei stato sul posto, no? Racconta».

Tommaso si schiarisce la voce e recita, mentalmente, il mantra.

Succinto.

Sicuro.

Assertivo.

Niente dettagli inutili, al sodo subito.

«Allevi Silvio, 34 anni, incensurato con segnalazioni e precedenti di polizia, inteso er Fichetto, era fermo al semaforo, sul suo motorino», attacca. «L'assassino probabilmente lo stava seguendo da un pezzo ed è molto strano che l'Allevi non se ne sia accorto perché, a quanto sono riuscito a sapere su di lui, era un tipo molto prudente e sospettoso».

«Girava accavallato?», interviene Destrieri, prevedibilmente.

«No. E non mi risulta che avesse un guardaspalle. Sto cercando di ricostruire i suoi spostamenti prima dell'omicidio ma non è facile. Sembra provenisse dal centro ma, francamente, non so ancora cosa c'era andato a fare».

Frati fa un cenno di incoraggiamento. Sono passate poche ore e nessuno può pretendere una ricostruzione completa dei movimenti del Fichetto. Forse un giorno ci saranno telecamere ovunque o altre diavolerie per localizzare un sospettato, ma nessuno le ha ancora inventate. Gli sbirri lavorano a suola, tacco e informatori.

«Vabbuò, lo scopriremo». Frati sventola una mano in un gesto di indifferenza. «Concentriamoci sulla scena del delitto. Quanti colpi?»

«Quattro. Nessun bossolo, l'arma era un revolver...».

«O una semiautomatica avvolta in un sacchetto di plastica o in una reticella...», interviene Destrieri.

«Naturalmente... secondo il medico legale sono andati a segno tre colpi, due alla nuca e uno alla schiena. L'autopsia la stanno facendo adesso ma, stando al primo esame esterno del corpo, uno dei fori d'entrata, quello che ha spezzato la colonna vertebrale all'altezza della nuca, sembrava decisamente più grande degli altri due alla testa. Quest'ultimo proiettile è fuoriuscito dal torace dopo aver trapassato il tronco quindi si trattava di una pallottola molto potente».

«Armi diverse, quindi. Hanno sparato in due?». La domanda di Frati ha qualcosa di mellifluo.

«Non sembra. L'unico testimone è un ex carabiniere che stava facendo una passeggiata col cane sul lungotevere. È assolutamente sicuro di aver visto una sola persona, sulla motocicletta che è scappata subito dopo gli spari. Il conducente aveva un casco integrale o modulare e l'ex carubba non lo ha visto in faccia ma giura che è stato lui a far fuoco».

«E come faceva a sparare con due pistole diverse e guidare la moto allo stesso tempo? Che è, la Dea Kalì?», insinua Destrieri, più gattesco che mai.

«Be', una spiegazione possibile c'è», azzarda Tommaso.

«Sarebbe?»

«La pistola potrebbe essere un revolver calibro .357 magnum che, come sappiamo, camera anche pallottole in .38 special. Forse l'assassino ha caricato il tamburo con munizioni differenti per depistarci».

«Contava sul fatto che ormai Roma è peggio di Palermo: non vedo, non sento e non parlo... E non immaginava che avresti rintracciato un testimone con le bande rosse cucite nel cuore disposto ad aiutare la polizia. Bravo Tommaso, cominci bene».

Il lampo d'approvazione che Tommaso vede brillare negli occhi di Frati e di Destrieri gli fa capire di aver superato l'esame, almeno la prima parte.

Tre ore e mezza dopo Tommaso si slaccia la cravatta quasi strappandosela dal collo, butta il cappotto sull'attaccapanni, mancandolo clamorosamente, impreca, si china a raccoglierlo e finalmente si stravacca sul divano del suo appartamento al Torrino, stanco come un maratoneta a fine corsa e con la testa piena di scadenze, preoccupazioni, cose da fare.

«Com'è andata oggi, tesoro?». Elena, sua moglie, lo accoglie con la paziente soavità di tutte le mogli dei poliziotti, almeno fino a quando i mariti non le fanno incazzare di brutto (cosa che succede spesso).

«Gmmrrrggnnn».

«Stai studiando la lingua dei tapiri o stai russando?». Elena ricompare dalla cucina con una zuppiera fumante. «Ho scaldato il minestrone e per secondo ci sono le cotolette, quanta fame hai?».

Tommaso ripensa al tramezzino del bar della questura che doveva essere fatto di polistirolo e cera per pavimenti e che ha buttato via dopo tre morsi.

«Mangerei un cavallo... Anche due. Tu hai cenato, spero, sono quasi le undici».

«Ti ho aspettato, lo sai che mi fa piacere».

I pasti a orari impossibili sono un'altra maledizione di chi ha sposato un poliziotto. Molte coppie finiscono per mangiare separate. Elena, stoicamente, regge botta, calma lo stomaco con qualche frutto o una verdura cruda e aspetta il marito. Altrimenti, alla fine, che matrimonio è?

«Valeria dorme?»

«Come un angelo».

«Allora lasciamola dormire, prima di andare a letto vado a darle un bacio».

«Non svegliarla per carità sennò fa il diavolo a quattro fino a domattina».

Tommaso annuisce, con un fremito di tenerezza pensando alla figlia di cinque anni addormentata, abbracciata al suo vecchio peluche. Si ustiona la lingua con la prima cucchiaiata, ci va cauto con le successive, fa il bis e attacca con entusiasmo le cotolette alla milanese del giorno prima, insaporite con una fettina di mozzarella e un po' di sugo di pomodoro, specialità della casa.

La moglie lo guarda abboffarsi con tenerezza e intuisce lo stress che trapela da ogni poro del suo uomo.

«Allora, ti sei ambientato, in questura?»

«Oggi mi è toccato un caso, una storia grossa... La prima da quando mi hanno trasferito». Tommaso slaccia la cintura dei pantaloni, si rilassa sulla sedia, accende una sigaretta senza aspettare la frutta beccandosi uno sguardo di disapprovazione che finge di non cogliere.

«Quel tizio che hanno ucciso sul lungotevere? L'ho visto al telegiornale, te ne occupi tu?»

«Be', sono io che comando la sezione omicidi, no? Il problema è che so pochissimo della malavita di questa città. Per fortuna il mio capo e il dirigente della criminalità organizzata sono due manici. Frati è un mito, Destrieri uno dei migliori in Italia... Mi hanno fatto una conferenza sulla Banda, alla fine ho riempito quattro pagine di appunti».

«La Banda? Vuoi dire quelli che...?»

«Proprio loro. Quelli che volevano prendersi Roma... Hanno fatto secchi tutti i concorrenti, gli ultimi Marsigliesi, la gang dei Macellai di Trastevere e chiunque altro si mettesse di traverso o, semplicemente, rifiutasse di sottomettersi. Adesso, a quanto pare, hanno iniziato ad accopparsi tra loro».

Ci sono momenti in cui Elena De Franceschi in Elleni si domanda perché non ha sposato un geometra. Questo è uno di quelli.

«Brutta gente... Non è che rischi di trovarteli sotto casa?»

«Tranquilla, amore, non siamo in Sicilia. Non si ammazzano i poliziotti qui... Se devo avere strizza di qualcuno sono sempre loro, Armata del Popolo e compagnia».

Guardare tuo marito dalla finestra ogni volta che esce di casa, sapendo che ha la pistola carica in tasca e il dito sul grilletto e che potrebbe esserci un "gruppo di fuoco" ad aspettarlo dietro l'angolo. Tremare a ogni telefonata. Palpitare a ogni ritardo. Piangere e pregare ai funerali di amici e colleghi del tuo uomo assassinati a tradimento. Vergognarsi del sollievo perché è toccato a un altro. Anni di piombo, capitolo mogli. Vedove. Se ne parla solo quando le intervistano in gramaglie o ricevono, compunte o singhiozzanti, le onorificenze alla memoria. Poi tornano nell'ombra.

«Pensi che siano stati i complici, a ucciderlo?».

Tommaso soffoca uno sbadiglio. È a pezzi ma sa che

non riuscirebbe a addormentarsi subito. Troppi pensieri. Tanto vale parlarne.

«È quello che pensano Frati e Destrieri. Gran parte della Banda è in galera. Tra di loro c'è una regola di ferro: chi sta fuori deve pensare alle famiglie dei detenuti. La chiamano "stecca para". Secondo alcune soffiate, il problema sarebbe proprio lì. Er Fichetto...».

«Chi?»

«Coso... Allevi Silvio, quello che hanno fatto secco, lo chiamavano così perché si vestiva come un figurino. Insomma, sembra che abbia fatto casino con la cassa comune, che siano spariti parecchi soldi e che i complici carcerati non l'abbiano mandata giù. Nove su dieci è questo il motivo per cui l'hanno addobbato».

Chissà perché gli sbirri finiscono per parlare come quelli a cui danno la caccia? Misteri polizieschi su cui Elena ha smesso di interrogarsi da un pezzo. Poliziese. Lingua ufficiale di tutte le questure d'Italia con infinite varianti dialettali e regionali.

«Quindi sapete già chi è stato?»

«Magari. Solo voci, soffiate, dritte di infami. Non ci facciamo niente con questa roba se non troviamo le prove e non scopriamo chi era il killer. Credimi, tesoro, se non ci fossero Frati e soprattutto Destrieri a darmi le coordinate...».

«Prima o poi dovremo invitarli a cena, sarebbe carino...».

«Magari tra qualche mese, quando saremo più in confidenza. Ad ogni modo mi hanno messo su un tizio. Ho studiato il fascicolo fino a tardi, uno di cui non avevo mai sentito parlare prima. Potrebbe essere coinvolto e devo stargli dietro e scoprire tutto su di lui».

Elena fa un gesto alla siciliana col mento che dice: chi è 'sto tizio?

«Si chiama Morani Luigi, detto “er Fringuello”. Uno strano come pochi. Buona famiglia, figlio di un chirurgo estetico, casa ai Parioli, villa a Sabaudia e tutto il resto. È un ex destro, uno che è stato dentro per terrorismo... Pensa, a sedici anni ha ammazzato un poveraccio scambiandolo per un avvocato che, secondo i suoi camerati, aveva fatto arrestare uno dei loro. Lo blindarono e si beccò quindici gallinelle...».

«Quindici che?». Elena alza gli occhi al cielo, quando è troppo è troppo.

«Scusa, quindici anni di galera, ma, tra sconti, condoni e decorrenza termini, ne fece solo sei, due al minorile e gli altri a Rebibbia... Da allora è scomparso o comunque non se ne è più parlato».

«E tu lo dovrai interrogare?»

«Non ancora. Prima di farmi sotto lo devo tenere d'occhio, stargli appresso, vedere chi frequenta e in che giri si muove, ma c'è un piccolo problema, tesoro...».

«Dalla tua faccia non sembra tanto piccolo. Dimmi...».

«In tutta franchezza ho paura di toppare di brutto e sarebbe un disastro, al mio primo incarico grosso. Non ho ancora una rete di informatori, qui, non conosco l'ambiente. Insomma, per dirla chiara, non so da che parte cominciare».

Elena mette su la stessa espressione corrucciata di quando s'inceppa sulle parole crociate della *Settimana Enigmistica*.

«Hai detto che è stato in galera, no?»

«Sì, a Rebibbia, per qualche anno».

«Allora perché non cominci da lì? Vai in carcere e cerca di scoprire se durante la detenzione si era legato a qualcuno, era entrato in qualche giro, che ne so... Io almeno farei così».

Tommaso ringrazia il cielo di aver finito di mangiare,

altrimenti si sarebbe strozzato col minestrone. Logica femminile, semplice e diretta. Il capo della sezione omicidi si domanda se, quando le donne arriveranno in polizia, dovrà vedersela con parecchie concorrenti molto agguerrite.

Via Bartolo Longo, ingresso del carcere di Rebibbia, quartiere Ponte Mammolo, esterno giorno. Un gigantesco complesso che racchiude quattro diversi istituti di pena (tre maschili e uno femminile), attivato nel 1946 e completato nel 1972 dall'archistar Sergio Lenci, con un progetto quasi visionario per i suoi tempi: far sembrare un penitenziario qualcosa che non sembri un penitenziario. Sbarre mimetizzate, cortiletti, vetri corazzati, acciaio e ferro dipinti di blu o di rosso, spazi di socializzazione, iniziative di recupero e riabilitazione e tutto il resto. Fin dagli anni Settanta, un tentativo di fare di un istituto di pena qualcosa di più di una galera. I detenuti di tutta Italia cominciano a chiamarlo "Hotel Rebibbia" e molti si farebbero tagliare un dito per esserci trasferiti. Nel futuro sarà cantato, celebrato e raccontato da scrittori come Goliarda Sapienza, registi come Paolo e Vittorio Taviani, sociologi, criminologi, psicologi, tuttologi. Si organizzeranno spettacoli teatrali, conferenze, convegni, partite di calcio tra carcerati e vecchie glorie del pallone. E, tra corridoi, celle aperte, ore d'aria e quelle interminabili passeggiate avanti e indietro, a un ritmo da metronomo, nascerà quel sodalizio di corruzione e malaffare che verrà battezzato da qualche cronista "Mafia Capitale". Istituto modello ma sempre galera resta: si soffre, si sanguina, si muore, si stringono alleanze, si progettano omicidi e rappresaglie, ci si ammala, ci si ammazza come in qualsiasi altro carcere d'Italia, anche se si sta più comodi e ci sono alternative per passare il tempo che non si limitano a contare i giorni o stuprare i compagni di cella più indifesi. La detenzione è detenzione e basta.

Tommaso Elleni guarda il muro di cinta, le torrette di guardia, la piccola folla di parenti in perenne attesa di una visita o di qualcuno che sta per uscire, accalcata davanti alla porta come un regista che studia un'ambientazione per il suo prossimo film. Il direttore, Piergiorgio Anelli, al telefono è stato cortese e disponibile ma l'ha avvertito: «Sono arrivato due anni fa e non ho mai conosciuto il detenuto di cui si occupa, dottore, ma venga comunque, se crede, vedrò quello che posso fare per aiutarla». Come inizio c'è di meglio ma, almeno per ora, Tommaso non ha un piano B, quindi ha deciso di rischiare di perdere mezza mattinata e c'è andato lo stesso.

Eccolo, il direttore: zazzera incolta di capelli ricci, occhiali tondi, giacca di velluto, niente cravatta. L'impressione complessiva è quanto di più diverso dal Cerbero col mazzo di chiavi alla cintura che si possa immaginare: sembra il dirigente di un consultorio o di una comunità per tossicodipendenti. Anche il tono è lontano anni luce da quello del burocrate ministeriale: franco, diretto, amichevole. Esattamente come quello di Tommaso.

Empatia immediata, stretta di mano piena di calore.

«Lieto di conoscerla, dottor Elleni, non l'avevo mai vista... È molto che dirige la sezione omicidi? Un caffè lo gradisce?»

«Grazie, l'ho preso poco fa e no, sono arrivato da pochi mesi da Milano, dove ho fatto servizio al reparto volanti». Tommaso si chiede se sia il caso di dilungarsi sul suo stato di servizio per non fare la figura del novellino ma evita: in fondo bastano il suo ruolo e la qualifica.

«Bene, allora vado al sodo. Come ovviamente sa, abbiamo una scheda informativa per ogni detenuto che arriva e che se ne va. Dopo la sua telefonata ho controllato quella di Luigi Morani...».

Nome e cognome. In polizia si fa sempre l'inverso. Altra stranezza.

«E ha scoperto qualcosa che potrebbe essermi utile?».

Il direttore si stringe nelle spalle, in un gesto di impotenza.

«No, mi spiace. Nessuna segnalazione di aggressione, comportamenti a rischio o alleanze con qualche consorteria criminale interna... Non risultava neanche tossicomane, come molti qui dentro, purtroppo. In sostanza, per i quattro anni che è stato nostro ospite, si è comportato bene o quantomeno non si è fatto notare».

«Un detenuto modello, insomma...».

«Già... o un detenuto molto furbo».

Stasi.

Tommaso sta già preparandosi a prendere cappello pensando che l'idea di sua moglie, forse, non era poi così buona, quando il direttore tira fuori il coniglio dal cilindro.

«Comunque sia, credo di poterle dare una mano... Un mese fa è andato in pensione un maresciallo della penitenziaria che era una vera istituzione qui a Rebibbia. Ha prestato servizio per ventotto anni, sempre rispettato dai detenuti esattamente come lui rispettava loro. So benissimo che, purtroppo, anche nella polizia penitenziaria ci sono le mele marce: agenti che si fanno corrompere, che diventano i lacchè di qualche boss delle cosche o che si trasformano in autentici criminali...».

«Succede ovunque... Ma questo maresciallo di cui mi parla che tipo è?»

«Esattamente l'opposto, mi creda. Incorruttibile, puntuale, preciso nel suo lavoro. Poca confidenza coi detenuti, dava del lei a tutti, non si faceva mettere i piedi in testa ma non usciva mai dal seminato, non alzava le mani, non era mai arrogante. Se c'era da segnalare qualche infrazione lo faceva puntualmente ma quasi con dispiacere. Esattamente il tipo che piace ai carcerati tanto che, nel suo ultimo giorno di servizio, hanno addirittura organizzato un rinfresco per lui. Sicuramente potrà dirle qualcosa su Luigi Morani».

«Fantastico, grazie! E dove posso rintracciarlo?», s'entusiasma Tommaso che sta già pensando a fare una capatina dal fioraio prima di tornare a casa.

«Be', ecco, dopo aver parlato con lei mi sono permesso di chiamarlo. È nella stanza accanto, se vuole lo chiamo e può parlarci subito».

Tommaso decide che le sette rose rosse destinate a Elena possono diventare una dozzina: crepi l'avarizia e *thank you, babe*.

Il tipo che entra nell'ufficio è uno di quelli che sembrano in divisa anche quando sono in borghese. Ex poliziotti, ex carabinieri, ex finanzieri, ex militari, ex guardie di custodia. Li riconosci perfino al parco quando vanno a far passeggiare il cane.

«Maresciallo maggiore a riposo Mannucci Matteo, sono onorato di conoscerla, dottor Elleni». La stretta di mano è quella di un automa telecomandato. Manca poco che sbatta i tacchi.

«Siedi, Mannucci, siedi e mettiti comodo...», lo accoglie bonario il direttore. «Come va la vita da pensionato?»

«Cerco di organizzarmi, dottore». La vena di nostalgia nella voce del sottufficiale la dice lunga. Caccia, pesca, passeggiate, bocciofila, nipotini, cane, code all'ufficio postale per i parenti indaffarati, commissioni per far passare la giornata... cheppalle.

«Dunque, il dottor Elleni voleva sapere di questo ragazzo, Luigi Morani».

«Il Fringuello? Me lo ricordo benissimo», conferma l'ex maresciallo dopo una rapida scansione dei suoi file mentali.
«E che tipo era?»
«Molto giovane. Arrivò qui dopo qualche giorno a Regina Coeli e due anni a Casal del Marmo. Parecchio spaventato come tutti quelli che diventano maggiorenni e vengono trasferiti dal carcere minorile, imbottiti di storie dell'orrore, con l'incubo di essere schiavizzati o violentati… Sa, qui accade molto meno che altrove ma purtroppo, a volte, può succedere».
«Successe anche a Morani?».
L'ex maresciallo fa il sorriso sghembo di chi la sa lunga.
«No, non a lui… Era impossibile».
«E perché? Era protetto dalla sua famiglia? Il padre è un medico molto conosciuto e molto ricco…», osserva Elleni.
«Qua dentro le famiglie ricche non contano. Puoi essere figlio di un avvocato, di un magistrato, di un politico ma a Rebibbia sei un carcerato come tutti. Sono altri i poteri che dettano legge e possono proteggerti, se lei mi capisce, dottore», replica l'ex sottufficiale quasi con orgoglio.
«Capisco benissimo. Quindi Morani si era affiliato a qualche gruppo criminale interno?»
«Non esattamente. O meglio, sì e no…».
Tommaso nasconde l'esasperazione a fatica. Se 'sto tizio va avanti, a pezzi, bocconi e allusioni, ci passa la giornata. L'ex maresciallo non avrà un cazzo da fare ma lui…
«Quindi? Si spieghi meglio, per favore», taglia corto.
«Si era legato a un detenuto. Uno dei peggiori».

CAPITOLO 3

Roma, molti anni prima

«Dentro Regina Coeli c'è 'no scalino. Chi nun salisce quello nun è romano», canta un vecchio stornello malavitoso. Luigi Morani sale il famoso scalino con una stretta allo stomaco, la faccia contratta e dura e una strizza folle.

Diciotto anni oggi. Un compleanno più schifoso non si può immaginare.

Le mura del vecchio carcere che si affaccia su via della Lungara hanno qualcosa di tetro, di minaccioso e nascondono insidie, pericoli, minacce. Per un ragazzino di buona famiglia, reduce da due anni di minorile a Casal del Marmo (la classica reclusione all'acqua di rose, con educatori e psicologi che fanno l'impossibile per strappare i ragazzi a un destino quasi sempre già segnato), l'approdo alla galera vera, quella dei grandi, dei criminali, delle cosche, dei secondini maneschi, delle consorterie criminali d'alto livello, è come tuffarsi in un mare infestato dagli squali. Le storie di aggressioni, di omicidi in punta di "taglìno", di pestaggi, di stupri, di detenuti giovani o indifesi costretti a diventare il cameriere o la puttanella (spesso entrambe le cose) di qualche barabba o di qualche boss lo hanno tormentato per mesi, anche perché i compagni di detenzione del carcere per i minorenni (con cui ha legato poco o niente) ci sono andati giù duri nel terrorizzarlo con i loro racconti dell'orrore. «Mo che vai tra i grandi so' cazzi tua… Quando esci ti chiameranno

Luigina», è stato solo uno dei commenti più ricorrenti e neanche il più pepato.

Be', er Fringuello ha deciso. Sarà anche giovane ma di sicuro non indifeso. A Casal del Marmo non è mai stato coinvolto in qualche rissa ma si è allenato parecchio, ha messo su qualche chilo di muscoli e, soprattutto, si è fatto insegnare da uno zingaro sedicenne, secco e cattivo come un cane randagio, la tecnica infallibile per risolvere uno scontro in pochi secondi: battuta conciliante, sorriso disarmante e via, una testata al mento o un calcio nei coglioni all'improvviso. «Chi mena primo mena due volte, ricordatelo... Altro che quelle stronzate dei cinesi che si vedono al cinema. Non stare a prenderli a spinte o a metterti in guardia come per un incontro di boxe. Dagli giù con tutta la forza, quando meno se lo aspetta e vedrai che lo stendi anche se è grosso due volte te».

No, lui non si farà mettere i piedi in testa da nessuno. Ma adesso, mentre segue docilmente il "superiore" (come gli hanno spiegato che vanno chiamate le guardie carcerarie) verso l'ufficio matricole ha una paura che gli mozza il fiato e deve fare uno sforzo mostruoso per mantenere il grugno da duro che s'è stampato in faccia. Sa che a Regina Coeli resterà solo pochi giorni: la sua destinazione finale è Rebibbia, il carcere dei "definitivi", dei condannati in primo grado o di quelli che hanno già fatto l'interrogatorio col giudice istruttore ma, per qualche strana alchimia burocratica, il primo ingresso nell'universo penale dei maggiorenni sarà qui, con un trasferimento già programmato a breve. Luigi ha capito che a breve, nel lessico statale, può voler dire dopo qualche mese o qualche anno, ma comunque non ha voce in capitolo e quello che importa è restare a Roma, dove la sua famiglia potrà venirlo a trovare. Al pensiero del padre, severo e devastato dall'onta di un figlio assassino, e della madre che scoppia a piangere regolarmente durante ogni colloquio, quasi gli vengono i lucciconi. E sì che ha sempre, cordialmente, detestato i suoi genitori.

«Spogliati».

La vecchia guardia carceraria, che sembra un impiegato con una divisa buttata addosso per sbaglio, con gli occhiali da lettura a mezzo naso e la testa forforosa, nemmeno lo guarda.

«Adesso?», domanda stupidamente Luigi.

«No, dopodomani... E sbrigati, che aspetti, la musica?».

Er Fringuello abbozza, si spoglia, si china, tossisce, lascia che un superiore controlli se si è infilato una mitraglietta nell'ano (per fortuna senza ispezione rettale), poi si riveste in fretta. Risponde stancamente alle domande di rito («È mai stato in questo carcere?», «Fa uso di droghe?», «È omosessuale?», «Soffre di patologie infettive o gravi?») e si ritrova nella stanza delle fotosegnalazioni. Tutto da rifare. Gli prendono le impronte, come avevano già fatto a Casal Del Marmo, lo mettono in posa, lo fotografano di faccia e di profilo, poi lo spediscono al magazzino. Il tutto con una lentezza esasperante. Man mano che passano le ore, da un ufficio all'altro, da una stanza all'altra, da un cancello aperto e richiuso col rumore di uno sparo a un altro cancello, Luigi Morani detto er Fringuello impara la prima regola di tutte le carceri del mondo: noia e attesa. Aspettare, aspettare, aspettare.

Alla fine, con in mano un quadrato di lenzuola, coperte e federa ben piegate che odorano di detersivo al disinfettante, la gamella, la forchetta e il cucchiaio di stagno, varca la porta della prima cella di adulti della sua vita, sperando che l'abbiano messo da solo o quantomeno assieme a uno o due carcerati ben disposti e inoffensivi.

Invece sono cinque. E quello che vede non gli piace affatto.

Il gigante lo guarda con aria scettica e gli indica, senza una parola, l'unico posto libero, una cuccetta in basso dei tre letti a castello così vicini l'uno all'altro che, dormendo, ti arrivano i respiri, le fiatate e le scuregge degli altri detenuti.

La cella è nuda, vuota, stretta, soffocante, senza alcun segno di vita vissuta: niente poster o fotografie alle pareti, poche mensole stipate di provviste comprate allo spaccio o mandate con i pacchi dei parenti, niente vestiti appesi dove capita come in tutte le celle del mondo, ma Luigi non si stupisce. Gli hanno spiegato che questo è il reparto isolamento, dove i carcerati passano i primi giorni dopo l'arresto in attesa dell'interrogatorio col magistrato o di essere smistati in altri bracci o in un diverso istituto di pena.

Il tizio piccoletto coi capelli lunghi fino alle spalle gli si avvicina con aria amichevole e un mezzo sorriso stampato sulla faccia larga e dura. Gli altri tre se ne stanno in silenzio a contemplare il soffitto o il materasso sopra di loro, a seconda della collocazione. Er Fringuello li guarda di sfuggita, evitando di fissarli troppo a lungo per non creare problemi. Un ciccione sui cinquant'anni quasi calvo e dall'aspetto afflitto, un tizio macilento con la pelle giallastra che ha tutta l'aria di un tossico. Un vecchietto scarno e legnoso, dal viso a punta, con un'aria insidiosa, spaparanzato beatamente a letto. I detenuti in isolamento passano gran parte del tempo sulle loro brande, anche perché, se si alzassero tutti insieme, avrebbero a malapena lo spazio per respirare.

È il gigante che preoccupa Luigi. Trasuda aggressività e forza da tutti i pori e, se dovessero venire alle mani, sa che la tattica della testata o del calcio ai testicoli non funzionerebbe: ci vorrebbe minimo una doppietta a pallettoni per buttarlo giù. Ma quello che più lo inquieta è che ha un'aria vagamente familiare, anche se non riesce proprio a ricordarsi dove potrebbe averlo visto in precedenza.

«Ciao, so' "er Pinguino"». Capelli Lunghi gli tende una mano che Luigi s'affretta a stringere con calore: il primo gesto di accoglienza da quando è entrato.

«E io sono Luigi o Gigi ma mi chiamano er Fringuello». Luigi depone il quadrato di lenzuola e coperta sul materasso e la gamella a terra.

Er Pinguino annuisce, forse perché il soprannome gli sembra perfetto.

«Com'è che t'hanno blindato? Hai rubato la merenda a un compagno di classe?», domanda con una certa bonomia.

«Omicidio», risponde asciutto Luigi e il clima cambia di colpo. La gerarchia dei detenuti parte dalla gravità dei reati per cui sono in carcere e gli assassini sono al vertice. Ma i veri re delle galere sono i "fine pena mai", gli ergastolani con sentenza definitiva che non hanno nulla da perdere e fanno il buono e il cattivo tempo.

«Chi hai ammazzato? Scusa, so' cazzi tua, si nun te va nun me devi da risponne, nun m'offenno mica», aggiunge il Pinguino con educazione.

«Nun c'è problema, ho parcheggiato un infame. Se lo meritava». Er Fringuello cerca di guadagnare punti col lessico e la grinta da barabba che ha imparato al minorile, evitando di specificare che la vittima, in realtà, è stata uccisa per errore, l'infame è vivo e vegeto e l'azione è stata una catastrofe: tutti in manette.

«Nooonnee, nun se dice così». Il vecchietto legnoso salta giù dalla sua cuccetta al livello superiore (ovviamente le più ambite). «Qua drento è pieno d'infami, sarvognuno e presenti esclusi. Se dice: dicheno che ho ammazzato uno ma so' innocente. Si parli co' quello sbajato, te fa 'na bella soffiata alle guardie, che lo vanno a dì ar giudice e so' cazzi tua».

«C'hai raggione a Scarparo, questo è novo e le cose tocca spiegajele», approva er Pinguino che mostra una gran deferenza verso il vecchietto.

«Tanto m'hanno già condannato», alza le spalle Luigi. «Quindici anni. Me ne sono già fatti due al minorile ma l'avvocato dice che se va bene potrei uscire parecchio prima».

Pinguino annuisce meditabondo.

«A me m'hanno blindato per rapina. Flagrante, c'ho poco da dì che so' pulito», spiega come parlando a sé stesso. «Er probblema è che so' recidivo. Le pistole ereno fasulle ma l'aggravante a mano armata nun me la tojie nessuno. Minimo me becco otto gallinelle e se me dice bene tra quattro o cinque vado ai domiciliari o magari semilibbero». Gli eterni conteggi dei pregiudicati: non appena finiscono in manette cominciano un calcolo di aggravanti, attenuanti, sconti di pena, permessi, buona condotta, futura semilibertà, patologie vere o inventate per andare in infermeria o, se va bene, in ospedale: più competenti di molti avvocati e di parecchi magistrati, passano giorni interi in queste elucubrazioni.

Er Fringuello fa una faccia partecipe che dice: mi spiace, anche se la sua, di condanna, è molto più severa.

«Drento e fori, fori e drento», filosofeggia er Pinguino. «Quanno scegli 'sta vita te ce devi da abbituà. E pure tu' moje e i tuoi fiji».

«Senti un po' regazzì, ma ar minorile i giornali ve li facevano legge?», il gigante s'intromette all'improvviso e er Pinguino si fa indietro di mezzo passo. È enorme, un po' flaccido, con la testa piccola rispetto al corpo montagnoso e a Luigi ricorda vagamente Poldo Sbaffini, l'amico di Braccio di Ferro, quello sempre affamato di hamburger.

«Be' sì, tutti i giorni, ci facevano anche fare dei temi su... ehi, ma ecco dove ti ho visto. Due giorni fa c'era la tua foto su "Paese sera"», s'illumina er Fringuello.

«Paese sera», edizione notte, tre giorni prima.
Occhiello:

PICCHIATI A SANGUE CONDUCENTE E PASSEGGERI, STRAGE SFIORATA

Titolo:

AGGRESSIONE ALL'AUTISTA DEL BUS, POI LA SPARATORIA. FAR WEST ALLA BALDUINA, ARRESTATI DUE FRATELLI.

Sommario:

Il diverbio per una precedenza. Colpi di pistola tra la folla, panico generale. Bloccati allo Zodiaco.

Er Fringuello scansiona il file mentale. La cronaca nera lo ha sempre intrigato e ricorda benissimo di aver divorato il pezzo di almeno sette cartelle a firma di Ugo Mannoni.
«Un'esplosione di violenza folle in mezzo alla gente: colpi di pistola, randellate, fuggi fuggi generale», cita quasi a memoria, così entusiasta da dimenticarsi la strizza. «Solo per miracolo il bilancio è di cinque feriti, di cui uno grave, ma poteva essere una strage. In manette sono finiti due fratelli con numerosi precedenti penali e un passato da gangster...». Luigi corruga la fronte, concentratissimo, cercando di ricordarsi il resto.
«Aspè... Tu ti chiami... Porconi, no?»
«Porcari», sbuffa il gigante che, comunque, sembra felicissimo della notizia dell'improvvisa celebrità.
«Sì, Porcari, scusa... C'era anche la tua foto, in cronaca, ecco perché mi sembrava di averti già visto prima e anche di un altro, più piccolo, che ti somiglia, tuo fratello, mi sa».

«Romolo, sta du' celle più avanti, erimo insieme ma amo menato 'no zinghero demmerda che continuava a sputazzà dappertutto, pu' pu'. Nun la voleva fenì, nun sentiva raggioni e alla fine j'amo dato 'na ripassata e c'hanno divisi... ah, scusa, nun me so presentato: Silvestro Porcari, piacere».

Er Fringuello cerca di stringere un prosciutto di Parma dotato di appendici che dovrebbe essere una mano.

«Luigi Morani, piacere mio... Se vuoi ti racconto che cosa scriveva il giornalista».

«Daje».

«Insomma, il concetto è che avete bloccato un autobus con la macchina, avete tirato fuori un cric, mandato all'ospedale l'autista e ferito i passeggeri che cercavano di autarlo... Oh, lo dice il giornale, mica io...».

«Ce lo so, nun te preoccupà mica m'encazzo... E poi?»

«E poi, quando stavano per bloccarvi, tu hai tirato fuori la pistola e ti sei messo a sparare in aria. Siete scappati e ve ne siete andati tranquillamente allo Zodiaco a prendere un gelato. Poco dopo è arrivata la polizia e vi hanno arrestati, l'articolo diceva così», conclude er Fringuello tutto d'un fiato.

«Artro che polizia, pareva er gorpe», gongola Silvestro, tronfio come un tacchino. «Hai da vede che spiegamento... Davero, regazzì, la gente pensava ar corpo de Stato. E comunque so' tutte cazzate. Noi erimo scesi pe' litigà co le mano, l'autista, boiaccia, ha preso 'na spranga, je l'amo levata e giù, l'amo corcato de brutto così m'para. Poi 'no stronzo che stava sur busse ha messo la mano 'n'tasca e ha detto che era armato. Io nun c'ho creduto ma a buon bisogno ho preso er fero e ho sparato du' botte in aria pe' fallo cacà sotto. Si pensavo che ce l'aveva veramente puro lui, er fero, lo facevo secco lì pe' lì. Era solo pe' fa scena... Comunque aspetta che mo lo trasmetto a Radio Carcere».

Luigi resta come un idiota a guardare mentre Silvestro

Porcari s'aggrappa alle sbarre dello spioncino che s'affaccia sulla lunga intercapedine che separa il muro esterno dal corpo centra del carcere, un ex monastero che risale al pontificato di Urbano VIII, a metà del Seicento e che fu inaugurato da Anna e Vittoria Colonna. Chissà se le pie sorelle avrebbero mai immaginato che fine avrebbe fatto la loro oasi di preghiera e isolamento affacciata sul Biondo Fiume. Il muro esterno, diviso da molte celle che guardano verso il Gianicolo, fu uno dei cambiamenti arrivati a fine Ottocento quando Regina Coeli fu destinata a diventare la prigione della Città Eterna. L'intento era quello di rendere quasi impossibile evadere. Non funzionò: la storia dell'istituto è costellata di fughe più o meno clamorose.

Progettata come elemento di costrizione, l'intercapedine è diventata, paradossalmente, un'alleata preziosa dei detenuti: lunga e priva di aperture, propaga la voce dei carcerati che, spesso, rilanciano i messaggi di cella in cella, con una sorta di tam tam gridato a squarciagola, fino a quando non arrivano al destinatario.

Radio Carcere.

In diretta con il barrito di Silvestro Porcari.

«A Romolooooo».

«A Romoloooo, a Romoloooo, a Romolooo», echeggia fino alla cella del fratello.

«Che voi a Sirvè, ce trasferischeno...?».

Eco.

«None, stamo sur giornale!».

Eco.

«Sur giornale? Ennamo, semo famosi».

Eco.

«E ce stanno puro le foto, pure te, 'tacci tua quanto sei brutto... 'ee foto, hai inteso?».

Eco.

«'E foto? Evvaiii...».

Applausi scroscianti, quasi una standing ovation.

Il gigante molla lo spioncino e quasi abbraccia er Fringuello, ambasciatore di liete nuove. Luigi Morani è promosso sul campo mascotte ufficiale della cella e capisce al volo che non dovrà preoccuparsi per l'integrità delle sue parti posteriori, almeno fino a quando continuerà a comportarsi bene, essere rispettoso ma mai servile, mantenere un contegno distaccato e dignitoso coi superiori.

«Stasera a cena nun te magnà quella merda che te danno», consiglia er Pinguino, bonario. «Cioè, pijate er pane che è proprio bono, le ciriole le fanno qua. Magari le patate lesse e i cavoli se possono magnà ma la pasta è 'na colla, va bene p'attaccà i manifesti e la carne cammina da sola. Te do quarcosa io e magari domani compri tu dallo spesino, si ciai quarche soldo».

«I miei dovrebbero aver versato qualcosa sul conto qui ma non so se è arrivato già», spiega er Fringuello senza sbilanciarsi troppo per non far capire che viene da una famiglia ricca ma l'occhiolino del Pinguino gli dimostra che l'altro lo ha già inquadrato. Svagato, come si dice a Roma.

«Nun te preoccupà, li sordi ariveno quanno ariveno e ner frattempo ce penso io».

«Grazie ma non vorrei...», esita Luigi.

«Daje, stai sereno, si nun se damo 'na mano tra de noi... Spè...». Il Pinguino tende l'orecchio soddisfatto a un rumore che solo lui sembra sentire ma anche gli altri detenuti nella cella drizzano le orecchie, frementi come segugi che hanno fiutato il fagiano.

«Che ora sarà?», chiede er Pinguino. Ai detenuti in isolamento non è consentito avere un orologio.

«Le cinque me sa, o giù di lì».

«Allora ce semo... Sì, le sento, stanno a comincià».

Luigi Morani dà un senso nuovo all'espressione "fare la figura dello scemo".

«Scusate, ma che succede alle cinque di tanto importante?», domanda alla fine visto che nessuno se lo fila più.

«Se vede che sei novo, regazzì», lo pimpina il gigante quasi con affetto.

«Be' sono appena entrato e io...».

«Vabbè, te lo spiega Silvestro tuo... Alle cinque, ar Coeli, ariveno le donne».

Le donne sono un piccolo gruppo, quattro o cinque. Quelle non ancora ammesse ai colloqui perché il processo ritarda, il giudice di sorveglianza tentenna o per altri motivi di burocrazia penitenziaria.

Eccole.

Sventolano fazzoletti colorati per farsi riconoscere, chiamano i loro uomini dalla balconata del Gianicolo che sovrasta mezza Roma e, in lontananza, la mole massiccia del carcere. I detenuti riescono a intravedere qualcosa dagli spioncini, loro no: immaginano soltanto. Ma le voci arrivano, trasportate da un vento gentile. Melodiose, appassionate, disperate.

«Amore mio te vojo tanto bbeneee».

«A Spazzolò, tu fijo ha messo er primo denteee».

«A Pinguì... Pinguinoooo, ce sei? So' Teresaaa».

Er Pinguino è più elettrizzato di un condannato a morte sulla vecchia Sputascintille. Piccoletto com'è fa un salto da atleta, s'aggrappa come un bradipo alle sbarre e canta.

Sì, canta, con una voce baritonale, intonata e commovente che impone silenzio e rispetto a tutta la cella.

«Amooore mio ho fatto 'na cazzata...», gorgheggia sulla vecchia aria de *La società dei magnaccioni*. «E mo che me ritrovo in questa cellaa... / Sto chiuso ad aspettà 'n'antra mazzataaaa / ce penzo sempre, a te... Quanto sei bella...».

Luigi fa uno sforzo per non mettersi ad applaudire. Gli altri approvano con un cenno della testa.

Il dialogo musicale continua per qualche minuto. Lei chiede se ha bisogno di qualcosa, lui gorgheggia che sta bene ma vuole che vada subito dall'avvocato. «E sì l'infame vol'esse pagato / tu dije da nun rompe li cojoniiii / e s'aricordi: nun ho mai sgarato… / appena posso je do' i sordi bboni…».

Poi molla le sbarre con un sorriso da ragazzino che ha fatto una marachella e tocca a Scarparo. Er Fringuello si domanda chi possa esserci dietro la voce un po' tremula che si sente a fatica e parla di bollette, di affitto da pagare, problemi casalinghi da risolvere: una vecchia moglie di malavita, sdentata e aggressiva come una virago? Una figlia? Una nipote?

Tutta l'ala del carcere che s'affaccia dalla parte opposta del fiume risuona di voci, canti, risate, saluti. Dopo meno di un'ora le donne se ne vanno, agitando i fazzoletti multicolori come per salutare un treno che non partirà mai. I detenuti restano in silenzio, a ruminare nostalgia, rabbia, gelosia, dolore.

Er Fringuello apre la bocca per dire qualcosa ma un cenno imperioso del Pinguino, che si è autonominato il suo tutor di detenzione, lo blocca prima che possa emettere una sola sillaba.

Prima della cena, le porte vengono aperte per l'ora d'aria. Mansueti come un gregge, i carcerati percorrono corridoi, varcano cancelli spalancati con un rumore di ferraglia, camminano ordinatamente in fila indiana e si ritrovano in un piccolo cortiletto circondato da muri e sorvegliato svogliatamente dalle guardie. Immediatamente si formano i primi capannelli, Silvestro s'avvicina al fratello (decisamente meno massiccio ma molto somigliante), lo saluta con un mezzo abbraccio, indica Luigi con aria complice e sicuramente si mette a commentare con gioia l'improvvisa notorietà a mezzo stampa. Molti carcerati iniziano a camminare avanti e indietro, arrivando fino al muro, girando i tacchi con un movimento sincronico e fluido, da nuotatore che macina una vasca dopo l'altra, e riprendono a marciare parlottando a bassa voce. Tutti parlano a bassa voce, in galera, sempre.

Luigi resta impalato senza sapere cosa fare. Cerca stoicamente di mantenere l'atteggiamento corporeo di uno tosto che non teme nessuno, ma dentro trema come un bambino al buio: in cella finora gli è andata bene, ma adesso si ritrova in mezzo ai criminali veri, senza nessuno a coprirgli le spalle e comincia a sentirsi un coniglietto nella gabbia dei lupi.

Un braccio gli s'infila all'improvviso sotto l'ascella, una mano gli dà una pacca sul gomito facendogli fare un salto di mezzo metro.

«Famose du' passi, regazzì, che te spiego un po' de cose». La voce del Pinguino è rassicurante come il suo sorriso. Luigi annuisce e i due si mettono a marciare affiancati: dieci passi, dietro front, dieci passi, dietro front.

«Chi è quel tizio?», domanda Luigi indicando uno sulla cinquantina, basso, panciuto, coppola in testa, mezzotoscano in bocca, che se ne sta come un sovrano, salutato e riverito, al centro di un gruppetto ossequiente di sudditi. Pinguino gli dà un colpetto stizzito sull'avambraccio.

«Primo: qua drento nun se punta er dito su gnisuno. Secondo: nun t'immischià. Quello lo devi lassà perde: si te lo trovi davanti saluta bono bono e spesa…».

«Spesa?». Luigi si domanda che c'entra lo spesino adesso.

«Sì, spesa, vattene, fai la bella, taja la corda, levete da li cojoni… Se semo capiti?»

«Sì, hai chiarito il concetto, ma perché? E chi sarà mai?»

«Mafia», risponde er Pinguino senza aggiungere altro.
Er Fringuello fa un gesto d'intesa, come dire, ricevuto.
«È questo che mi volevi dire? Grazie, ci starò attento».
«No, te volevo aiutà a sarvatte er culo e spiegà come te devi da portà qua drento, visto che quarche annetto te lo devi da fa' pure tu... si te po' interessà».
«Ma certo, Pinguì, ti sono grato...». Luigi comincia a domandarsi cosa si nasconda dietro tutto quell'interesse per la sua insignificante persona, ma decide che, comunque, la lezione di galateo carcerario gli sarà sicuramente utile. Preziosa.
«Allora ascorteme bbene: ricordate sempre che qua semo tutti nervosi, tutti incazzati e ce vo' gnente pe' pijasse 'na zaccagnata in pancia», esordice er Pinguino, professorale. Poi passa a chiarire alcuni concetti base.
Traduzione.
Se vedi qualcuno con le paturnie, magari perché l'avvocato gli ha dato una brutta notizia o la moglie l'ha mollato, gira al largo. Se sei in confidenza chiedigli se gli va di parlare e ascolta senza fare commenti ma la cosa migliore è tapparsi la bocca sempre. A tacere non si sbaglia mai.
Se ti svegli presto la mattina resta zitto e fermo in branda. Non fare casino, non parlare, non scendere dal letto per primo. Il sonno è evasione. Quando dormi non pensi al carcere, non fai i conti degli anni che ti restano in galera o di quelli che ti appiopperanno al processo. Sei libero. E per aver strappato la persona sbagliata alla beatitudine dell'oblio si può morire.
La doccia con le mutande. Per pudore. Sempre.
Mai interrompere una partita a carte. Mai dare consigli ai giocatori o commentare una mano. Guarda e basta.
I rapporti coi superiori sono chiari: dignità e rispetto.
Poi il Pinguino gli lancia un'occhiata strana e fa la sua proposta.

«Tu qua drento resti poco... Ho fatto quarche domanda in giro e m'hanno spiegato chi sei e da che famija vieni. Quelli come te...».

«Quelli come me?», risponde er Fringuello, stizzito, domandandosi dove vuole andare a parare.

«Quelli come te so' de 'n antro mondo», sospira er Pinguino.

«E allora?»

«Allora te volevo chiede si te va de diventà er pischello mio».

CAPITOLO 4

Roma, molti anni dopo

Tommaso Elleni siede alla sua scrivania, accende una sigaretta, fa per prendere il telefono, ci ripensa, fuma in silenzio.

Riflette.

L'ex maresciallo della penitenziaria gli ha aperto un mondo. E adesso si chiede da che parte cominciare. Ma c'è un'altra cosa, una specie di vocina insinuante e sospettosa che gli sta sussurrando qualcosa all'orecchio dal momento in cui è uscito dal carcere di Rebibbia e si è seduto in macchina. Mentre l'autista guidava verso San Vitale, ha tentato di riesaminare gli appunti che aveva buttato giù durante il colloquio.

Problema numero uno: ha annotato solo poche parole. Poco male, ha una memoria da elefante.

Problema numero due: gli serve un uomo sveglio, cazzuto, sagace e che sappia muoversi sul velluto per affidargli un incarico della massima delicatezza, uno di quelli che può metterti veramente nei casini se sbagli strategia. Tommaso, fresco di trasferimento, non ha ancora un quadro preciso della squadra con cui deve lavorare. Trentacinque tra ispettori, sovrintendenti, assistenti, agenti scelti e agenti semplici che si sentono un'élite, vestono quasi sempre in giacca e cravatta snobbando il look da barabba che impera nelle altre sezioni e se la tirano alla Marlowe, tanto che i colleghi, con un pizzico di veleno, li hanno soprannominati "la Difficile".

E chi è il numero uno della Difficile? Tommaso potrebbe chiedere consiglio al suo mentore Rino Frati, ma esita a farlo perché…

…perché a questo punto siamo al problema numero tre. E la vocina fastidiosa diventa sempre più insistente. Ricapitoliamo.

Un vecchio maresciallo del carcere che gli ha descritto una trama di alleanze, connivenze, affiliazioni e rivalità interne che manco un detective dell'FBI. Memoria perfetta, precisione da ragioniere ma…

Possibile che queste cose le sapesse solo lui? E Rino Frati? E il dottor Micione, come chiamano Nicola Destrieri?

Sulla mala romana potrebbero scrivere un'enciclopedia grossa come la *Treccani* e…

Sicuramente sapevano, conclude Tommaso. E stabilisce che, ancora una volta, lo stanno mettendo alla prova. Vediamo il novellino cosa riesce a tirar fuori e come si comporta. Scopriamo se ha veramente stoffa o è solo un bluff.

Quell'indagine è un esame e Tommaso Elleni non ha la minima intenzione di farsi bocciare. Quindi niente richieste di aiuto, tirerà dritto per la sua strada e, alla fine, dopo una specie di anghingò mentale, estrae la carta dal mazzo, decide che è quella giusta su cui puntare e fa un numero interno.

«Arcangeli?»

«Dica, dottore».

«Vieni da me, subito, per favore».

Ispettore Matteo Arcangeli, presente.

Giacca di tweed grigia, pantaloni di flanella, camicia celeste, cravatta regimental, occhiali da vista con montatura di plastica nera. Compito, professorale, educato.

Uno sbirro che non sembra uno sbirro. Primo punto a favore. Ha fatto il classico, sa scrivere e soprattutto è anonimo. Sì, Tommaso decide di aver scelto l'uomo giusto per quello che dovrà fare e l'ambiente dove dovrà indagare mentre gli fa cenno di accomodarsi e gli offre una sigaretta che l'ispettore rifiuta con un gesto cortese.

«Grazie, dottore, sto cercando di smettere».

«Bravissimo... E mi serve che tu sia altrettanto bravo nel tuo lavoro, dobbiamo indagare su un tizio pericoloso».

«I nostri clienti lo sono tutti, no?», sorride l'ispettore, sornione.

«Qualcuno più di altri... ti dice niente il nome di Luigi Morani?».

Arcangeli non perde tempo a riflettere perché non ne ha bisogno.

«L'ex terrorista? Certo, dottore. Se non mi sbaglio è fuori da parecchi anni e non ne abbiamo più sentito parlare».

«Giusto. Ho motivo di credere che sia coinvolto nell'omicidio del Fichetto».

L'ispettore stringe le palpebre dietro le lenti da astigmatico e tace.

«Tu che ne pensi?», lo provoca Tommaso.

«Penso che sia il caso di lavorarci su, dottore».

«Appunto. E sarai tu a lavorarci. Per prima cosa dobbiamo scoprire dove abita. L'anagrafico dice che sta ancora a casa dei genitori, ai Parioli, ma ci credo poco. E di sicuro non andrei a bussare alla porta di punto in bianco».

«Di sicuro no, dottore, anche perché, come dice lei, difficilmente lo troveremmo... Gli ex terroristi, neri o rossi, vivono in semiclandestinità anche quando non sono ricercati. Quando poi diventano malavitosi è ancora peggio. E inoltre...».

Inoltre il paparino è uno dei chirurghi estetici più conosciuti d'Italia, la mammina una specie di regina dei salotti e della beneficenza, e presentarsi come un esercito d'occupazione e buttare all'aria il loro attico di via Barnaba Oriani, Parioli, alla ricerca del figliuol prodigo, è un'ottima idea, se la tua massima ambizione nella vita è dirigere il posto di polizia di Valcannuta di Sotto.

«Per prima cosa mi devi scrivere un'informativa in procura», stabilisce Tommaso. «So che ci sai fare con la penna, dacci dentro. Ho intenzione di chiedere le intercettazioni dell'utenza domestica, sono sicuro che prima o poi er Fringuello chiamerà casa».

«E su che basi, dottore, se mi posso permettere?»

«Scusa?»

«No, dico, su che basi, con quali indizi sollecitiamo le intercettazioni?».

Tommaso gli lancia un'occhiata in tralice, forse, dopotutto, l'uomo giusto non è così giusto come pensava.

«Fonte confidenziale, ovvio», taglia corto.

«Abbiamo una fonte confidenziale che...?».

Stavolta l'occhiata è un lanciafiamme.

«Arcangeli, fammi capire, ma qui a Roma si lavora in modo diverso che a Milano? No, perché, se è così, mi sa tanto che devo fare un corso accelerato di procedura investigativa capitolina».

L'ispettore capisce il latinorum e annuisce.

«Fonte confidenziale, dottore, perfetto... Col suo permesso inizio subito a scriverla».

«Bravo, vai pure e fammela avere subito».

«Naturalmente, dottore».

L'ispettore se ne va. Tommaso si fuma un'altra Marlboro, pensando che prima o poi dovrà considerare seriamente di smettere anche lui, poi sente bussare alla porta.

«Avanti».

Il tizio che si affaccia con aria un po' esitante sarebbe perfetto come modello per una sfilata della collezione

Caritas autunno/inverno. Tommaso si domanda da quanto tempo non vedeva un eskimo verde imbottito di pelliccia sintetica e un paio di jeans così sfilacciati e slavati che sembrano sul punto di sfaldarsi da un momento all'altro.

«Mi scusi, lei è...?».

Il tizio tende la mano, decisamente più pulita dei suoi pantaloni, con un meraviglioso sorriso Colgate.

«Marco Scalesi di "Repubblica", piacere, sono venuto a conoscerla».

E così sono due, in una sola mattinata, quelli che ci sanno fare con la penna.

Il giornalista aspetta educatamente il cenno di Tommaso per entrare e stringergli la mano. Tommaso calcola che dovrebbe avere due o tre anni meno di lui e, nonostante l'aspetto trasandato, mostra già la sicurezza un po' strafottente del veterano di cronaca nera. Coi giornalisti, a Milano, ha avuto poco a che fare ma adesso che dirige un ufficio investigativo sarà tutta un'altra musica. «Te li troverai alla porta di continuo», l'aveva avvisato Rino Frati. «A volte ti s'infileranno in ufficio senza bussare quando meno te lo aspetti... Vacci piano anche se ti fanno imbufalire, ci sono le carogne e quelli corretti, molti sono mezzi poliziotti e tutti hanno parecchio potere». Già, tra la questura e il ministero dell'Interno c'è la distanza di una passeggiatina di salute e le alte sfere leggono con grande attenzione i giornali romani quindi prego, si accomodi Scalesi, e cerchi di non farmi perdere troppo tempo che ho già abbastanza casini per conto mio.

Be', questo se non altro ha bussato.

«Come si trova a Roma?», esordisce Marco Scalesi per rompere il ghiaccio. «Si è già ambientato?»

«Be', io a Roma ci sono sempre vissuto, fino a quando mi hanno trasferito a Milano, ma non ci avevo mai lavorato, certo le cose sono un po' diverse, qui», risponde diplomaticamente Tommaso. «E, come può immaginare, in questi giorni sono parecchio impicciato».

Scalesi annuisce, messaggio ricevuto.

«Naturalmente, dottor Elleni, non voglio farle perdere tempo, ero passato solo per conoscerla visto che non ci eravamo ancora incontrati. Immagino stia indagando sull'omicidio di Silvio Allevi, er Fichetto...», insinua mellifluo.

«Con tutta franchezza siamo ancora a caro amico... Nessuna pista precisa», si schermisce Tommaso.

«Per carità, non sono venuto per scucirle qualche notizia, dottore. Spero che col tempo imparerà a conoscermi: io gioco pulito. Quando vorrò chiederle qualcosa lo farò *apertis verbis*, senza trucchetti, ma...».

Tommaso fa il gesto classico che dice sputa il rospo.

«Be', è ovvio che sono stati quelli della Banda, i suoi vecchi complici».

«Forse vuole dirigere l'inchiesta al posto mio? Vedo che ha già una sua idea», ironizza Tommaso, un po' irritato.

Marco resta in silenzio qualche istante, poi mostra entrambi i palmi.

«Facciamo così, ricominciamo da capo. Come le ho detto io ho rapporti chiari con le mie fonti e spero sia reciproco. Non è un tentativo di strapparle un'indiscrezione ma una semplice constatazione. "Er Fichetto" era uno dei boss ancora liberi della Banda, gran parte degli altri è dietro le sbarre e molti ci resteranno per parecchio tempo. All'inizio tutto filava liscio, con la storia della stecca para, poi qualcosa ha smesso di funzionare e adesso i detenuti sono incazzati neri. Le sto dicendo cose che lei sa meglio di me e che tra l'altro sono uscite più di una volta sui giornali... Immagino che il quadro su cui state lavorando sia questo, tutto qui».

«Be', in effetti è una delle ipotesi su cui...», ammette Elleni un po' imbarazzato.

«Già. E qualcosa mi dice che uno dei vostri sospettati si chiama Luigi Morani, detto er Fringuello».

Tommaso impallidisce e si prende qualche istante prima di rispondere pensando che…
Qualcuno alla mobile ha spifferato tutto. La talpa va trovata subito.
'Sto giornalista ha già parlato col mio capo che gli ha dato la dritta senza avvisarmi… Grazie Rino e vaffanculo.
Tira a indovinare. O è più informato di un pubblico ministero.

Nel dubbio, traccheggia.
«Stiamo facendo accertamenti tra diversi possibili sospettati tra cui, ovviamente, anche alcuni affiliati al sodalizio criminale di cui la vittima faceva parte», replica in tono piatto.
«Capisco… E non le chiedo di sbilanciarsi anche perché lei è nuovo e, comprensibilmente, non si fida. Spero che ci conosceremo meglio in futuro e che forse sarà più disponibile a parlare chiaramente con me. Una cosa, però, vorrei fosse chiara fin da subito: non faccio puttanate. Se lei un giorno vorrà dirmi qualcosa *in camera caritatis* stia pur certo che non uscirà su "Repubblica" senza la sua autorizzazione. Può chiedere a chiunque tra i suoi colleghi, è il mio modo di lavorare. E ora la lascio ai suoi impegni, sono felice di averla conosciuta».
Tommaso si alza, vagamente a disagio e con la brutta sensazione di aver fatto la figura del questurino sospettoso, ma che diamine… chi lo conosce questo?
Poi, mentre stanno per salutarsi, fa un gesto distensivo.
«Senta, che ne dice se passiamo al tu? In fondo siamo dalla stessa parte della barricata, siamo i buoni, no?»

«Con grande gioia, Tommaso! Quanto ai buoni, tu lo sei di sicuro e io... Boh, dovrai scoprirlo da solo».

«Credo di essermene già reso conto, Marco. Se avrò novità ci sentiremo. A presto allora».

«A presto».

Stretta di mano piena di empatia reciproca. Sbirro e scribacchino si prendono le misure a vicenda. Nessuno dei due può prevedere che è l'inizio di un'amicizia destinata a durare per oltre trent'anni, anche quando entrambi saranno in pensione.

Col pm Federico Anticoli, invece, è tutta un'altra musica. Stridente.

Stonata.

Sospettoso, puntiglioso, tentennante, il magistrato legge, rilegge, compulsa, riesamina, riflette, analizza, medita, poi rilegge ancora la breve nota informativa scritta dall'ispettore Arcangeli e firmata da Tommaso Elleni, che comincia a non poterne più. E sì che i due fogli, partoriti dopo lunghe elaborazioni e almeno cinque riscritture, gli erano sembrati un capolavoro.

«Uhm... Un personaggio di cui non si sente parlare da molti anni, questo Morani Luigi...», bofonchia il magistrato puntando addosso a Tommaso uno sguardo a bulino e accendendosi la quinta Ms nel giro di mezz'ora. È un tipo magro, che sembra un po' annodato su sé stesso, grigio come la cenere delle sigarette che fuma a catena, con un completo marrone troppo largo e un'assurda cravatta celeste con gufetti rossi che Tommaso userebbe solo per impiccarsi. Stempiato, scavato, aggrottato, continua a picchiettare con le unghie sulla scrivania con l'atteggiamento corporeo e la mimica facciale tipici di chi è sull'orlo di una decisione gravissima e non sa che pesci pigliare... per una cazzo di intercettazione telefonica. Tommaso freme e scalpita come i cavalli del Palio di Siena ai canapi. Anche perché in un'indagine per omicidio la tempistica è fondamentale e gli sembra di starne perdendo fin troppo, di tempo.

«Sì, dottore, effettivamente non risultano fermi o arresti recenti ma questo non significa che…».

«La famiglia, come lei sa, è molto conosciuta e stimata…», insiste il pm con aria di disapprovazione.

«Certo, dottor Anticoli, ma è ovvio che non nutriamo alcun sospetto sui genitori del ragazzo», puntualizza Tommaso. «Le intercettazioni ci servono per localizzarlo, visto che l'ultimo domicilio conosciuto è la loro abitazione ma non ci risulta che viva lì e abbiamo ragione di credere che si sia dato alla latitanza».

«I latitanti sono ricercati per un ordine di custodia cautelare e non mi sembra che il caso sia questo», lo bacchetta il pm.

Tommaso arrotola la lingua in bocca come un vecchio saggio cinese e poi sta zitto. Aveva sempre pensato che magistrati e poliziotti fossero dalla stessa parte, ma…

«Del resto non capisco che risultanze abbiate per ipotizzare che il Morani sia coinvolto nell'omicidio di Allevi Silvio», insiste Anticoli.

«Fonti confidenziali, dottore, è scritto chiaramente nell'informativa».

Il magistrato stringe gli occhi fino a farli diventare due fessure.

«E queste fonti confidenziali… sarebbero?»

«Alcuni pregiudicati vicini all'ambiente della Banda e, in passato, del terrorismo di estrema destra», risponde Tommaso sull'orlo dell'esasperazione. «Più di una persona da noi conosciuta e ascoltata informalmente assicura che l'assassino in moto fosse lui. Come può immaginare, prima di interrogarlo, vogliamo tenerlo sotto controllo per qualche tempo, vedere chi frequenta, come si muove, in che giri è eventualmente coinvolto ma, per farlo, dobbiamo prima sapere dove vive e credo che le conversazioni telefoniche coi familiari siano l'unica strada per scoprirlo».

«Lei è nuovo di Roma...», depreca Anticoli.

«Be', veramente ci sono nato e vissuto, tranne che nel periodo in cui ho prestato servizio a Milano».

«Uhm, certo, ma non ha mai lavorato qui, come funzionario di polizia, intendo».

«Sì, questo è il mio primo incarico nella capitale ma...».

«Vede, dottor Elleni, Roma non è Milano». Il pm fa una pausa come se avesse enunciato una Grande Verità Cosmica e volesse dargli il tempo di assorbirla.

«Sì, me ne rendo conto», ironizza Tommaso.

«Appunto... Ci sono dinamiche, situazioni, relazioni che vanno prese in considerazione e...».

(E tu sei uno stronzo cacasotto che ha strizza di firmare una semplice ordinanza di intercettazione perché Morani è un cazzo di figlio di papà).

Tommaso si esibisce nel suo miglior sorriso da monello.

«Dottor Anticoli, tenere sotto controllo il telefono dei Morani è fondamentale per questa indagine. Se lei non ci autorizza, francamente, non sapremmo come procedere. È inutile ricordarle il clamore che l'assassinio di Allevi sta suscitando e, tra l'altro, c'è un evidente rischio di ritorsioni della fazione opposta. Se vogliamo evitare una nuova guerra di malavita a Roma dobbiamo muoverci in fretta».

«Clamore s.m. Dal latino *clamor-oris*. Il gridare di più persone insieme, rumore confuso di voci. Chiasso. Lagnanza, rimostranza, grido collettivo di protesta». Fin qui la *Treccani*. Significato metaforico: titoli sui giornali, servizi indignati in televisione, qualche politico che s'incazza e una tonnellata di merda ripartita equamente in due fiumi che s'abbattono su procura e questura.

(Firma 'sta cazzo di ordinanza o i giornalisti e il tuo capo ti faranno un culo come un secchio).

Tommaso sorride come un cherubino malizioso.

Il pm sospira rassegnato, stile martire innocente davanti al patibolo, estrae una scintillante stilografica d'oro massiccio e firma con uno svolazzo. Quando porge il foglio al funzionario di polizia ha l'espressione di uno che ha mangiato un porcospino crudo.

«Esigo di essere informato passo dopo passo su qualsiasi sviluppo dell'indagine», si congeda tendendo la mano.

«Naturalmente, dottore, come sempre... a presto, dottore, grazie».

Tommaso s'affretta a scantonare prima che "sor Tentenna" cambi idea e mentre esce dal grande cancello che s'affaccia su piazzale Clodio e si lascia alle spalle la mole grigia e incombente di palazzo di giustizia capisce perché i cronisti giudiziari lo abbiano soprannominato in quel modo.

Il porto delle nebbie.

CAPITOLO 5

Roma, molti anni prima

Luigi sbianca, si allontana istintivamente di un mezzo passo e guarda er Pinguino come se gli avesse piazzato un coltello alla gola.

«Senti io… cioè, mi dispiace ma…», balbetta cercando un modo di uscirne senza troppi danni mentre, mentalmente, si dà del perfetto imbecille. Doveva immaginarselo: tutta quella gentilezza, quelle premure, era chiaro che…

Er Pinguino lo fissa con un mezzo sorriso incredulo.

«Cioè, insomma, sei stato gentile e ti ringrazio ma io…», continua Gigi sempre più impacciato. «Vedi, queste cose… Capisco che in carcere si possa… magari dopo un po' viene naturale e non giudico chi lo fa ma io… insomma anche al minorile c'era chi… mi capisci, no? Però io…».

«No. Nun capisco un cazzo. Ma che stai a dì?». L'espressione del Pinguino diventa dura e vagamente minacciosa.

«Sto dicendo che mi piacciono le donne, ecco cosa», sbotta er Fringuello, esasperato.

Er Pinguino resta basito per qualche istante, poi se ne esce con una risata sgangherata che sembra il rumore di una sega su un blocco di marmo, si piega in due dal ridere, s'appoggia con le mani alle ginocchia senza smettere di sghignazzare.

Adesso è il turno di Luigi: basito.

«Ma anvedi questo…». Er Pinguino quasi si strozza dall'ilarità. «T'ho chiesto de fa' er pischello mio, a morè, mica de damme er culo! Ma che te credi che so' frocio?

L'animaccia tua a Fringuè... Nun capisci proprio un cazzo, vero?». E giù risate.

«Senti... Pinguì, mi dispiace, ho equivocato... io...», bofonchia Luigi sempre più a disagio.

«Ho equivocato», er Pinguino gli fa il verso col ditino puntato verso l'alto come una professoressa di liceo. «Ansenti come parla questo... Ho e-qui-vo-ca-to... Pari un libro stampato, pari...». E giù altre risate. Er Fringuello stringe la mascella perché sta cominciando a incavolarsi e non gli va di fare la figura dello scemo davanti a tutti ma er Pinguino lo prende di nuovo sottobraccio e gli allunga una pacca amichevole sulla spalla.

«'Namo, Fringuè, nun te incazzà, se vede che sei novo della galera... Er pischello nun è quello che penzi tu, se tratta de dacce una mano quando sortimo da qui e vedrai che conviene a tutti e due».

«Ma certo, scusa ancora, non avevo capito. E che posso fare quando esco?», domanda Luigi, sollevato e con una gran voglia di mostrarsi disponibile e far dimenticare la grezza.

«Insomma, tra la famija tua e l'avvocati che c'jai secondo me in tre, quattro anni ar massimo sei fori», continua er Pinguino. «Io puro, si me dice bene, dovrei sortì più o meno uguale. Te lascio er nummero mio e appena sei libbero me chiami e se mettemo d'accordo».

«Sì ma per fare cosa? Spiegami, per favore, non ci sto capendo un cazzo».

Er Pinguino abbassa la voce in tono da cospiratore.

«Niente de speciale. Esci, torni in famija, aricominci a fa' la vita tua, che ne so, studi, te fai la regazza, vedi l'amichi, ce l'hai l'amichi, fora, no?»

«Be' sì, qualcuno, anche se sono già tre anni che non li vedo, però...».

«Bravo, l'amicizia è importante, Fringuè, ricordetelo

sempre... E penzo che l'amichi tua saranno tutti de famija impaccata de sordi, come te, giusto?»

«Sì, insomma, non so ma credo che in effetti...». Luigi, finalmente, comincia a capire dove il tizio vuole andare a parare.

«Vedi che se intendemo, noi due? Tu devi solo sta co' l'occhi e l'orecchie operte, Finguè. Metti che un amico tuo te dice che i ggenitori so' partiti per vichende, er sabbato non era 'na bella vacanzetta de famija, tu me chiami, me dai l'indirizzo e nun ce penzi più. Io je vado a casa, ch'è rimasta vota, faccio er lavoro, poi se risentimio e te do la parte tua. Sto a parlà der venti per cento, Finguè, e te ggiuro che so' uno preciso, che nun sgara... In varzente, puliti, così nun devi da annà da un ricetta co' er rischio de fatte blindà de novo, tu qua drento nun ce devi più tornà».

«Il basista, insomma, un pischello sarebbe un basista, giusto?»

«Ohhhh, finarmente... Sai come se dice: ma che in culo te c'entra e in testa no?». Er Pinguino gli allunga una manata scherzosa sulle chiappe. «Ce stai, Finguè? Penzece e poi me fai sapè».

Luigi non ha la minima idea di cosa farà quando sarà fuori né di quanti anni gli restano effettivamente da scontare, ma decide che un amico malavitoso può sempre tornargli utile, quindi tende la mano senza esitare.

«Non ho bisogno di pensarci, Pinguino... andata».

«Andata». Si stringono solennemente la mano come due presidenti a un vertice internazionale, poi er Pinguino la butta in caciara, gli fa una smorfietta da checca e gli manda un bacio.

«Aho, ma lo sai che mo che me c'hai fatto penzà sei proprio caruccio, amore? Guasi guasi me fai eccità...».

«Vaffanculo, Pinguino, m'hai fatto smaltì», Luigi sorride di rimando, felice di essersi ricordato l'espressione in dialetto che significa mi hai spaventato, mentre si rimette in fila perché l'ora d'aria è finita. Il mafioso passa davanti a tutti, col codazzo di picciotti che gli fanno ala e perfino le guardie carcerarie si scostano al suo passaggio.

Gigi ha appena il tempo di tornare in cella quando un agente della penitenziaria s'affaccia allo spioncino.

«Morani e Porcari, trasferiti... Andate a Rebibbia».

Gli schiavettoni, tecnicamente, sono manette con serraggio a vite. Un ferro pesante, a forma di "U" spaccata, in cui vengono stretti i polsi dei detenuti, poi bloccati da una sorta di dado con due alette, che può essere stretto fino a frantumare le ossa.

Gli agenti della polizia penitenziaria ci vanno leggeri, li lasciano lenti mentre ammanettano uno dopo l'altro i carcerati destinati a salire sul furgone e passano, con la solita pigra meticolosità, una lunga catena tra uno e l'altro, attraverso i ferri. Un sistema medievale per impedire ogni tentativo di fuga.

Luigi sbianca per l'umiliazione di sentirsi uno schiavo in catene e la paura di quello che lo aspetta a Rebibbia, la sua prossima destinazione, regno dei criminali con condanna definitiva, dei terroristi "prigionieri politici", dei terribili ergastolani sempre pronti all'omicidio.

Silvestro Porcari, ammanettato a poca distanza da lui, assieme al fratello, gli strizza l'occhio con aria divertita.

«Che c'è, a Fringuellè? Te fanno male? Superiò, ma che je l'avete stretti troppo all'amico mio qua? A superiò, dico a lei...».

L'agente di guardia fa una spallucciata e manco gli risponde. Nonostante la mole e la violenza, Porcari non è uno di quelli che mettono strizza anche alle guardie. Se esagera, stando a voci spaventose e mai confermate che girano in tutti i penitenziari, minorili compresi, può aspettarsi una visitina notturna della squadretta speciale di giustizieri in divisa che, coi volti coperti e i guanti, puniscono le insubordinazioni a suon di manganellate.

Gigi fa un gesto impacciato, alzando a fatica le mani strette dai ceppi come a dire "lascia stare". Porcari smette di chiamare la guardia, che comunque non se lo fila proprio, e torna a rivolgersi a lui.

«È solo un pezzo de fero, Fringuè, nun ce fa ccaso... Vedrai che all'hotel Rebibbia te andrà a burro e alici... E si quarcheduno te rompe er cazzo viè da me che ce penso io».

Gigi annuisce, apprezza il tentativo di rassicurarlo e fa di tutto per assumere la stessa aria indolente, rassegnata o strafottente degli altri otto compagni di trasferimento. Er Pinguino e Scarparo sono rimasti a Regina Coeli ma forse li incontrerà di nuovo in futuro. La vita carceraria è fatta così: amicizie, simpatie, separazioni, alleanze, trasferimenti, nuovi incontri.

Il vecchio furgone cellulare, che Pier Paolo Pasolini chiamava "er carrozzone", arranca a fatica nel traffico per almeno tre quarti d'ora, tra frenate, soste, partenze, frenate, clacson, cacofonia di motori. Er Fringuello pensa a quanto tempo è passato dall'ultima volta che è salito su un motorino o su un'auto, a quanto gli piacerebbe essere fuori, libero, a incazzarsi per le code o i semafori e al fatto che, appena sarà fuori, dovrà prendere la patente. La scarcerazione gli sembra sempre più distante, sempre più difficile nonostante le rassicurazioni dei familiari e dell'avvocato. All'inizio, l'idea di restare rinchiuso per anni gli sembrava così impossibile che, appena fu arrestato, si rivolse al magistrato con una frase assurda. «Scusi, dottore ma quanto dura? Io alle 21 devo essere a casa per cena». Il pm si limitò a sospirare e a fissarlo con aria di compassione.

Adesso Luigi Morani detto er Fringuello è un carcerato adulto che va verso la sua destinazione definitiva. E deve sbrigarsi a imparare in fretta, a far tesoro delle lezioni del Pinguino, perché Silvestro Porcari non potrà difenderlo sempre.

Quando il furgone si ferma, dopo aver varcato l'ingresso del carcere, Gigi scende assieme agli altri e resta stupito. Ampi spazi, piante e aiuole ben curate, il ferro delle sbarre e delle porte dipinto di blu per sembrare meno oppressivo. Molto meglio dell'atmosfera tetra, desolante, incombente di Regina Coeli.

Le pratiche, stavolta, durano meno di quanto immaginava e, dopo un saluto veloce a Silvestro, er Fringuello viene preceduto da un agente verso il braccio dei "Giovani adulti". Molte porte delle celle sono aperte per l'ora di socializzazione e Luigi, alla fine della camminata, ha la bella sorpresa di ritrovarsi da solo. Spazio angusto e disadorno, brandina singola, water e lavandino a poca distanza, un ambiente che potrebbe essere una camera d'ospedale o una cella di clausura oltre che quello che è veramente: galera.

Gigi comincia a sistemare il suo misero bagaglio. Qualche vestito di ricambio portato dal minorile, un pacco di biscotti e una confezione di caffè regalati dal Pinguino, una palla da tennis che a Casal del Marmo si divertiva a far rimbalzare per ore sul pavimento ma che non ha più toccato per non infastidire i compagni di cella. I libri, le riviste e i fumetti, per l'assurdo regolamento carcerario sul regime di isolamento gli sono stati sottratti, ma sa che arriveranno presto ed è talmente annoiato che non vede l'ora di ricominciare a rompersi la testa su *Teoria e fenomenologia dell'individuo assoluto* di Julius Evola, testo fondamentale che ogni vero militante di destra dovrebbe leggere, secondo il Capitano, e che lui riesce a scorrere al ritmo di due pagine al giorno senza capirci un accidente. Tra domandine, attese, moduli da firmare, autorizzazioni da sollecitare e burocrazia varia, i libri potrebbero metterci anche due settimane prima di arrivare.

«Benvenuto, regazzì».

Allo spioncino della cella è apparso il volto ammiccante di un ragazzo che avrà più o meno la sua età, leggermente più alto, di cui Gigi vede solo gli occhi scuri, quasi mediorientali, un viso rotondo dall'aria sveglia e una corona di ricci alla Ninetto Davoli.

«Grazie, sono appena arrivato...», risponde senza sapere bene come comportarsi.

«E lo vedo, dal minorile, scommetto».

«Già, pure tu? Non stavi a Casal del Marmo, però...».

«No, m'hanno blindato a diciott'anni e un mese, mortacci loro. Me devo da fa' un anno, sette mesi e cinque giorni qua drento».

«Io dodici anni... se non mi fanno uscire prima».

Il ragazzo fa un fischio di sorpresa e ammirazione, poi assume un'aria provocatoria.

«Bboni, i biscotti ar cioccolato, dammeli, va».

Gigi sa riconoscere una sfida per la supremazia e capisce che ha due possibilità. Fare il duro ed evitare guai o sottomettersi.

Si gira lentamente, prende i biscotti, s'avvicina allo spioncino calcolando lo spazio. Le sbarre sono abbastanza distanti da sferrare al tizio un pugno in pieno viso ma se sbaglia mira si spezza una mano. Un pollice nell'occhio all'improvviso, mentre con la sinistra passa la scatola gli sembra la soluzione migliore.

O forse no...

Ha solo vagamente sentito parlare di un cinese chiamato Sun Zu ma per istinto capisce che, quando le forze in campo si equivalgono, diplomazia e inganno sono la scelta migliore.

«Be' tanto a me non piacciono», dice allungando la scatola. Il tipo fa per prenderla ma Gigi tira indietro la mano.

«E tu che mi dai in cambio? Senti, non è che hai qualcosa da leggere no? Mi rompo il cazzo a stare senza far niente...», spiega con sincerità e il miglior tono ragionevole che riesce ad assumere.

Il ragazzo allo spioncino esita un istante, poi gli fa cenno di aspettare e scompare. Torna pochi istanti dopo e Gigi si ritrova con una scatola di biscotti in meno e tre ingiallite e spiegazzate copie di «Il Tromba» e una di «Jacula» tra le mani. Pornografia a fumetti, i giornaletti zozzi su cui si faceva le seghe a dodici anni. Decisamente meglio di Julius Evola anche se Luigi si ripromette di sfogliarli con cautela, visto la possibilità di trovarli appiccicaticci e incrostati di secrezioni organiche.

«Grazie, mi chiamo Luigi Morani detto er Fringuello».

«Giuseppe Caro, me chiamano "er Frolloccone"».

Veloce stretta di mano, alleanza o quantomeno tregua armata stabilita. La vera vittoria sta nel non combattere. Chi l'ha detto? Boh.

L'incidente avviene il terzo giorno, durante l'ora d'aria che Gigi trascorre assieme agli altri detenuti.

Un tizio magro, nodoso, sulla sessantina, con la faccia e l'atteggiamento di chi cerca rogne a tutti i costi, gli passa accanto mentre passeggia assieme al Frolloccone, con cui ha instaurato un rapporto, se non di amicizia, di tolleranza reciproca e gli pesta deliberatamente un piede. Gigi soffoca un'imprecazione.

«Ehi, scusa eh…», protesta indignato perché il pestone gli ha fatto vedere le stelle.

«Come hai detto?». Il tizio magro si gira, invelenito come un cobra.

«Dico, stai attento, no? Mi hai spiaccicato una fetta…».

«E allora?». Il secco si avvicina col mento alzato e le spalle contratte. Gigi riconosce la postura e fa un mezzo passo indietro, testata in arrivo.

«Allora magari potresti chiedere scusa. Mi hai fatto male», insiste Gigi che ormai non può più uscirne senza tenere il punto.

«E chissene frega, fascista pezzo di merda».

Gigi calcola la distanza e scatta. Una pedata dritta ai gioielli di famiglia che va a vuoto per un soffio: il tizio ha evitato con uno scatto improvviso. Frolloccone è rimasto immobile, paralizzato. Gigi registra un movimento alle sue spalle e fa per girarsi ma un grosso agente della penitenziaria si mette in mezzo prima che il tipo magro torni alla carica.

«Che succede qui?»

«Niente, superiò, stavamo a scherzà tra amici», risponde il magro fissando er Fringuello con aria di sfida. L'agente si volta verso er Fringuello con espressione interrogativa.

«È vero, superiò, non è successo niente, scherzavamo», conferma Gigi, fedele alla prima e più importante regola carceraria: mai fare l'infame, costi quel che costi.

Il poliziotto fa un gesto d'ammonimento con l'indice e se ne va, ma l'incidente non è affatto chiuso.

«Sei morto, fascista». Il tizio magro fa il gesto di tagliarsi la gola con l'indice, sputa a terra e gli volta le spalle.

Gigi resta impalato e stupefatto accanto a un Frolloccone che trema come un salice al vento.

«Ma chi cazzo è quello? Ah, a proposito, grazie per l'aiuto, eh?».

Er Frolloccone ha l'aria di uno che ha appena incontrato il conte Dracula in un parcheggio buio.
«Ma davvero non lo sai?»
«Sto qui da tre giorni, Frolloccò...».
Giuseppe Caro, detto Frolloccone, fa una smorfia costernata.
«Si chiama Angelo Sanna, è un "effepiemme"», sussurra.
«Un che?»
«Un fine pena mai. Ergastolano. Ti ho detto tutto».
Gigi maledice la sventura. Neanche una settimana a Rebibbia ed eccolo annaspare in un oceano di letame. Gli ergastolani sono i veri principi del carcere. L'era dei permessi premio e delle scarcerazioni facili, delle semilibertà, degli affidamenti ai servizi sociali è ancora lontana. Ergastolo vuol dire ergastolo. Se ti va bene uscirai col Parkinson e la prostata come un cocomero ma, nella stragrande maggioranza dei casi, in galera ci crepi. Quindi niente e nessuno ti fa paura, peggio di così, al processo, non ti poteva andare e il tuo scopo nella vita è fare della galera il tuo piccolo regno, un potere assoluto che condividi solo con i boss e gli affiliati alle grandi organizzazioni criminali oltre che, ovviamente, con gli altri effepiemme. Puoi ferire, ammazzare, violentare, abusare, schiavizzare, umiliare chiunque tranne gli intoccabili.
E Luigi Morani detto er Fringuello non è un intoccabile. Anzi, non è nessuno. Carne da macello.

«Ma perché ce l'ha tanto con me? Non gli ho fatto niente, manco lo conosco...», protesta di fronte a questa enorme ingiustizia karmica. «Mi ha chiamato fascista di merda, cos'è, un brigatista?».
Er Frolloccone emette un verso da gallina che, con un po' di fantasia, si potrebbe definire una risatina chioccia.
«No, Fringuè, quelli stanno per conto loro e non ce se

filano proprio, guardali», risponde indicando tre tipi sulla quarantina, barbuti e baffuti, intenti a confabulare tra loro fumando a catena. «Se mischieno poco con noi comuni se non quando ce vojeno… spe… come se dice? Irottinare? Imbrattinare?»

«Indottrinare?»

«Ecco, bravo, proprio così, se vede che hai studiato… No, er sardo è un sequestratore, co la paranza sua ha rapito uno, poi l'hanno ammazzato e dato da magnà ai maiali, ma se vede che ha saputo chi sei e se fa rode er culo perché in carcere s'è poli… polizzato?»

«S'è politicizzato? È diventato comunista?»

«Boh, io de politica nun capisco un cazzo…Magari era comunista puro prima e mo che j'è capitato un fascio giovane tra le mani nun se lo vo' fa' scappà. Sta' in campana, Fringuè, quello t'accora. J'hai mollato una pedata nelle palle davanti a tutti e nun te la poi sfangà così».

«Ma veramente ha cominciato lui! L'hai visto no? Io mi sono solo difeso, cazzo…».

Giuseppe alza le spalle come a dire così va il mondo e scantona in fretta. Gigi capisce che nei prossimi giorni non lo vedrà più. È un morto che cammina e nessuno vuole stargli vicino.

Torna in cella, si butta sulla branda e fa uno sforzo immane per non mettersi a piangere. I suoi camerati, con cui ha avuto qualche scambio di lettere ed eterne promesse di fratellanza per corrispondenza quando era al minorile, sono sparpagliati in varie carceri del Nord Italia e non possono proteggerlo. Per evitare conflitti interni, terroristi rossi e neri non vengono mai chiusi negli stessi istituti. Er Fringuello è un'eccezione perché, vista l'età, non è considerato pericoloso e l'avvocato ha fatto il diavolo a quattro perché restasse a Roma, ma ora è solo. Nessun aggancio, nessuna protezione se non Giuseppe Porcari, che ha intravisto una sola volta, il tempo di scambiarsi un saluto, e che comunque, difficilmente rischierebbe di compromettersi con un ergastolano per un tipo che conosce a malapena. Potrebbe chiedere di essere messo nel reparto degli spioni e dei froci al direttore del carcere, ma sarebbe un marchio d'infamia che gli resterebbe appiccicato a vita, una vergogna incancellabile. L'unica cosa che può fare, per adesso, è tapparsi in cella, non uscire neanche per l'ora d'aria e pregare che il sardo venga trasferito o magari, alla fine, si dimentichi di lui.

Pie illusioni. Gli ergastolani non dimenticano. E hanno tutto il tempo che vogliono.

Quella notte er Fringuello scopre il significato dell'espressione da naja "dormi preoccupato". Anzi, non dorme affatto.

CAPITOLO 6

Roma, molti anni dopo

«Pronto, caro, scusa se ti chiamo in clinica ma...».

«Accidenti, tra poco ho un intervento, lo sai che...».

«Sì, mi dispiace, non lo faccio mai, ma stavolta...».

«Che è successo? Dimmi in fretta per favore».

«Ecco, è venuta Patrizia...».

«...».

«Ci sei, tesoro? Mi senti?»

«Sì... che voleva?»

«Mi ha detto che doveva prendere una cosa di Gigi...».

«Che cosa?»

«Un'agenda, mi pare... È stata un po' vaga».

«E tu che hai fatto?»

«Che dovevo fare? L'ho fatta entrare in camera sua e l'ho lasciata lì. C'è rimasta un quarto d'ora, poi è uscita e ha detto che aveva trovato quello che cercava».

«E tu... Sì, infermiera, ho capito, arrivo, cinque minuti! Scusa, cara, devo andare in sala operatoria ma... ti ha detto di lui?»

«No, veramente no... io...».

«Ma le hai chiesto dov'è?»

«Ecco, scusami, non me la sono sentita, lo sai che con quella ragazza sto a disagio, non so mai come comportarmi».

«Una volta che era lì, potevi pure domandare, porcaputtana».

«Non dire volgarità, sai che non lo sopporto».

«Scusa, ma insomma, sono mesi, anni che...».
«Be', prima di uscire mi ha detto: "Non si preoccupi per Gigi, sta bene, tutto ok"».
«Ti ha detto così».
«Sì, parole testuali. Poi se n'è andata».
«A volte mi domando se dovremmo chiamare i genitori, forse...».
«Ci ho pensato anche io, sai... Dobbiamo fare qualcosa, caro, io... ecco, non ce la faccio più così, non ci resisto, non...».
«Tesoro, adesso non metterti a piangere, dai... Devo proprio andare, ne parliamo stasera a cena, con calma. Bacio».
Tommaso Elleni aggrotta la fronte e si piazza meglio le cuffie sulle orecchie.
«Fammela risentire».
Il poliziotto della sala intercettazioni, terzo piano della questura di Roma, alza gli occhi al cielo, pensa che quattro volte potevano bastare anche perché i due parlano in un ottimo italiano, non in swahili, ma obbedisce, riavvolge il nastro e lo fa ripartire.
Appena finito di ascoltare, Elleni si strappa le cuffie dalla testa e scende al galoppo il piano di scale che porta al suo ufficio, prima sezione della mobile.

«Arcangeli, da me, subito!». L'urlo del capo della sezione omicidi si sente fino a piazza della Repubblica. Quaranta secondi dopo l'ispettore è seduto davanti al suo dirigente con la solita aria ansiosa.
«Arcà, chi c'era di servizio davanti a casa Morani?»
«Il sovrintendente Peluzzi, dottore».
«"Il Contabile"? Che culo, per una volta. Ha smontato?»
«No dottore, ma sta per andarsene, ha finito il turno».
«Chiamalo».

«Adesso?»
«No, a Pasqua. Cazzo, fallo venire immediatamente».

Dante Peluzzi, detto il Contabile, presente. Uno di quelli che, quando si qualificano come poliziotti, ti danno l'impressione di aver sbagliato mestiere: tre penne identiche nel taschino di una terrificante giacca a quadretti Upim style, grossi occhiali da miope, pettinatura con la riga, aspetto pacioso, l'aria di chi non ha mai impugnato una pistola dai tempi del corso e non si ricorda neanche come si fanno scattare le manette ai polsi di un arrestato. In poche parole, il poliziotto più impiegatizio e più pignolo di San Vitale. Uno di quelli che non hanno bisogno della lista della spesa per andare al supermercato perché hanno già tutto bello scansionato in testa, che impilano la roba nel frigo a seconda della data di scadenza, che non rimettono mai a posto il dentifricio senza aver avvitato il tappino fino in fondo. Precisetto, affidabile, barboso come nessuno.
Sì, un vero colpo di fortuna.

«Buongiorno Peluzzi».
«Buongiorno a lei, dottore, stavo per staccare perché devo andare a prendere mio nipote a nuoto...».
«Ma perché, non ci vai con la macchina? Si sono allagate le strade?»
«No, dottore, ha equivocato o mi sono espresso male. Mio nipote Francesco, ma tutti lo chiamano Ciccio, ha dodici anni e va in piscina al Coni, è bravo, sa? Si sta preparando per una gara e...».
Tommaso fa il cenno di stop e si domanda come gli sia venuto in mente di fare una battuta di spirito con uno che ha il sense of humour di una falciatrice da giardino.
«Be', auguri per la gara allora... Senti, stamattina eri in servizio a via Barnaba Oriani, giusto?»

«Sì, dottore, dalle 8 alle 12:30 quando è venuto Fileri a darmi il cambio. Non ho mai abbandonato il mio posto di osservazione neanche per un caffè o per andare, con rispetto parlando, al gabinetto, dottore».

Piuttosto ti pisceresti nei pantaloni, lo so. Elleni annuisce con aria d'approvazione.

«Hai annotato le targhe delle macchine di tutte le persone che sono entrate e uscite dal palazzo?»

«Naturalmente, dottor Elleni... È una palazzina signorile dove vivono tre famiglie e non c'è un gran passaggio, ma ho preso nota di tutti i visitatori, compresi i fattorini, ecco qui, se vuole controllare di persona...».

Il sovrintendente estrae un foglio da una logora cartella di pelle, scartabella, compulsa e allunga a Tommaso una nota su cui sono ordinatamente annotati sette modelli di auto, con relativa targa e orario d'arrivo e d'uscita dal palazzo, nonché una sommaria descrizione del conducente.

A Tommaso Elleni basta un'occhiata per sentire i battiti cardiaci in crescendo rossiniano.

«Ecco, questa Golf bianca... Arrivata alle 12:05 e ripartita alle 12:27». La telefonata tra i genitori di Luigi Morani è stata registrata alle 12:36 quindi non può essere che la ragazza.

«Sì, dottore, ha parcheggiato proprio davanti al portone ed è entrata subito per poi uscire all'ora che ho annotato», puntualizza il Contabile.

«"Giovane signora non accompagnata", hai scritto così, Peluzzi».

«Effettivamente, dottore. Non accompagnata nel senso che era sola alla guida».

Tommaso Elleni, per un attimo fugace, si domanda se Quattrocchi non lo stia prendendo per il culo ma si convince che è impossibile. Il Contabile è un contabile e basta.

«Bene, te la ricordi?»
«Sì, dottore, era bianca, priva di adesivi, carrozzeria in ottimo stato ma del resto, come evince dalla targa, è un'auto nuova e...».
«Non la macchina, cazzo!», sbotta Tommaso, poi fa un respiro profondo. «Scusa, non la macchina, Peluzzi, la giovane signora, insomma la ragazza, com'era?»
«In che senso, dottore?».
Oh Gesù d'amore acceso, non t'avessi mai offeso... Quando è sul punto di perdere le staffe Tommaso recita mentalmente la preghierina di pentimento che gli ha insegnato la nonna quando aveva cinque anni.
Lui, non la nonna.
«Com'era fatta? Bionda? Bruna? Grassa? Magra? Dammi una descrizione e mettiti subito al lavoro alla motorizzazione, voglio sapere a chi è intestata la Golf e dove abita la proprietaria».
«Dottore, io... sa, mio nipote...».
«Non me ne frega un cazzo di tuo nipote, sei consegnato, fallo tornare a nuoto, in canotto, col dromedario... come cazzo ti pare, mi servi qui». Di fronte all'espressione da topone afflitto del sovrintendente, Elleni s'intenerisce e tira fuori ventimila lire.
«Quando abbiamo finito chiama la piscina, di' a tuo nipote di prendere un taxi, fallo portare a casa o qui, in questura, dai genitori... Pago io. Mi servi adesso, Peluzzi. Fai uno sforzo di memoria, com'era 'sta benedetta ragazza?»
«Direi... Normale, dottore».
Oh mio caro e buon Gesù, con la tua santa grazia, non ti voglio offendere più...
«Bene, aveva due braccia, due gambe, due occhi, due orecchie, era normale... Non è che per caso ti viene in mente qualche altro dettaglio identificativo, no? Tipo

altezza, corporatura, fattezze... questi piccoli particolari che possono aiutare in un'indagine di polizia?»

«Dottore, potrei esprimermi liberamente?»

«È quello che ti sto chiedendo da mezz'ora...».

«Una bionda da paura con due bombe così, dottore, e du' gambe che non finiscono mai. Un pezzo di fica da sballo, una gnocca spaziale, ecco com'è la ragazza».

«Aspettami qui, amore... Ho una sorpresina che ti piacerà».

Gigi stacca a fatica le labbra da quelle di Patrizia, le mani dai suoi seni che sembrano fremere, i capezzoli turgidi sotto le sue dita, e si scosta lentamente sul divano, un'erezione quasi dolorosa che preme sotto i jeans semislacciati.

«Ma io ti voglio... adesso», gorgoglia contrariato.

«Anche io... dai, vai in camera da letto, spogliati e aspettami».

Patrizia si alza con un movimento fluido, da pantera, e sguscia via con un ghignetto malizioso, sfuggendo al suo abbraccio. Er Fringuello si rassegna a quella nuova stravaganza femminile, va nella stanza da letto, si spoglia restando in boxer e calzini, poi ci ripensa, toglie anche quelli, accende una sigaretta e si sbraga sul grande letto circolare con tanto di specchio sul soffitto, una pacchianata Casamonica style che, però, ha i suoi vantaggi dal punto di vista erotico.

Dopo cinque minuti comincia a innervosirsi, anche perché l'erezione sta decisamente perdendo quota.

«Amore, quanto ci metti?»

«Ancora un attimo, sto arrivando».

Gigi accende lo stereo, lo spegne, lo riaccende alla ricerca di una colonna sonora adatta, poi lascia perdere.

«Spegni la luce, accendo quella in corridoio». La voce

di Patrizia ha un tono roco, sensuale, che gli riaccende immediatamente il desiderio.

Trenta secondi dopo la giovane, splendida donna bionda fruscia nella stanza in un turbine di veli e ancheggia lentamente, in modo provocante, verso il letto, per poi allontanarsi immediatamente con un sorriso lascivo appena Gigi apre le braccia per accoglierla. Er Fringuello si tira a sedere e contempla, estasiato, il corpo snello e tonico fasciato da un baby doll trasparente di pizzo nero sotto una vestaglia impalpabile che sembra fatta di aria, le gambe avvolte nelle calze di seta con la riga dietro, fermate da un reggicalze in tinta, i tacchi fetish, a stiletto, che danzano sulla moquette, il reggiseno a balconcino che lascia scoperto più di quanto dovrebbe coprire.

«Sei uno schianto, amore... vieni, non ne posso più».

Patrizia gli fa cenno di aspettare, continua a muoversi con la sensualità di una soubrette di burlesque, accende una sigaretta, soffia il fumo verso l'alto toccandosi i seni, poi il ventre, poi le cosce magre e affusolate. Lo spettacolino erotico dura un paio di minuti, fino a quando Gigi non riesce più a trattenersi, abbranca la sua donna, la scaraventa sul letto e le apre le gambe per penetrarla. Patrizia si sottrae ancora una volta, si lecca le labbra come una pornostar, lo rimette giù con un gesto imperioso della mano, si china su di lui e, lentamente, glielo prende in bocca e comincia a praticargli una fellatio da professionista.

«Fottimi in bocca, amore», lo incita senza smettere di succhiargli il pene. Gigi geme come un vitello, le spinge la testa, continua a spingere fino a quando deve fare uno sforzo immane per non eiaculare.

Picca di giada. Antica tecnica erotica cinese: un respiro profondo, addominale e una pressione decisa dell'indice sul perineo. Pericolo di un orgasmo da Formula Uno scongiurato. I maestri taoisti potevano andare avanti per ore, preservando lo yang per non indebolire il chi, la forza vitale. Sesso tantrico nella versione indù. Il piacere come una forma di elevazione spirituale.

Gigi vuole solo fottere Patrizia fino a farla urlare e gli basta molto meno tempo. La solleva come un fuscello, la costringe brutalmente a girarsi, la penetra da dietro strappandole un mezzo urlo di sorpresa e di piacere, comincia a muoversi sempre più velocemente dentro di lei.

Patrizia viene con una specie di sospiro rassegnato, la sua carne si stringe attorno a quella del suo uomo come una bocca. Gigi le morde il collo, le tira indietro la testa quasi con violenza, le infila la lingua nell'orecchio, poi la gira di nuovo e la mette supina, a gambe aperte. Quando le entra dentro di nuovo sente una sorta di risucchio che rischia di mandare a monte tutta la tecnica della picca di giada. Si ferma qualche istante, poi riprende a fotterla tirandole i fianchi, brancicandole i seni, schiaffeggiandola leggermente sul viso.

«Mi fai impazzire», boccheggia.

«Oh... oddio non ti fermare, mi fai godere di nuovo, ah che piacere, Gigi». L'urlo di Patrizia è un grido d'agonia mentre un secondo orgasmo la scuote al punto di farle uscire qualche lacrima.

Gigi si mette di traverso, nella posizione a "elle" che conclude sempre la loro danza d'amore. Patrizia fa le fusa, resiste altri dieci minuti, si arrende, si lascia andare, viene per la terza volta. Piccola morte, dicono i francesi.

«Ba... basta... ti supplico... così mi distruggi, amore», pigola, esausta, ma Gigi non la sente neanche, le sale ancora sopra nella posizione del missionario, accelera il ritmo e conclude ululando mentre le sgorga dentro. Poi si affloscia sopra di lei, finalmente rilassato e ascolta la sua risatina ebbra come un canto di desiderio appagato.

Restano in penombra per qualche minuto poi, come a un segnale convenuto, allungano le mani verso il pacchetto di sigarette, ne prendono una a testa, fumano in silenzio.

«È stato bellissimo, amore», tuba Patrizia, rannicchiandosi contro il torace asciutto ma muscoloso di Gigi, al suo corpo da atleta, scolpito dalle sedute in palestra e dagli allenamenti di pugilato.

«È sempre bellissimo, con te», risponde un po' assonnato. Poi prende tra le mani il baby doll, che avrà bisogno di una buona lavata per cancellare le macchie dell'amplesso.

«Bello, è nuovo?»

«No, lavato con Perlana... scherzo. L'ho preso in centro l'altro ieri, sapevo che ti sarebbe piaciuto... L'ho pagato una fortuna ma ne è valsa la pena, direi», aggiunge dandogli uno schiaffetto scherzoso sul pene, moscio e ancora gocciolante. Er Fringuello si scansa, infastidito.

«Non me lo avevi detto...».

«Era una sorpresa, no? Le sorprese non si dicono, amore». Negli occhi di Patrizia brilla una luce allarmata. Ci risiamo.

«Non del baby doll, che andavi in centro».

«Non ci sono bei negozi qui a Sacrofano, tesoro».

«E con chi sei andata?». Gigi si rimette a sedere, lo sguardo duro e sospettoso.

«Ma... da sola. Cioè, ho visto Clara però...».

«Da sola o con Clara?»

«Amore, ti prego... Ci siamo viste con Clara a piazza del Popolo, abbiamo preso un aperitivo, guardato un po' le vetrine, poi lei è dovuta andare via e...».

«Fammi capire: vi vedete per fare shopping, poi lei ha un impegno e se ne va. Strano no?»

«Che c'è di strano, tesoro? Aveva da fare... E poi ti confesso che mi vergognavo un po' a comprare questa biancheria da puttana davanti a lei. Ho aspettato di essere sola per andare da La Perla».

«Sicura?». Il tono di Gigi è quello dello Sbirro Cattivo.

«Ma sì... perché?». Patrizia si allunga a baciargli la guancia ma Gigi la respinge.

«Perché mi stai dicendo un sacco di cazzate, non ci credo».

«Ma perché dovrei...? Amore, ti scongiuro, finiscila, non rovinare tutto anche stavolta».

«Perché io rovino tutto, vero? Sono un rompicoglioni sospettoso, no? È questo che pensi di me?». La voce come un ringhio, le mani che tremano, gli occhi sbarrati. Patrizia riconosce i segnali e si rannicchia tutta come un animaletto terrorizzato.

«Ma io non ho detto questo, non lo penso nemmeno, credimi...». Patrizia è sull'orlo delle lacrime.

«No, mi hai detto un sacco di stronzate, come fai sempre! Dimmi la verità, porco... Non voglio bestemmiare... Con chi sei andata a comprare questa roba da troia?»

«Ma con Clara, se non ci credi chiamala, io...».

«Certo, lo so che ti tiene il gioco quella stronza. Avanti, dillo: chi ti scopi, Patrizia? Quel mezzo finocchio che ti sbava dietro? È per lui che hai comprato il baby doll e 'ste calze da puttana? L'avete inaugurati insieme? Giuro, non mi arrabbio, non ti faccio niente, basta che la smetti di trattarmi come un deficiente, dimmi la verità, cazzo».

«Amore, la scatola è ancora di là con l'etichetta, ho comprato tutto per te, per farti piacere, non mi tormentare, non ne hai motivo, io amo solo te...».

«E fotti con chi ti pare, no? Ti piace troppo il cazzo, non ti accontenti di uno solo, ammettilo, cagna».

«Adesso basta, smettila, mi hai scocciato». Patrizia si

mette a sedere, bella e sdegnata come una regina offesa. «Non ti devi permettere, io…».

Lo schiaffo le fa bruciare la guancia come fuoco, mille lucette le danzano davanti agli occhi.

«Basta Gigi, non mi picchiare, per favore!», urla.

Er Fringuello alza la mano stretta a pugno, fa per colpirla in pieno viso poi si controlla, torna in sé, la abbraccia, la stringe, la coccola come una bambina mentre Patrizia trema e piange di paura, umiliazione, delusione.

«Amore mio, piccola, uccellino, micetta, no… no, non piangere, ti prego». Gigi sembra un bambino in castigo che chiede perdono, adesso. «Lo vedi, sei tu che mi fai diventare così, io non vorrei mai ma… quando tu…».

Patrizia accende un'altra sigaretta, si alza e si mette a distanza di sicurezza. Un filo di sperma le cola sulla calza sinistra.

«Gigi, ascoltami, non ne posso più… Non possiamo andare avanti così, non ce la faccio».

«Scusami, davvero, mi dispiace, ho perso il controllo, non volevo», piagnucola er Fringuello.

«Due settimane fa mi hai quasi rotto il naso», osserva Patrizia, risentita mentre si libera velocemente della biancheria da cocotte e s'infila in una calda vestaglia di pile, scalcia via le scarpe coi tacchi a spillo.

«Dai, esagerata, era solo un po' gonfio… Mi spiace, lo schiaffo m'è partito dalle mani ma tu…».

«Non ne posso più di dire cazzate a tutti, di nascondere i lividi col fondotinta, di inventarmi incidenti e cadute manco avessi ottant'anni. E ormai non ci crede più nessuno, anche i miei hanno capito che mi metti le mani addosso di continuo». Patrizia spegne la sigaretta con rabbia e si guarda attorno: la porta è aperta, lei è a piedi nudi e, con uno scatto, riuscirà a raggiungerla prima che lui le salti addosso per massacrarla di botte.

«Pat, perdonami, ti chiedo scusa ancora… È che ti amo troppo, lo sai», implora Gigi, apparentemente pentito e remissivo, mentre Patrizia continua a tenerlo d'occhio, per niente rassicurata.

«Questo non è amore, Gigi. L'amore non c'entra un cazzo. Giurami che non mi picchierai più o te ne vai. Oggi».

Il viso di Gigi s'indurisce in una maschera di furia, poi si distende in una smorfia di contrizione.

Lacrime.

«Non mi cacciare, amore mio… Non mi mandare via. Voglio stare sempre con te, ti amo tanto, uccellino. Giuro su Dio che non ti picchierò mai più».

CAPITOLO 7

Roma, molti anni prima

Taglìno. Sostantivo, maschile, gergale.

In romanesco significa “coltello”, anche se il termine “zaccagno” è più usato.

Dietro le sbarre la parola acquista un significato molto diverso. Il taglìno è un’arma artigianale che, molto spesso, testimonia l’enorme inventiva dei detenuti, soprattutto se si tratta di sbudellare, scannare, ferire o sfregiare un rivale.

Il tipo più tradizionale è il manico di un cucchiaio di metallo morbido, affilato e appuntito raschiandolo pazientemente per ore su una pietra o un blocco di cemento per poi fissarlo a una rozza impugnatura di legno, ma le varianti sono quasi infinite. Pezzi di lametta saldati con la fiamma a uno spazzolino da denti. Frammenti di vetro acuminati inseriti in una saponetta. Schegge di metallo ricavate da pentole o padelle e inserite in un bastone corto come una sorta di piccola mazza ferrata. Chiodi. Tondini di ferro che diventano micidiali spunzoni. Portachiavi, fatti passare durante i colloqui, con un bordo che taglia come un rasoio. A chi è “sotto schiaffo” come Gigi e non ha né il tempo né la possibilità di rimediare un taglìno vero e proprio resta l’alternativa delle armi da botta: un calzino pieno di sabbia o di ghiaia, una pietra grossa come un pugno, una bottiglia piena di acqua o urina.

Er Fringuello guarda malinconicamente il pedalino che ha imbottito di pietrisco e di terra per farne una specie di manganello e si rende conto che non gli servirà a un accidente. L'omicidio, in galera, non è mai una sfida, una sorta di duello ad armi pari magari con un cerchio di detenuti che assistono e fanno il tifo: quella roba succede solo nei film. L'assassinio di un carcerato è subdolo, insidioso, vile, imprevedibile. Il tizio con cui non hai mai avuto problemi che ti sorride, ti offre una sigaretta e ti spanza a tradimento mentre ti porge gentilmente il pacchetto. Il detenuto che si piazza dietro di te nella fila per la mensa e ti pugnala alle reni. La gola tagliata nel sonno dopo che un agente corrotto ha lasciato la porta aperta. Il finto suicidio. La corda che ti strangola mentre sei nella doccia o al cesso. Il vetro tritato nel cibo. Il colpo alla trachea con un tirapugni artigianale che uccide più velocemente di un proiettile calibro .38 special. Il taglìno, esattamente come il "ferro" dei pregiudicati, non si porta mai con sé: si nasconde in un frigo, sotto il letto, dietro un battiscopa fino al momento di usarlo. Il momento di uccidere.

Gigi soppesa il suo ridicolo sfollagente e si domanda come e quando toccherà a lui. Angelo Sanna gliel'ha giurata e sa bene che non ha la minima chance di sopravvivere. L'ergastolano sardo, magari, è uno dei pochi privilegiati che è riuscito a procurarsi quell'autentico tesoro che è un coltello vero, forse una di quelle "resolse" senza molla fabbricate a Pattada che tagliano come bisturi e pungono come aghi. Sanna non ha neanche bisogno di ammazzarlo di persona: come tutti i fine pena mai, col passare degli anni si è fatto una piccola corte di schiavetti più o meno compiacenti, uno dei quali sarà sicuramente ben disposto a levare di mezzo uno stronzetto arrivato da poco, senza alleanze, senza protezioni e senza armi, a parte un pedalino pieno di terra.

Nelle lunghe notti insonni, sempre con l'orecchio teso al minimo rumore sospetto, Gigi ha elaborato ed esaminato mille fantasie, centomila ipotesi, un milione di strategie. E ha finito per scartarle tutte.

Prendere l'iniziativa: affrontare Sanna all'improvviso durante l'ora d'aria e massacrarlo di botte. Finirebbe in infermeria e forse in isolamento, ma sarebbe una tregua temporanea. Appena uscito l'ergastolano sarebbe lì ad aspettarlo, ancora più incarognito.

Ucciderlo con un colpo secco, col taglio della mano alla gola. Tecnica letale stile wing tsun kung fu. Ma ci riuscirebbe? Quasi sicuramente no e, anche se, per un caso fortunato, il piano andasse a segno, si ritroverebbe di sicuro con una condanna a trent'anni o all'ergastolo e Luigi Morani non ha alcuna intenzione di diventare un altro effepiemme e morire dietro le sbarre.

Tentare con la diplomazia, cercare di parlare con Sanna, scusarsi con dignità anche se non ha fatto nulla per provocarlo, sperare in una riconciliazione. Stronzate. Riuscirebbe solo a rendersi ridicolo e a farsi umiliare.

Chiedere protezione al direttore. Escluso. Niente infamate.

Insomma, non ha speranza di salvarsi, se non restando sempre tappato in cella, ma anche questo non può durare e, tra l'altro, Gigi comincia a temere che, se la montagna non va a Maometto, Maometto andrà alla montagna e la porta del carcere si spalancherà all'improvviso per far entrare un assassino col taglìno in pugno.

E la porta si spalanca all'improvviso proprio in quel momento.

Er Fringuello salta in piedi col cuore a mille e il calzino pieno di terra in mano, deciso a battersi fino all'ultimo respiro come un vero camerata.

«Morani, ma che cazzo fai, mettiti seduto... e molla quella roba, che stai riempiendo di terra il pavimento».

Gigi guarda la piccola cascata di terriccio che sta filtrando, come una clessidra, da un foro del calzino provocato probabilmente da una pietruzza appuntita, lascia cadere il manganello e guarda con ansia Falco, lo scarno, taciturno agente di custodia col viso da sparviero che parla pochissimo, sta quasi sempre per conto suo, non sembra legare coi colleghi o coi detenuti ed è circondato da un'aura di pericolo e di minaccia. Qualcuno sussurra di parenti 'ndranghetisti, qualcuno di collusioni coi mafiosi, qualcuno sospetta che sia uno dei boia incaricati del pestaggio dei detenuti riottosi di cui si favoleggia da sempre. Tutti cercano di limitare i contatti al minimo e di evitarlo come la peste. E ora eccolo lì, col gozzo da avvoltoio e il naso adunco da sceicco arabo, che lo fissa con un misto di sorpresa, disprezzo e commiserazione.

Gigi, ormai disarmato, si chiede se sarà lui ad ammazzarlo. Qualunque sia la verità su Falco, di sicuro sta per scoprirla e, di certo, non potrà raccontarla a nessuno.

«Facciamo una passeggiata, Morani». Falco accenna alla porta. Gigi afferra istintivamente una gamba del letto. Se vogliono portarlo al macello non ci andrà come una pecora: dovranno trascinarlo fuori, urlante e scalciante.

«Io non esco!», sbraita. «Non mi muovo di qui, tra l'altro mi sento male».

«Cos'hai?»

«Febbre, cacarella, forse influenza o magari ho mangiato qualcosa che...».

«Hai marcato visita?»

«No, perché…».
«Perché non hai un cazzo, Morani, non prendermi per il culo. Tu sei malato di strizza». Falco fa un gesto vago verso il fuori che potrebbe accennare al sardo in agguato.
«Be', comunque non esco, non può obbligarmi, superiore», ribatte Gigi appena un po' rassicurato, anche se non capisce neanche lui perché.
«Non c'è bisogno di costringerti. Sarai tu a venire con me e subito. Ti conviene, dammi retta, almeno se vuoi evitare che qualcuno che conosciamo bene ti metta le budella in mano», risponde pacatamente Falco.
«E… chi sarebbe 'sta persona?»
«Vieni e lo vedrai. Ma prima butta quel pedalino, che se te lo trova qualcun altro sono cazzi amari».
Gigi annuisce, obbedisce, segue Falco lungo un corridoio, oltrepassa un cancello, percorre qualche centinaio di metri accolto da occhiate sospettose, indifferenti, strafottenti o apertamente ostili e si ritrova davanti a una cella semiaperta.
Falco gli fa cenno di aspettare e s'affaccia.
«Te l'ho portato, sta qua», annuncia.
«Bravo, Falco, fallo entrà».
L'agente annuisce e quasi spinge dentro Gigi che gli fa un gesto interrogativo con la mano a pigna.
«"Cavallo Pazzo"», sussurra il poliziotto con un'alzata di spalle prima di dileguarsi.
Gigi fa un respiro profondo ed entra nella cella.

Ad aspettarlo sono in due, ma Gigi capisce subito chi è quello che conta. Alto almeno un metro e novanta, sui quaranta, grosso e solido come una quercia, lineamenti duri, scolpiti, aggressivi, cascata di riccioli scomposti, diamante all'orecchio sinistro che scintilla come una piccola stella e quella luce nello sguardo, strafottente e bonaria allo stesso tempo, che dice: qui comando io e non ho neanche bisogno di mettere su la grinta del duro. Tremate e obbedite.

L'altro, più piccolo, più anziano, più magro, in pantaloni di velluto e golfino a pelle, una frangia da ragazzino che quasi gli copre gli occhi, accoglie er Fringuello con un gesto cerimonioso e ironico e gli fa cenno di sedersi sulla branda.

«Ecco er nostro samurai, er giustiziere dell'infami», annuncia a Cavallo Pazzo.

«Me fa piacere de vedè che sei ancora tutto intero», commenta il gigante, con un sorriso da alligatore. «Te volevo da incontrà prima che er sardo te metta le budella in mano».

Gigi resta in piedi, a suo agio come un cotechino a un *bar mitzvah*.

Frangia gli dà un colpetto amichevole sulla spalla e si defila.

«Me vado a fa' un giro, Andrè, così ve fate 'na bella chiacchierata tra de voi», dice prima di uscire dalla cella.

Cavallo Pazzo fa cenno a Gigi di sedere accanto a lui e gli tende la mano.

«Andrea Colesi, piacere, me chiameno tutti Cavallo Pazzo e nun m'offendo perché so' mezzo matto davero...».

«Luigi Morani, mi chiamano er Fringuello», si presenta più sobriamente.

«Ce lo so chi sei... Per questo t'ho fatto venì».

Gigi non trova niente di intelligente da rispondere quindi sta zitto.

«Allora? Che me dichi? Come te la passi qua all'hotel?», lo incoraggia Andrea, divertito. Gigi risponde con un gesto scoraggiato che significa: lo sai già.

«Hai fatto incazzà Sanna e quello te l'ha giurata, mo me sa che so' cazzi tua, Fringuè... quello n'ha già accorati due, da quanno sta qua», ricapitola Cavallo Pazzo.

«Io veramente non gli ho fatto niente... È lui che mi ha provocato», protesta Gigi, risentito.
«M'hanno detto che j'hai mollato un carcio nelle palle», insiste Colesi. «So cose che nun se fanno, specie all'ergastolani, nun lo sapevi?», lo ammonisce col dito puntato.
«T'hanno detto anche che mi è venuto addosso senza motivo, mi ha pestato un piede e ha minacciato di ammazzarmi?», si picca er Fringuello.
Cavallo Pazzo fa un piccolo fischio di stupore.
«Quello nun minaccia a cazzo... Quello te apre in due dalla gola all'uccello, tesoro».
«Ci deve provare... Non mi farò scannare come un coniglio», insorge Gigi che, ormai, capisce di essere spacciato e tenta almeno di salvare un po' di dignità.
Colesi annuisce, come se avesse dato la risposta giusta a un telequiz.
«Bravo. Sei un cazzo infasciato ma c'hai le palle, me piaci», approva.
Cazzo infasciato non dev'essere un complimento ma avere i testicoli sì, quindi Gigi si stringe nelle spalle, modesto.
«Com'è che t'hanno blindato?», lo interroga Cavallo Pazzo.
«Secondo me lo sai già».
«Ma me va de sentillo da te, si nun te dispiace...». L'ultima frase ha un impercettibile tono di minaccia. Uno come Andrea Colesi non chiede. Ordina.
«Be', non ero solo... Ero con un gruppo d'azione armata. Cioè, insomma, sono un combattente per la Rivoluzione Nazionale contro la grande congiura giudaica e comunista. Noi lottiamo per un ordine diverso, per i valori della Patria, per strappare questo Paese dalle mani dei bolscevichi, dei politici corrotti, degli sfruttatori, dei pederasti e...».
Cavallo Pazzo fa segno di sì, con gli angoli della bocca

abbassata e quell'aria di ammirato stupore che in romanesco si traduce nell'espressione...

«Mecojoni... E quello che hai parcheggiato cos'era? 'N borscevico? Un politico magnone? Un rottinculo?».

Er Fringuello fa la faccia dello studente che ha preso un tre.

«Non era nessuno. Non c'entrava un cazzo. Abbiamo sbagliato obiettivo. Dovevamo eliminare un avvocato spione ma c'è andato di mezzo uno che usciva dal palazzo. Fine della storia».

«E mo stai a bottega come li cammerati tua, a aspettà che un fottipecore der cazzo te faccia la pelle solo perché s'è messo in testa de diventà communista e odia i fascisti come te», conclude Cavallo Pazzo. «Di' un po', Fringuè, 'o faresti de novo? Valeva la pena? Nun me dì cazzate, risponni sincero e risponni subbito».

Gigi sospira perché ci sta pensando da tempo. Valeva la pena? Fottersi la vita a sedici anni per una rivoluzione che, probabilmente, non arriverà mai? Mangiare sbobba che non darebbe al cane? Contare i giorni? Ritrovarsi in mezzo a criminali, assassini e stupratori mentre i suoi amici vanno all'università, viaggiano, si divertono, scopano? È veramente questo che voleva, dalla vita?

«In tutte le guerre ci sono vittime innocenti. La lotta è fino alla vittoria o alla morte, boia chi molla», proclama con tutta la convinzione di cui è capace.

«E bravo Fringuello, parli proprio bene! E te vojo di' una cosa in confidenza: puro io la penso come te, ce so' troppi magnafregna che fanno er cazzo che je pare co' l'intrallazzi loro e li poveracci sempre sotto, a pecorone, nun è giusto».

A Gigi sembra un discorso vagamente di sinistra, per quello che è riuscito a capire, ma evita di impegolarsi in una discussione ideologica. Fa cenno di sì con la testa, gravemente, come se avesse sentito declamare un brano di *Teoria e fenomenologia dell'individuo assoluto* e dovesse meditarci bene.

«Vabbè, a Fringuè, volevo famme du' chiacchiere co' te, lo sapevo che sei uno giusto», lo congeda bruscamente Cavallo Pazzo. «Se vedemo domani all'ora d'aria, te vojo fa' conosce quarche amico...».

«L'ora d'aria, eh...?», esita Gigi. «Sì, mi farebbe piacere ma veramente...».

«Veramente che? Ahh, aspè, ho capito, c'hai paura der sardo».

(No, ho paura di prendermi un raffreddore, che cazzo, come se non sapessi che appena metto il naso fuori dalla cella sono morto).

«Io non ho paura di nessuno», s'impermalosisce. «Ma non mi va di essere pugnalato a tradimento».

«Nun t'engazzimà, Fringuello, te l'ho già detto, c'hai le palle e questa è 'na cosa che me piace. Der sardo nun te devi preoccupà. Ce parlo io. Si lo incontri, zitto e muto. Fa' finta de nun vedello, nun lo sfruguglià e vedrai che quello nun te rompe più er cazzo. Garantito. 'Namo, vado a magnà in cella da un amico. Se vedemo domani».

La grossa mano di Cavallo Pazzo stritola quella di Gigi che si ritrova in corridoio dove Falco, l'agente di custodia, è rimasto in paziente attesa. Senza una parola lo riaccompagna alla sua cella, apre la porta e lo chiude dentro.

Luigi Morani si stravacca sulla brandina, frastornato e sollevato al tempo stesso, con un milione di cose che gli passano per la testa.

Dal Vangelo secondo il Capitano, capitolo primo.

La criminalità organizzata è figlia delle contraddizioni create dal regime plutocratico giudaico e comunista.

Mafia, camorra, 'ndrangheta e tutte le organizzazioni

delinquenziali sono diretta espressione di uno Stato imbelle, femminizzato, oppressivo e falsamente democratico.

Nella Nuova Italia non ci sarà spazio per le cosche e per la criminalità. L'ordine e la legge saranno rispettati da tutti. Per i criminali e per chi li appoggia non ci sarà tolleranza. Processi rapidi e subito al muro. Plotoni d'esecuzione, altro che carceri dove i delinquenti mangiano, bevono, guardano la televisione e se la spassano a spese degli italiani.

Amen.

Gigi comincia a chiedersi se il Capitano la pensi ancora così, adesso che si sta facendo trent'anni di galera. Le lettere che si scambiano, debitamente sforbiciate dalla censura, sono proclami roboanti come i discorsi del Duce, ma a volte gli sembrano tutta fuffa, frasi fatte, slogan scanditi con una convinzione a basso voltaggio.

E domani? Dopodomani? Tra dieci anni?

Si è chiesto un milione di volte cosa farà quando uscirà dal carcere. L'idea c'è ancora, la voglia di tornare nei ranghi dei camerati... forse.

Il carcere cambia le prospettive. E Gigi non riesce più a vedersi nel ruolo dell'eroe romantico e nichilista che affronta il suo destino con le armi in pugno, senza tremare, pronto al supremo sacrificio eccetera eccetera.

Le palpebre gli si appesantiscono, i pensieri si fanno confusi, diventano un caleidoscopio di sensazioni, immagini, colori e, per la prima volta da quando ha avuto l'incontro ravvicinato con Angelo Sanna, si addormenta senza chiedersi se il giorno dopo sarà ancora vivo.

CAPITOLO 8

Roma, molti anni dopo

Patrizia Bolognesi, 29 anni, incensurata.

Segni particolari: bellissima.

Segnali allarmanti: figlia di, nipote di…

Abitazione: villa faraonica con piscina sulla Flaminia, tra Formello e Sacrofano.

Auto di proprietà: una Golf turbo bianca immatricolata sei mesi prima. La classica macchina da turbostronzetta coi soldi.

Tommaso Elleni rilegge pensoso le poche righe del rapporto firmato dal sovrintendente Dante Peluzzi, le foto che ritraggono una splendida giovane donna accanto a un uomo bruno e atletico, in jeans e rennino stile fichetto, un bel viso un po' torvo, un grosso orologio Rolex al polso. Una faccia da guerriero che ricorda solo vagamente il volto spaurito di Luigi Morani ritratto nella foto segnaletica. Il carcere può trasformarti in un ciccione gelatinoso o indurirti, irrobustirti, cambiarti dentro e fuori. È quello che, sicuramente, è accaduto al Fringuello.

Problema: il cognome della ragazza significa una sola cosa: un sacco di guai. Pedinare e intercettare il rampollo degenere, il figlio assassino di un noto chirurgo estetico è una cosa, stare alle costole della figlia di un costruttore che ha riempito mezza Roma di cemento, nipote del titolare di tre grandi cliniche private con agganci in Campidoglio, in Parlamento e magari, se vai a scavare, anche in Vaticano (il generone capitolino ha sempre agganci oltretevere) è un'altra cosa. Vuol dire farsi una bella passeggiata su un campo minato aspettando solo il momento del botto.

Tommaso si gratta la testa immaginando la faccia di quel coniglio del pm Federico Anticoli: potrebbe scommettere che, appena leggerà l'informativa, si farà venire come minimo un infarto, oppure si precipiterà a chiedere il trasferimento alla procura di Bressanone.

Tommaso accende la settima sigaretta della mattinata e si alza per andare a parlare col suo capo. In situazioni come queste poter contare su un dirigente della mobile tosto, determinato e che non guarda in faccia nessuno è una bella sicurezza. Tutto il resto è una palude.

Il telefono lo blocca con la mano sulla porta del suo ufficio. Dietro front.

«Dottore, sala operativa, segnalazione di un omicidio a piazza Vittorio». E ti pareva.

«Cosa sappiamo?»

«Siamo appena arrivati sul posto, dottor Elleni. Dalle prime testimonianze sembra ci sia stato un conflitto a fuoco, forse per rapina. La vittima dovrebbe essere un cittadino cinese».

«Vado subito, grazie».

Ci mancava soltanto questo. Il giallo del cinese ucciso. Battuta troppo idiota anche per gli standard questurini.

Sulla macchina in sirena che tenta di districarsi nel casino permanente del traffico dell'Esquilino, Tommaso Elleni cerca di chiudere in un cassetto della mente l'inchiesta su Luigi Morani per focalizzarsi sul morto fresco, come si dice in poliziese. Avete presente quei thriller made in USA dove il detective, ossessionato da un caso, ci si dedica anima e corpo, ci perde il sonno, scompare dall'ufficio per giorni interi, fa a cazzotti, spara, si salva per miracolo almeno cinque o sei volte e non lo vedete mai con una penna in mano davanti a un foglio da riempire? Bene, dimenticateveli, non funziona così. Da noi e, sicuramente, anche altrove: *day by day*, burocrazia, scartoffie, turni di servizio, assenze da rimpiazzare e personale da gestire si portano via almeno l'ottanta per cento del tempo e delle energie.

Quindi, er Fringuello in stand by e pensiamo al delitto di piazza Vittorio.

Un'occhiata al cadavere conferma due cose: effettivamente era un cinese ed è morto. Mortissimo. Un colpo di pistola in fronte che gli ha trasformato la faccia in una poltiglia di sangue, ossa e cervello l'ha spedito dritto nel paradiso taoista, buddista o confuciano a recitare mantra e mangiare pollo alle mandorle per l'eternità, o a fare qualsiasi cosa facciano i beati dagli occhi a mandorla.

E di occhi a mandorla ce ne sono parecchi, intorno alle transenne: strillano, imprecano, piangono, maledicono, parlano tutti insieme.

In cinese, ovviamente.

Il classico ispettore delle volanti corpulento, smagato, indurito da anni e anni di strada si fa avanti per relazionare. In mezzo ai curiosi, Tommaso intravede una faccia nota che, lì per lì, non riesce a identificare, cosa stranissima per lui. Poi ricorda: Marco Scalesi, il giornalista di «Repubblica» piombato come un fulmine, in motorino, dalla redazione di piazza Indipendenza, gli fa un allegro gesto di saluto agitando il taccuino. I neristi, come gli sbirri, sono abituati a vedere i cadaveri. Spesso, nell'attesa di rimediare qualche notizia, allestiscono festosi picnic di panini e birre a pochi metri dal morto. Cinismo professionale? Autoprotezione dalle emozioni negative? O semplice menefreghismo? Boh.

«Ispettore Cardamoni, dottore, piacere di conoscerla».

«Tommaso Elleni, dirigente della sezione omicidi, che cosa sappiamo?»

«Poco, purtroppo, qui nessuno parla italiano... o fa finta. Non si fidano. Comunque, pare che il morto stesse trasportando un carrello della spesa, a piedi. Quindici minuti fa uno scooter gli si è fermato accanto. Ne è sceso un uomo sui quaranta, corporatura obesa, che ha cacciato una pistola. Il cinese ha reagito, ha estratto un coltello e lo ha ferito a un braccio e il ciccione gli ha sparato a bruciapelo. Poi ha preso il carrello, che era abbastanza piccolo da caricarlo sullo scooter, e se l'è squagliata».

«Scusi, mi sta dicendo che l'hanno ammazzato per rubargli la spesa?».

L'ispettore allarga le braccia. Insondabili misteri del Celeste impero, succursale dell'Esquilino, la China Town della capitale.

E come in ogni China Town del mondo, i poliziotti locali sono i benvenuti come una colica renale.

«Me ne porti il più possibile in ufficio, li voglio interrogare», stabilisce Elleni lì per lì. «E sì, lo so, non parlano italiano, ma troveremo un modo. Targa dello scooter? Modello?»

«Un SH grigio, si sconosce il numero di targa».

Elleni ghigna alla tipica espressione delle volanti. Chissene frega della targa, del resto. Novantanove su cento era rubato. Nessuno è così coglione da fare una rapina col suo motorino e sicuramente non un tizio armato e disposto a uccidere...

...per qualche pacco di involtini primavera, gamberoni congelati o riso alla cantonese? Possibile?

Tre ore dopo, negli uffici della sezione omicidi, secondo piano della questura di Roma, sembra di stare a Xi'an.

Mancano solo i guerrieri di terracotta. Muti anche quelli, del resto.

Tommaso Elleni fa una capatina al cesso e s'imbatte nello sguardo ironico e nei baffoni da tricheco di Nicola Destrieri, il dirigente della sezione criminalità organizzata, che si sta abbottonando la patta con la concentrazione di un monaco zen.

«Come va col cinese ammazzato?»

«Un casino. Ho una ventina di testimoni che abbaiano e non capisco una ceppa. Ho chiesto all'ambasciata cinese di avere un interprete ma la tirano per le lunghe, fanno i difficili».

«Se aspetti quelli puoi molile di vecchiaia, plima che ti lispondano. Hanno cinquemila anni di buloclazia alle spalle, licoldatelo». Destrieri si tira indietro gli angoli degli occhi fino a farseli diventare due fessure.

«E che faccio? Un corso accelerato di mandarino?».

Nicola Destrieri riflette solo un attimo, aspetta che Elleni si svuoti la vescica e si lavi le mani, poi lo acchiappa per una manica.

«Vieni con me, andiamo a farci un pezzo di pizza al taglio».

«Ma... devo interrogare i cine...».

«Ho detto vieni, porcamiseria, ti serve un interprete, no?»

«Sì ma dove lo trovo, in pizzeria?»

«Risposta esatta. Muovi il culo, novellino».

«Ma io non capile lolo dialetto».

«Non dire cazzate, sei dello Zhejiang no? Ce lo hai raccontato tu. Be', anche loro, almeno quasi tutti, quindi niente scuse».

«Va bene ma più taldi pelò, adesso ho da fale...».

«Ora. Muovi il culo».

Giuseppe, che in realtà si chiama Gao Wang Chu, si leva il grembiale, affida la pizzeria al taglio al suo collega e segue riluttante i due sbirri, rassegnato a fare da traduttore improvvisato per i suoi connazionali.

Tommaso torna in ufficio, accolto da un ispettore congestionato che sembra sull'orlo di una crisi di disperazione.

«Non li reggo più dottò... Urlano, sbraitano, protestano e non ci capisco un ca... scusi, non capisco un accidente».

La sala d'attesa sembra un'assemblea di condominio a Beijing. Le voci tacciono di colpo quando Tommaso fa il suo ingresso trionfale, seguito da un Giuseppe che ha tutta l'aria di voler diventare invisibile.

«Signori, ecco un vostro connazionale, tradurrà le mie domande nella vostra lingua e siete pregati di rispondere, grazie».

Momento di silenzio, poi esplosione di voci. Ma i cinesi non parlano mai uno alla volta? Dov'è finita la raffinata etichetta dell'Estremo Oriente?

Tommaso fa la faccia dell'armi e, dopo qualche minuto, riesce a ripristinare quel minimo di calma necessario a far iniziare gli interrogatori.

«Lui dile visto uomo glosso con pistola».

«Lei visto coltello, poi spalo, *bang*, suo amico molto».

«Signole anziano c'ha catalatta, non visto niente».

«Signola dice gueilo climinali assassini».

«Gueilo? E chi sono?».

Giuseppe deglutisce e farfuglia qualcosa su un'espressione gergale che in realtà significa "uomo fantasma" e si usa in senso dispregiativo verso gli occidentali in generale. Avanti il prossimo.

Man mano che passa il tempo, Tommaso comincia a estrapolare qualche informazione utile nell'oceano di maledizioni, imprecazioni, considerazioni ed esclamazioni più o meno colorite, mentre Giuseppe sembra crescere di statura. Abbandonata la timidezza iniziale, il pizzaiolo si immedesima talmente nella parte che assume alla perfezione il ruolo dello sbirro. Uno sbirro incazzoso. Dopo una discussione che rischia di finire alle mani con una cinese bassa, tozza come un idrante e che strilla come una Guardia Rossa durante un processo del popolo, Tommaso è costretto a prenderlo da parte.

«Ehi, fratè, vacci piano… Mica li puoi menare con l'elenco del telefono per farli parlare».

«Signola cattiva. Lei dile già successo. Lapinatoli viene Eqquilino plende soldi che va in Cina, poi scappa. Lei dice ola basta, ola vendetta».

«Cioè, fammi capire, che soldi?»

«Soldi dentlo callello. Ogni giolno passa callello a plendele soldi da negozi e mandale Cina, lolo, gueilo cattivi, capito e venile plendele».

«Cioè, mi stai dicendo che è già successo?»

«Quattlo volte… Ma mai spalato, solo lapine. Stavolta sì, molto uomo pelbene».

«Cioè, il morto era molto perbene, uno rispettato dalla comunità?»

«No, tu non capile italiano? Molto ela pelbene, uomo di Sanhehuì…», sussurra Giuseppe, improvvisamente molto meno collaborativo.

«E che vor dì? Mica parlo cinese, io…».

«Sole losso… Tliadi, ola lolo fa guella».

Le Triadi cinesi. Oh cazzo. Elleni molla Giuseppe con l'ispettore e i cinesi urlanti e si precipita da Rino Frati come se avesse un esercito di guerrieri Manciù con spade e alabarde alle costole.

«Be'? Scoperto qualcosa?»

«Abbastanza. Ogni giorno un tizio della comunità passa col carrello a ritirare parte degli incassi, in contante, che vengono spediti clandestinamente in patria. Un gruppo di rapinatori deve aver scoperto il traffico di soldi. Questa è almeno la terza rapina in pochi mesi...».

«E ovviamente non hanno mai denunciato...».

«Ovviamente. Il problema è che una denuncia l'hanno fatta, ma non a noi. Al Sole Rosso, sai che roba è?».

Rino Frati fa l'espressione di uno che s'è appena mangiato un limone con tutte le bucce, i semi e le foglie e ne ha buoni motivi.

Il Sole Rosso, la succursale europea delle Triadi cinesi che hanno costruito un impero clandestino in tutto il continente, oltre che nel mondo intero: contrabbando, traffico di clandestini, false griffe, eroina sintetica Ice, estorsioni, taglieggiamenti, rapimenti tra connazionali che, nel novanta per cento dei casi, restano nascosti.

A Roma, la Triade principale è divisa in tre gruppi: Testa di Tigre, Alleanza Orientale del Quan Tien e Uccello Paradiso. Gli ordini dei vertici, forse addirittura del leggendario e imprendibile boss A Feng, la Montagna, che vive a Parigi, sono quelli di tenere un profilo basso: poche rappresaglie, niente droga, niente guai. Ma ora, con un cinese ammazzato, ne va dell'onore dell'organizzazione. Risultato: guerra in vista.

«Merda», riassume efficacemente Frati.

«Merda», concorda Elleni.

«Se i cinesi cominciano a sparare non si fermano più».

«A meno che non becchiamo subito l'assassino e non lo blindiamo noi».

«Già... Stando ai testimoni era un ciccione, obeso come un Buddha, sulla quarantina. Dovrebbe essersi beccato una coltellata al braccio...».

Rino Frati passa qualche minuto a compulsare lo schedario mentale, poi batte trionfalmente il pugno destro nel palmo sinistro.

«Ma certo, sono loro di sicuro», esulta.

«Scusa, capo, loro chi?»

«Quelli dei rappresentanti di gioielli. Una paranza specializzata nelle rapine con la tecnica della gomma bucata. Il trucchetto ha funzionato per anni, ma ora i rappresentanti che trasportano preziosi si sono fatti furbi, usano altri sistemi per portare i campionari nelle oreficerie. Qualcuno deve aver scoperto il giro dei contanti all'Esquilino e ci si sono buttati a pesce... Corri».

«Subito. Ma dove corro, scusa?»

«A San Lorenzo. Da una vecchia conoscenza che si chiama Marcello Antonacci, detto "er Capodoglio". Pesa dai 130 chili in su a seconda della stagione e potrei giurare che c'entra qualcosa. Se ha una ferita da taglio hai fatto bingo. Vai».

Dalla questura a San Lorenzo, con il traffico di Roma, sono almeno venti minuti. Tommaso e l'autista ce ne mettono otto, dopo aver seminato il panico per tutto il tragitto.

Palazzo fatiscente, panni stesi sui balconi, niente ascensore. Tommaso ansima per quattro piani di scale maledicendo le sigarette e chiedendosi come fa una specie di sumotori a sobbarcarsi quella sfacchinata tutti i giorni.

Sul pianerottolo, prima di suonare, deve fermarsi a riprendere fiato. Domani smetto. Vabbè, facciamo quando l'indagine sarà chiusa. Troppa tensione.

L'ippopotamo che viene ad aprire in canottiera ha una fasciatura recente su un avambraccio che sembra un culatello.

«Tommaso Elleni, sono il nuovo dirigente della omicidi».

«Ah, piacere, dottò, qual buon vento?»

«Vento d'Oriente... Che hai fatto al braccio?».

Er Capodoglio guarda la fasciatura come se la vedesse soltanto ora.

«Questa dottò? Niente, so cascato dar motorino».

«Doveva essere un motorino molto affilato… Dov'eri stamattina?»

«E dove dovevo sta'? A casa, no? A Zaì, dijelo tu ar dottore qua che nun me so' mosso e che ieri so' cascato dar motorino».

«Nun s'è mosso e ieri è cascato dar motorino, mortacci sua che nun ce deve più annà, ciccione com'è». Zaira, infagottata in una vezzosa tuta di ciniglia verde elettrico, assomiglia vagamente a Trudy, la fidanzata di Gambadilegno, il nemico di Topolino. No, forse più a Gambadilegno. Tommaso ha una fugace fantasia dei loro accoppiamenti. Probabilmente i vicini, ogni volta che i due ci danno dentro, correranno in strada pensando a un terremoto.

«Che c'è da ride, dottò? Ve la pijate sempre co' me, è 'na cosa, 'na… perzuzzione, ecco».

«Persecuzione, magari. O volevi dire perquisizione? Perché è esattamente quello che stiamo per fare».

«Er mannato c'aaavete?». Zaira ostruisce con la sua mole l'intero ingresso, decisamente più incazzosa del suo compagno che sembra invece stranamente tranquillo.

«Articolo 352 codice di procedura penale. Cerchiamo prove in flagranza di reato, niente ordinanza del magistrato ma se vuole può telefonare al suo avvocato», taglia corto Tommaso cercando uno spiraglio in quel muro di ciccia.

«E lassa perde, Zaì, falli entrà, tanto nun c'ho gnente da nisconne».

Tommaso e i due ispettori con le facce da barabba che lo hanno raggiunto a tamburo battente iniziano a smontare sistematicamente l'appartamento, sotto lo sguardo di puro odio di Zaira e quello ironico e strafottente del

Capodoglio. Ovvio che hanno nascosto il bottino da qualche parte, ma la ferita e le testimonianze basteranno a incastrare Marcello Antonacci. Forse. Sempre che… Se poi…

Grandi colpi alla porta, campanello che suona a distesa.

Il primo pensiero di Tommaso va agli amati cugini con le bande rosse sui calzoni. Quelli vestiti uguali. Vuoi vedere che i carabinieri hanno avuto la dritta giusta e ora vengono a lardellarmi i testicoli in piena azione?

Invece no. È un tizio secco quanto er Capodoglio è grosso, con un naso che sembra uno sturalavandini e un grosso sacco in mano. Incavolato come una iena.

«Mortacci tua a Capodò… Stavo a pija un po' d'aria sur balcone e guarda che m'è cascato dar terazzo tuo. Si me pijava 'n testa m'accoppava, stacce attento, no?».

Poi guarda la scena, farfuglia qualcosa e tenta di nascondere, pateticamente, il sacco dietro la schiena. Tommaso glielo strappa di mano e non ha neanche bisogno di aprirlo per sapere che è pieno di banconote. Gli basta la faccia del Capodoglio.

«Co' te faccio du' chiacchiere quanno sorto», sibila il gigante al vicino.

«Ecco, bravo, magari tra una trentina d'anni. Andiamo, dai». Tommaso lo prende per il braccio sano e tira fuori le manette, sperando che possano contenere un polso grosso come il tubo di un oleodotto.

Er Capodoglio, come tutti i pregiudicati romani di razza e di stazza, sa quando la partita è persa. Incerti del mestiere.

«Dottò, je potrebbi chiede una cortesia?»

«Vuoi prendere qualche cosa per il carcere? Vabbè ma sbrigati».

«Non è che… tra un cazzo e 'n antro, prima che entro a bujosa, se saranno fatte le sette o le otto de sera e a quell'ora hanno già magnato. Che faccio, 'sto diggiuno fino a domattina? Potrei famme preparà quarchecosina da Zaira prima che me blindate?»

«Qualche cosina come?»

«E che ne so? Du' spaghi, quarche ovetto ar tegamino, du' fettine de vitella, 'na frittatina magara... Oh, si vo' favorì, dottore, è er benvenuto. Puro li colleghi sua si c'hanno fame».

Er Capodoglio pranza in questura: cinque tramezzini, due pizzette, quattro supplì e tre Coca-Cola. Quelle formato famiglia.

Terribile vendetta cinese scongiurata. E Tommaso, finalmente, può tornare a occuparsi di Luigi Morani.

CAPITOLO 9

Roma, molti anni prima

Gigi entra nel cortile dell'ora d'aria un po' titubante. Un torero novellino alla sua prima corrida. Un soldatino marmittone al battesimo del fuoco. Insomma, uno che sta per mettere in gioco la sua vita e ha una strizza pazzesca.

Lancia uno sguardo in giro e rabbrividisce. La sagoma alta e colossale di Cavallo Pazzo non si vede e er Fringuello prova il fortissimo impulso di girare sui tacchi e tornarsene in cella. Er Frolloccone e gli altri pochi detenuti con cui ha socializzato si tengono a distanza, continuano a guardarlo come un morto che cammina, con cui è molto meglio non avere contatti.

E invece eccolo lì, Andrea Colesi, emerso da un capannello di schiene che lo circondano e quasi lo nascondono, su cui svetta solo la testa, aureolata dall'inconfondibile criniera di ricci corvini, che gli fa un gioviale saluto sventolando la mano.

«Ecco l'amichetto nostro, regà, viè qua, Fringuè, viette a fa' conosce…».

Gigi attraversa il cortile a grandi passi e quasi non si accorge di Angelo Sanna, se non quando gli sta per capitare addosso. Fa per scansarsi precipitosamente ma il sardo lo previene, si tira indietro come se Gigi avesse la lebbra, si scosta per farlo passare con le labbra serrate, fissandolo con occhi di pietra che trasmettono umiliazione e impotenza.

Gigi passa oltre, fedele all'ordine di non provocarlo in

alcun modo ma, dall'atteggiamento corporeo e dall'espressione del sardo, capisce che non dovrà mai più averne paura. Cavallo Pazzo, evidentemente, non parla a vanvera.

«Allora, Fringuè? Dormito bene? Tutto a posto?», ammicca Colesi con un gesto d'intesa che dice tutto, senza bisogno di accennare ad Angelo Sanna, che sta confabulando con un piccolo gruppo di conterranei nel loro dialetto saltellante con le doppie accentuate.

«Sì, io... be', non so come ringraziarti», bofonchia Gigi, imbarazzatissimo.

«E che devi ringrazià, tra amici ce se dà 'na mano, no?», pontifica Cavallo Pazzo che si rivolge subito agli altri. «Aho, dovete sta' in campana co' questo... Pare 'n cazzabubbolo ma c'ha du' palle così».

Gigi stringe mani, riceve pacche sulle spalle, sorride impacciato. Frangia, il tipo magro in pantaloni di velluto, l'aveva già incontrato nella cella di Cavallo Pazzo, gli altri sono facce nuove. Gigi cerca di memorizzare nomi e soprannomi senza sapere che sta facendo conoscenza con la crema della malavita romana, con personaggi che hanno seminato morte e terrore nella capitale e che anche qui, in carcere, dettano ordini, comminano sentenze, imbastiscono affari, stringono alleanze, dichiarano guerre.

Amedeo Palmetti, "lo Stagnaro", piacere. Moreno Bruni, "er Coccodrillo", ciao. Sandrone Moretti "er Lumaca", come va? Gianfranco Cricchi, "Du' Zompi", bella fratè.

«Aho, ce lo sapete c'ha fatto 'sto pischello? Ha parcheggiato un infame... Cor mitra, ta-ta-ta-ta, mica cazzi», lo incensa Cavallo Pazzo. Tutti annuiscono in segno d'approvazione, ma Gigi ha la vaga impressione che lo farebbero anche se Colesi dicesse che ha strangolato la madre per cinquemila lire e l'ha sciolta nell'acido. Senza la sua presentazione, a quel gruppo di assassini rispettati e temuti da tutti non potrebbe nemmeno avvicinarsi.

«Be', veramente, io...», si schermisce, anche perché immagina che molti sapessero già chi è e cosa ha fatto. In galera le voci non corrono, volano.

«Sì, sì, lo so... ce l'hai già detto», lo interrompe Cavallo Pazzo, magnanimo. «Tu e li cammerati tua avete addobbato quello sbajato, ma che ne sai? Magara era un infamone puro lui, no? Eppoi quello che conta è er coso... er messaggio, giusto? Devono capì che le spie hanno da morì».

A chi si riferisca Colesi con quel "devono" è un mistero. La mala? I comunisti? Gli sbirri? Gigi decide che è meglio non indagare e sta zitto, anche perché, subito dopo, la conversazione prende una piega diversa, in un gergo di cui er Fringuello capisce una parola su tre, infarcita di ammiccamenti, allusioni, gesti, smorfie di disprezzo o di interesse, silenzi improvvisi quando è Cavallo Pazzo a pontificare.

Gigi resta un po' in disparte, completamente escluso, imbarazzato come un seminarista in un pornoshop. Anche quando l'argomento diventa più frivolo e passa, immancabilmente, al calcio, er Fringuello resta sulle sue, un po' perché ne capisce poco e molto perché non sa di che squadra siano gli altri e non vuole mettersi in urto con nessuno.

Al minorile, per fisico, cultura e aggressività era un capo. Qui è l'ultima ruota del carro. Una ruota che deve stare molto attenta a non uscire dal solco. Solo sulle cosce della Carrà si permette un commento signorile, anche per far capire che è in possesso di glottide, lingua e corde vocali. «Gran fregna».

«Te la manneresti pe' l'ossa eh, Fringuè», lo stuzzica Frangia che, in realtà, si chiama Gianluca Boccoli, "er Sarago".

Gigi fa segno di sì entusiasticamente, anche se non ha capito l'espressione.

«Te la scoperesti a sangue?», celia Cavallo Pazzo bonario, amicone. «Eh te credo, questo all'età sua sta sempre a cazzo duro... Oh, occhio a raccoje er sapone ne la doccia, si ce sta er Fringuello in giro».

Sghignazzata generale, altre pacche, qualche sfottò. Una manfrina per far capire a tutti che ormai Gigi Morani è sotto tutela, è intoccabile.

Finita l'ora d'aria, er Fringuello saluta cerimoniosamente i nuovi amici, uno per uno, e torna in cella sollevato, circondato da sguardi molto diversi da quelli che l'avevano accolto i primi giorni di galera.

«Te la fai con quelli, adesso?».

Anche lo sguardo di Frolloccone è diverso dal solito. Intimidito? Invidioso?

Gigi alza le spalle, è stato lui ad andare a cercare l'amico che, dal giorno dello screzio con Angelo Sanna, si tiene piuttosto sulle sue. Non è il solo: Silvestro Porcari, il colosso con cui ha diviso la cella di Regina Coeli, l'ha incontrato per caso, gli ha rivolto un sorriso e un cenno di saluto e ha tirato dritto senza neanche fermarsi a fare due chiacchiere o chiedergli come va a Rebibbia. I pochi detenuti con cui aveva legato sembrano evitarlo, anche ora che non rischia più di farsi sbudellare dal sardo. Er Fringuello sente che le nuove amicizie gli stanno facendo il vuoto intorno e non gli piace affatto. Lui è un combattente per l'Idea, non un criminale qualsiasi. Niente etichette, please.

«Manco so chi sono. Quello lì, Cavallo Pazzo, m'ha chiamato nella sua cella e m'ha risolto la questione con il tizio che mi voleva ammazzare, non so nemmeno perché».

L'espressione di Frolloccone trasuda incredulità.

«Me stai a di' che nun sai cos'è la Banda? Ma dove vivi, sulla Luna?»

«Vivo in carcere da quasi quattro anni, Frolloccone,

nel caso te ne fossi dimenticato. Al minorile ci davano i giornali solo ogni tanto e guardavamo poco la tivù. Io preferivo leggere…».

«E nun hai letto gnente su quelli che vonno mette sotto Roma intera?»

«Mah… forse sì, qualcosa. Ho sentito parlare di una guerra tra bande rivali, con diversi omicidi e di traffico di droga in grande stile, ma sono cose che succedono sempre in una grande città, no?».

Er Frolloccone si fa una risatina chioccia che ha una puntina d'acidità.

«Tu nun sai proprio un cazzo, Fringuè, sei de 'n antro mondo. Cavallo Pazzo e l'amichi sua so' tutti ergastolani. Comanneno drento e fora, fanno quer cazzo che je pare e pure le guardie se mettono a pecorone davanti a loro… Hanno fatto secca più gente che er bombardamento de San Lorenzo durante la guera. C'hanno in mano politici, giudici, spioni e puro cardinali… So' una potenza a Fringuè, nun me venì a di' che nun ce lo sapevi».

«Te l'ho appena detto e te lo ripeto», replica Gigi stizzito, mentre comincia a domandarsi che cosa c'entri lui con una consorteria malavitosa di quel calibro.

«Allora fattelo spiegà da loro», taglia corto er Frolloccone, come se avesse già parlato troppo. «Visto che oramai sete pappa e ciccia, chiedi all'amico tuo Cavallo Pazzo perché l'hanno blindato e cos'è la stecca para e vedi che te risponne».

«Lo farò appena mi capita l'occasione, stanne certo… Del resto che dovevo fare? Mandarli affanculo e farmi spanzare da quel testa di cazzo fottipecore?».

Frolloccone annuisce con quell'espressione tipicamente romana che mischia ammirazione, diffidenza, indifferenza, incredulità. Labbra piegate all'ingiù, un lieve ammiccare della testa, sguardo in tralice.

«E bravo Fringuello, stai a imparà a parlà come un carcerato vero».

«E che sono, un carcerato falso? Ho quindici anni da scontare, porcatroia e se qualcuno che conta, per motivi che non capisco, ha deciso di proteggermi qua dentro, stai sicuro che non mi faccio scappare l'occasione. Non posso passare tutti i giorni a guardarmi le spalle e tutte le notti senza dormire per la strizza. Tu al posto mio che faresti?»

«Io nun conto un cazzo, Fringuè, nun me se fila nisuno e me sta bene così. Però ricordete 'na cosa, te la dice 'n amico».

«Cioè?»

«Gnente è agratise, Fringuè. Co' quelli della Banda ce sta sempre un prezzo da pagà».

Gigi se ne torna in cella, meditabondo e tenta inutilmente di concentrarsi sui libri che, finalmente, ha ricevuto a Rebibbia e sui testi per l'esame della maturità che ha intenzione di sostenere in carcere.

E dopo?

Università? Un lavoro qualsiasi, una sinecura ben pagata che, sicuramente gli procurerà suo padre per tenerlo fuori dai guai? I camerati? Gli amici? Le ragazze?

L'ultimo argomento gli sembra l'unico di cui è assolutamente certo, visto che si masturba con furia almeno un giorno sì e uno no. Esco e inzuppo il biscotto, dovessi andare a puttane. Il resto del suo futuro gli appare nebuloso, imperscrutabile, lontano anni luce. Il presente è qui e ora. *Hic et nunc*. Lo dice anche suo padre, magari in italiano anziché in vernacolo o in latino, ma il concetto è lo stesso. Vivi nel presente. Il suo presente è il carcere, la Banda.

Tutto ha un prezzo. Frolloccone, rozzo com'è, l'ha detta giusta. Che cosa dovrà fare per la Banda? Diventare uno di loro? O forse, senza che lui lo sappia, è già stato arruolato.

Devo parlare con Cavallo Pazzo, stabilisce lì per lì. Patti chiari, amici cari. E poi? Vedremo. Luigi Morani non si fa manipolare da nessuno, neanche dai più feroci criminali di Roma, sempre che er Frolloccone non abbia esagerato.

Ed è proprio er Frolloccone, involontariamente, a fargli capire cosa significhi essere anche solo sfiorato dal potere della Banda, neanche ventiquattro ore dopo.

Ora di pranzo, fila per la mensa. I detenuti aspettano pazienti mentre i boss passano avanti infischiandosene delle precedenze. Quelli della Banda, di solito, neanche ci vanno in mensa e si preparano pasti luculliani in cella o cene sontuose inviate dai ristoranti di tutta Roma. Gigi, che non è stato ancora invitato a questi banchetti, attende il suo turno come gli altri. Frolloccone, sempre affamato come un lupo, è stato uno dei primi a piazzarsi in coda ed è quasi vicino all'entrata.

Un tizio bassotto e massiccio come una pompa di benzina lo spinge di lato e si piazza al posto suo. Manco lo guarda. Lo scansa e basta, come fosse una seggiola piazzata sul suo cammino.

«Aho ma che cazzo stai a fa'? Ce stavo io, prima», s'indigna er Frolloccone, paonazzo di rabbia.

«Ah sì? Nun t'avevo visto secco come sei... Vabbè, adesso ce sto io, vatte a mette in fonno, va'», lo irride Massiccio, sfrontato come un bullo ai tempi del Tinea.

Er Frolloccone non è un tipo ragionevole. Anzi.

«Ma vattenaffancu...».

Due sberle, precise come fucilate, gli tappano la bocca. Frolloccone indietreggia, approfitta dell'abbrivio, prende la rincorsa e si lancia in avanti per mollare una capocciata stile goleador dritta sui denti del tizio. Un carcerato si mette in mezzo. Parapiglia. Massiccio, tenuto fermo da un paio di detenuti, riesce a sferrare una pedata in direzione del rivale che va a vuoto d'un soffio.

Gigi vede l'amico in difficoltà e si precipita ad aiutarlo, leale come un cavaliere senza macchia e senza paura, indifferente alla regola carceraria di quattro parole che è anche filosofia, modo di essere, vaticinio di lunga vita: fatti i cazzi tuoi.

Er Fringuello non si fa i cazzi suoi, si mette in mezzo.

«E piantatela, tutti e due! Cazzo, ma che siamo, alle elementari?», sbraita mentre cerca di districarsi dal groviglio di gambe che scalciano, braccia che mulinano, pugni a vuoto, bestemmie, imprecazioni.

Massiccio si volta verso di lui come un cobra, gli occhi da assassino e i pugni stretti, ma qualcuno gli sussurra qualcosa all'orecchio e s'ammansisce di colpo.

«Vabbè, me so' sbajato, scusa», borbotta a Gigi prima di rivolgersi a er Frolloccone con un sorriso tirato e la mano tesa.

«Famo pace?».

Er Frolloccone gliela stringe di malavoglia. Non è un intoccabile, lui. Meno nemici ha, meglio è.

Massiccio se ne torna al suo posto, Frolloccone sta per entrare in mensa quando si volta verso er Fringuello. Nello sguardo che gli lancia si leggono tre cose.

Grazie.

Sei un amico.

Non ti invidio.

Cavallo Pazzo e er Fringuello a tu per tu.

Er Sarago s'è defilato, nessun altro in cella. Gigi deglutisce e pensa che sia arrivato il momento delle domande.

«Famose 'sto bombardino, va'».

Cavallo Pazzo gli allunga una canna. Gigi fa un tiro da aspirapolvere ricordandosi le filippiche del Capitano sulla droga, qualsiasi tipo di droga: degenerazione, deboscia, vizio, piaga da estirpare, tolleranza zero, spacciatori al muro, drogati in manicomio o ai lavori forzati, così smettono, bla bla.

Botta da paura. Con gli occhi a fessura e l'impressione che la faccia gli si sia congelata in una smorfia di totale idiozia, Luigi risponde come un coatto che si sballa al muretto con gli amici.

«Bono 'sto fumo, Cavà...».

Lo sentisse suo padre, adesso. Sai che strilli. Mamma come minimo chiamerebbe il centro di igiene mentale o prenoterebbe una clinica in Svizzera per la disintossicazione. Terrorista ci può pure stare, strafattone no, non se ne parla.

Gigi cerca di riorganizzare i pensieri, cosa piuttosto difficile quando sei sballato come una zucchina. Del resto, fin dai primi giorni, ha imparato che la roba, in galera, gira come a San Basilio nei week end: fumo, erba, coca, eroina, pasticche, shaboo, acidi... Basta pagare. Arriva in mille modi: passata di bocca in bocca durante un bacio nei colloqui, cucita nelle fodere dei detenuti che vanno a lavorare fuori in semilibertà, trasportata da qualche agente di custodia disonesto, occultata con stratagemmi da narcotrafficanti nei pacchi spediti dalle famiglie. Evasione chimica.

Gli sfigati, quelli che non hanno soldi né agganci, s'arrangiano come possono: inalano il gas dei fornelletti, fiutano colla, s'ingozzano di tranquillanti che costano meno o, alla peggio, ricorrono alla "botta de sacchetto": una busta di plastica in testa e respiri anidride carbonica fino a quando la testa va in tilt. L'effetto è più o meno quello di un popper, l'unico problema è che, a volte, ci resti secco e, in questi casi, si parla inevitabilmente di suicidio. Del resto, qualche mese fa, un carcerato in depressione s'è tolto la vita affogandosi in una gamella piena di minestra, con un tale desiderio di morte che ha resistito, fino all'ultimo, all'istinto di conservazione ed è finito all'obitorio coi polmoni intasati di brodo e capellini.

Cavallo Pazzo aspira come un camino. Gigi gli tiene dietro fino a quando gli sembra che la capoccia sia sul punto di staccarsi dal collo e andarsene in giro per tutta Rebibbia.

«Aho, te posso chiede... ti posso chiedere una cosa?», barbuglia a un certo punto, incazzato con sé stesso perché, vuoi l'erba, vuoi la compagnia costante dei detenuti, sta cominciando a parlare in dialetto anche lui. L'eloquio forbito è la cosa che lo distingue di più dai compagni di detenzione e ci tiene a non diventare come gli altri.

Almeno per ora.

Cavallo Pazzo allunga il suo corpo poderoso sulla branda con un sorriso di pura beatitudine e gli scompiglia i capelli con un gesto da nonno affettuoso.

«Che voresti da sapè?»

«Be', ecco, vedi... qualcuno m'ha parlato di una cosa che si chiama "stecca para", insomma, mi vergognavo un po' a chiedere di che si tratta e allora...».

«Allora te lo spiega Andreuccio tuo, che te vo' tanto bene, a Finguè. Hai fatto bene a venì da me perché so' proprio io quello che l'ha inventata».

«Tu?»

«Be', io e l'amichi, quanno amo fondato la Banda».

Er Fringuello si domanda se è vero che i capelli di Cavallo Pazzo stanno diventando verdi. No, una mezza allucinazione.

Bono 'sto fumo.

«E...», insiste garbatamente.

«E che?»

«No, dico, che cos'è?»

«Cosa? De che stavamo a parlà?»
«Della stecca para, no? Mi stavi spiegando…».
«Ah già, m'ero scordato…».
Bono 'sto fumo.

Cavallo Pazzo si tira su, accende una sigaretta, assume un tono professorale, con tanto di indice puntato. Un indice che ha le dimensioni di uno sfollagente.
«Allora, Fringuè, ascolta e 'mpara. La stecca para… aho ho fatto 'na rima so' un poeta… ascolta e 'mpara, la stecca para. Gajardo». Sghignazzate.
Bono 'sto fumo.
Solo che se vanno avanti così er Fringuello rischia di uscire dal carcere tra qualche anno senza aver saputo un accidente della stecca para, quindi torna alla carica.
«Stavi dicendo che l'avete inventata tu e i tuoi amici», lo incoraggia.
«Ah be', sì… 'na cosa mai vista a Roma, amo cambiato le regole… Se famo 'n'antra canna?»
«Be', veramente, preferirei che…».
«Vabbè, vabbè, ho capito, cheppalle. Insomma, stecca para sta a di' dù cose… In primise… se dice così no? In primise…».
«Sì, più o meno, vuol dire per prima cosa…».
«Ecco. Che te credi che sai parlà bene solo tu, perché sei ito all'università?»
«Veramente devo ancora finire il liceo ma fa lo stesso… Non è che ti andrebbe di spiegarmi, per favore?»
«Spiegatte che?».
Er Fringuello fa uno sforzo immane per non mettersi a urlare.

Mezz'ora dopo, fra divagazioni, considerazioni, esclamazioni, imprecazioni e fumose considerazioni sull'universo, ha più o meno una vaga idea di che cosa sia la famosa stecca para.

Primo significato.

Si divide equamente. Tutti i proventi in cassa e una percentuale fissa per i componenti della Banda, senza distinzione di ruoli o di partecipazione alle varie attività, spaccio, rapine, sequestri o estorsioni che siano. Gran parte dei guadagni vengono reinvestiti, in barba alla vecchia tradizione romana di sperperare allegramente il denaro ("Li sordi rubbati nun se conteno") e questo ha permesso alla Banda di trasformarsi in un piccolo impero economico.

Secondo significato.

L'assistenza ai detenuti. Le famiglie dei carcerati ricevono lo stesso trattamento economico di quelli che stanno fuori e questo, tra l'altro, è una garanzia fondamentale per evitare delazioni o "pentimenti". Chi non ha problemi economici è più propenso a tenere la bocca cucita. Infatti, finora, nessuno della Banda è mai passato tra le fila dei collaboratori di giustizia. Degli infami. Quello che succederà in futuro non è dato di sapere. Per ora.

Man mano che parla, sembra che Cavallo Pazzo riacquisti quel minimo di lucidità per affrontare la seconda, grande domanda che er Fringuello s'è tenuta di riserva. È ancora abbastanza fatto da non incazzarsi, ma sembra in grado di sostenere una conversazione senza mettersi a cicalare di altre cose, sproloquiare sul cosmo o dimenticarsi di punto in bianco quello che stava dicendo.

Million dollar question.

«E ti potrei chiedere un'altra cosa?»

«Aho, e che stamo a *Lascia o raddoppia*? Mi padre 'o vedeva sempre, quanno ero pischelletto, dupalle...».

«Scusa, non volevo farti incazzare, lascia perdere», batte in ritirata Gigi.

«Ennamo a Fringuè, te stavo a cojonà… Spara», lo tranquillizza Cavallo Pazzo.
«Perché ti hanno arrestato? Che hai fatto?».
Cavallo Pazzo lo guarda con occhi stralunati da cavallo pazzo.
«Ma che, davero nun ce lo sai?»
«E sennò perché te lo chiederei?».
Andrea Colesi annuisce, sospira, si stiracchia, s'accende un'altra sigaretta.
E racconta.

CAPITOLO 10

Roma, molti anni dopo

«Dove sei stata?».

Patrizia butta la borsa sulla sedia, si sfila il cappotto, alza gli occhi al cielo, sospira.

«Ehi, parlo con te, sei diventata sorda?».

Non farlo incazzare, rispondi con calma, evita di contraddirlo. Il suo mantra mentale.

«In giro per negozi con Anna, tesoro, te l'avevo detto, no?»

«Dalle tre alle sette? Quattro ore?»

«Amore, sai come funziona tra donne, no? Abbiamo guardato le vetrine, preso un caffè, fatto un sacco di chiacchiere… Non ci siamo accorte del tempo che passava. Dai, che vuoi per cena? C'è un sacco di roba in frigo».

«E non hai comprato niente? Non vedo buste…».

«No, alla fine non ho trovato niente che mi piacesse, meglio così, no? Ho evitato di spendere per qualche scemata inutile». Patrizia sente la falsità del tono frivolo e allegro nella sua stessa voce ma è il meglio che le viene. Difficile recitare da Oscar quando senti la strizza che ti monta dentro come uno tsunami.

«Di solito non ti fai problemi a spendere, mi pare…». Gigi le si avvicina piano, la mascella contratta, la palpebra sinistra che freme nel solito tic.

Patrizia, istintivamente, indietreggia di un passo.

«Allora? Non rispondi?»

«E che ti devo rispondere, amore?»

«E se adesso chiamo Anna? Che ne dici? Magari le chiedo cos'ha fatto nel pomeriggio».

«Accomodati pure. Ti confermerà quello che ti ho appena detto... E farai una figura di merda». Questa proprio non è riuscita a evitarla.

«Ma certo, perché quella troia ti tiene il gioco. Vi siete messe d'accordo per coprirvi a vicenda, puttane tutte e due».

Stai calma, non lo contraddire, non farlo incazzare o finisce male.

«Senti, tesoro, è assurdo... Non hai motivo di essere geloso». Ragionevole, conciliante, assertiva. «Sai che faccio? Chiamo io Anna, le parlo di quello che abbiamo visto nei negozi insieme senza dirle che stai ascoltando, così ti tranquillizzi. Dai, per favore, non fare così, ti amo». Con cautela, si sporge a dargli un bacetto sulla guancia: come baciare una lapide.

Patrizia si allontana perché, in certi momenti, è meglio non essere a portata di ceffone e prende il telefono.

«Su, la chiamo così ti calmi, ceniamo, magari ci vediamo un film più tardi, ti va?». Servizievole, gentile, propositiva.

«Lascia stare, tanto quella...».

«No, a questo punto voglio telefonarle, voglio che tu ti renda conto di quanto siano assurdi questi tuoi sospetti. Mica penserai che ci siamo inventate anche i negozi dove siamo state, no?».

Er Fringuello risponde con un gesto a metà tra la minaccia e la domanda. Patrizia comincia a comporre il numero poi fa una smorfia.

«Non funziona...».

«Sono almeno tre ore che è muto, Sip di merda».

«Hai segnalato il guasto?»

«E come cazzo lo segnalavo col telefono in tilt? Ma sei completamente cretina o cosa?».

Qualcosa si spezza dentro Patrizia, qualcosa che le fa dimenticare la paura, la soggezione, i propositi di evitare le liti, il mantra mentale, l'atteggiamento accomodante: tutto spazzato via in un paio di nanosecondi.

Rabbia pura e 'fanculo a tutto.

«Adesso stammi a sentire, Gigi, mi sono rotta. Come cazzo ti permetti di trattarmi così?», stride fuori di sé. «Io vado dove mi pare, con chi mi pare, faccio quello che voglio, spendo quanto voglio visto che i soldi sono miei. E se te ne fossi dimenticato, anche la casa è mia. Ah, e la macchina, anche se la guidi sempre, quindi sei avvisato, datti una regolata o...».

«O cosa, puttana? Mi sbatti fuori? Mi cacci di casa? Ti sei già stancata? O magari hai già qualcuno pronto a prendere il mio posto?». Gigi fa un passo in avanti, il pugno alzato, gli occhi da giaguaro. Patrizia indietreggia, atterrita, cercando una via di fuga. Er Fringuello si piazza davanti alla porta per bloccarla prima che esca, fa per agguantarla, lei si divincola e...

Campanello.

Scena in stand by come quando si preme il tasto "pause" del telecomando.

«Chi è?», ruggisce al citofono Luigi con una voce che metterebbe in fuga all'istante rappresentanti della Folletto, Testimoni di Geova, incaricati di sondaggi e qualunque altro incauto osi presentarsi senza essere invitato.

«La Sip, avete un guasto sulla linea, dobbiamo controllare il telefono», gracchia una voce.

«E chi ve lo ha detto?»

«La centrale... Riguarda tutta la zona ma crediamo che ci sia un problema nei cavi della diramazione. Se non vuole che controlliamo ce ne andiamo ma...».

«Entrate pure, vi apro».

Due grossi operai in tuta blu entrano in scena come un *deus ex machina.* Patrizia leva una prece di ringraziamento ai suoi inconsapevoli salvatori e ai casini della compagnia telefonica che, quasi sicuramente, le hanno evitato l'ennesimo pestaggio.

«Ci vuole solo quarche minuto, signò», annuncia uno dei due mentre comincia a trafficare con l'apparecchio, un cacciavite e uno strano congegno pieno di lucette.

«Fate pure con calma». Parizia si ricorda di essere una perfetta padrona di casa. «Un caffè lo gradite?»

«Be', signò, si nun è un disturbo ce starebbe proprio bene...».

Gigi si eclissa, immusonito, Patrizia va in cucina visto che la domestica non è ancora rientrata dalla sua mezza giornata libera, i due operai continuano a smaneggiare per un po', bevono il caffè, ringraziano, salutano, se ne vanno.

«A posto signò, tra mezz'oretta torna la linea, si tratta solo di ripristinare il collegamento».

«Sicuri? Sa, siamo isolati e senza telefono...».

«Certo, capisco, nun se preoccupi: mezz'ora, quarantacinque minuti massimo ed è risolto».

Patrizia sospira e considera l'idea di barricarsi in camera. Ma la voce di Gigi, dal salotto, la rassicura.

«L'hanno aggiustato, passerotta?»

«Sembra di sì, cioè, ancora non funziona ma dicono che tra mezz'ora al massimo torna la linea».

«Paese di merda, funzionasse mai qualcosa... Dai, che ci mangiamo per cena? Ho una fame pazzesca».

Patrizia sospira. Sfuriate improvvise, aggressioni, bonacce subitanee, riconciliazioni, giuramenti, lacrime. Gigi, spesso, è come un bambino. Un bambino molto crudele.

Il furgone della Sip è fermo davanti a una cabina del telefono, a un chilometro di distanza.

«Dottor Elleni sono il sovrintendente Basile...».
«Com'è andata?»
«A posto. Abbiamo piazzato una microspia nel telefono e altre due in salotto».
«Erano sospettosi? Vi sono stati dietro?»
«Macché, non ci hanno nemmeno guardati, secondo me stavano scazzando di brutto, scusi l'espressione, dottore, ma lui aveva una faccia... Comunque non si sono accorti di niente».
«Bravissimi. Vi aspetto in ufficio».

«Vieni, ti voglio presentare una persona».
«Tommaso qua, Tommaso là, sono il factotum della città...».
Tommaso Elleni canticchia la cavatina di Figaro per smaltire l'incazzatura. Sempre così. Appena cerchi di concentrarti un minuto e fare il punto della situazione t'arriva, puntale, la chiamata. Vieni, passa, vedi, fai un salto, controlla... Se dovesse calcolare i chilometri che percorre facendosi i pochi metri che dividono il suo ufficio da quello di Rino Frati decine e decine di volte al giorno totalizzerebbe una distanza da maratoneta, ma del resto è così che funziona. Il capo della mobile e il dirigente della DIGOS tempestati di telefonate, ogni giorno che Dio manda in terra, dal questore, il questore dal prefetto, il prefetto dal ministro. Chissà se succede anche coi cardinali e il papa. La gerarchia ha i suoi rituali ovunque. Si chiama Potere.
Tommaso s'infila la giacca, si raddrizza la cravatta con un gesto d'abitudine, si sistema i baffi, esce in corridoio, bussa educatamente alla porta, entra...
...E resta folgorato.

La donna è sulla trentina. Siede composta davanti al dirigente della mobile, la schiena dritta, le gambe accavallate, il viso leggermente proteso in avanti, nella postura di attenzione e deferenza tipica del subordinato davanti al superiore. Al suo ingresso si alza e gli va incontro col braccio teso e un sorriso da pubblicità Colgate.

Tommaso deglutisce un groppo di saliva mentre le stringe la mano, una stretta forte, decisa, asciutta.

«Ispettore Angela Blasi, piacere dottor Elleni».

Le donne in polizia non sono una novità. Quelle alla mobile di Roma, sì. Tommaso coglie di sguincio l'occhiata ammonitrice di Rino Frati e fa uno sforzo immane per stamparsi in faccia un'espressione professionale, leggermente distante, vagamente altezzosa, da dirigente cui viene presentato un novellino. Il problema è che questo novellino ha due occhi liquidi, quasi mediorientali, che nello spazio di un brevissimo sguardo sembrano frugargli direttamente nell'anima, un fisico snello ma tonico mimetizzato da un paio di pantaloni scuri di taglio maschile e da un anonimo golf blu che non riesce a nascondere una terza abbondante di seno, una bocca carnosa che sembra leggermente imbronciata, capelli neri lucenti come una pelliccia di castoro raccolti in una coda di cavallo e un qualcosa di sfrontato, di indomabile, di selvaggio che si intuisce dietro i modi educati e formali, senza la minima traccia di impaccio o d'imbarazzo.

Quel qualcosa che distingue chi viene dalla strada, chi conosce la violenza e ha smesso da tempo di averne paura.

«L'ispettrice Blasi è il nostro nuovo acquisto... Lavorerà nella tua sezione», annuncia Frati col tono di chi si è già pentito della decisione. La scintilla di elettricità che passa tra i due è inequivocabile.

«È un onore per me, dottor Elleni, se mi permette». Voce da contralto, da fumatrice, con una leggerissima sfumatura d'accento romano nelle vocali e nelle "erre".

Tommaso si domanda fuggevolmente che razza di onore possa essere lavorare con un novellino il cui unico merito, finora, è stato beccarsi una pallottola in una gamba, un esordiente della mobile al suo primo caso serio e che, tra l'altro, non ha ancora cavato un ragno dal buco.

«Come andiamo con l'indagine su Morani Luigi?». La domanda di Frati lo riporta, bruscamente, alla realtà. Ecco, appunto.

«Niente di che, capo», borbotta sedendosi. Angela, fedele all'etichetta questurina, resta in piedi in attesa che il dirigente le faccia cenno di accomodarsi anche lei, cosa che avviene più o meno tre secondi dopo.

«Hai piazzato le cimici?»

«Sì, stavo per venire a dirtelo, nel telefono di casa e nel salotto...».

«Ottimo».

Tommaso si stringe nelle spalle come a dire, vedremo. Angela tace. Dietro ai cannoni, davanti ai cavalli e lontano dai superiori, recita un vecchio adagio di cavalleria. Lei ne ha di fronte due di superiori e la cosa migliore è far finta di non esistere.

«Che combina er Fringuello? Saputo qualcosa?»

«Poco. Lei è straricca, la villa di Sacrofano è del padre, ufficialmente lei fa la Pr ma non si capisce bene dove, per chi e quando visto che gran parte del tempo lo passa in palestra o a fare shopping con le amiche... La classica figlia di papà viziata e piena di soldi».

«E lui?»

«Idem, almeno sembra. Frequenta un circolo sportivo dove passa minimo quattro ore al giorno, vede poca gente, gira con la Golf di lei o una vecchia moto Enfield completamente restaurata, una meraviglia».

Tommaso coglie una scintilla negli occhi di Angela. Forse le piacciono le motociclette. Fantastico. Lui ha chiuso con le due ruote a quindici anni, quando si è rotto una caviglia cadendo dal Corsarino.

«Eppure sono convinto che c'entri qualcosa, se non lui sicuramente qualcuno dei suoi vecchi amichetti», conclude Rino Frati leggermente contrariato. «Continuiamo a stargli dietro».

«Certo. Con le intercettazioni sarà tutto più semplice... Penso che l'ispettrice Blasi, qui, potrà esserci utile per gli appostamenti in coppia».

Angela annuisce come a dire, eccomi, son qui.

Appostamenti in coppia. Tecnica classica delle Brigate Rosse oltre che di polizia e carabinieri. Due innamorati destano sempre meno sospetti e tra l'altro, alla bisogna, possono fingere di abbracciarsi o baciarsi per sfuggire a occhiate eccessivamente indagatrici. Fino a qualche anno fa, quando non c'era troppo pericolo, si facevano con mogli, fidanzate o sorelle disposte a collaborare o, spesso, con qualche sventurato poliziottino in gonna, parrucca e rossetto che veniva successivamente sfottuto per l'eternità. Adesso che l'altra metà del cielo ha indossato la divisa della polizia di Stato, di certi grotteschi camuffamenti non ci sarà più bisogno...

Peccato che i dirigenti non partecipino mai di persona a questi appostamenti.

«Ah, un'altra cosa, anche se forse non è importante».

«Tutto è importante, Tommà, dimmi...».

«Pare che i due litighino di brutto. Basile m'ha detto che quando è entrato in casa, in abito simulato da operaio Sip, si sentiva una tensione pazzesca nell'aria, come se avessero appena interrotto una sfuriata. Lui aveva la faccia di uno che scende dalla macchina per fare a botte».

Rino Frati si pizzica il mento come fa spesso quando riflette e Tommaso intuisce cosa sta pensando. Le tre parole magiche che fanno di un semplice investigatore un

manico, un fuoriclasse, uno speciale. Quelle che Frati ha appena buttato lì quasi per caso e che sono il suo Vangelo.
Tutto è importante.

«Non hai fame?».
Tommaso guarda il piatto pieno a metà di penne all'arrabbiata, come se lo vedesse per la prima volta.
E sua moglie, anche.
«Se non ti va più la pasta, porto i saltimbocca, ti piacciono no?»
«Certo, cara, grazie...». I saltimbocca, con quel mix di tenerezza della noce di vitella, del sapore leggermente piccante del prosciutto e del tenue, quasi esotico sentore di menta, sono uno dei piatti preferiti di Tommaso. Adesso ne ha voglia come di masticare una fetta di polistirolo. Quando Elena torna col piatto, gliene serve tre con contorno di patate al forno e resta a guardarlo con aria vagamente inquisitoria, Tommaso si stampa una maschera da ghiottone in faccia, attacca il primo boccone con entusiasmo e riesce a mandarne giù altri tre, anche se gli sembra di avere una strozzatura nell'esofago.
«Buonissimi, tesoro, sei una grande cuoca...».
Le mogli dei poliziotti, quelli di prima linea almeno, imparano presto a tacere. E a parlare quando è necessario. Elena mette giù la forchetta, dopo aver trangugiato un minuscolo quadratino di saltimbocca, beve un sorso di vino, sospira.
«Dai, smettila di sforzarti e dimmi che cosa c'è. Lavoro? Quel caso di cui ti stai occupando... aspetta, Luigi Morani, no? È per quello che sei così assente, tesoro?».
Fitta allo stomaco. Tommaso annuisce, pensoso, sollevato.
«Sì, scusa, non volevo affliggerti con le mie storie di lavoro... È che mi sembra di essere arrivato a un punto morto, giro a vuoto».

«Spiegami, se ti va».

Tommaso fa un gesto sconsolato che lo fa sembrare un ragazzino coi baffi finti.

«Gli abbiamo piazzato le microspie in casa e nel telefono, gli stiamo alle costole ventiquattro ore al giorno... Non esce niente. Evidentemente è un tipo molto furbo, ma del resto viene dal terrorismo nero e quelli non scherzavano in fatto di precauzioni. Li abbiamo beccati quasi tutti in azione, pochissimi con le indagini sui covi. Avevano una disciplina quasi militare. L'unica cosa che sono riuscito a scoprire su Morani, finora, è che litiga come un pazzo con la sua compagna. Se continua così il PM mi chiude l'indagine. Lei è figlia di un pezzo grosso, lui pure, figurati».

Elena annuisce, guarda i saltimbocca quasi intatti, si domanda se andranno bene per domani e se...

«E se invece fosse innocente, se avesse tagliato i ponti con quelli della Banda? Magari non sei tu che giri a vuoto, è che non c'è niente da scoprire».

«Escluso, tesoro. Le dritte che abbiamo sono sicure. O è stato lui ad ammazzare er Fichetto o è coinvolto in qualche altro modo. Dalla Banda non si esce. Non vivi, almeno. E Morani era legatissimo ai capi fin dai tempi del carcere... Soprattutto a uno dei più pericolosi, Cavallo Pazzo. Sono sicuro che, quando è uscito, ha continuato a tenersi in contatto con lui o con altri, ma devo scoprire i canali».

«Prima o poi si tradirà, lo fanno tutti, no?».

Tommaso sospira. L'ha detto un milione di volte. Prima o poi i cattivi fanno sempre una cazzata ed è lì che li becchiamo. Adesso, però...

«Certo, cara... Il fatto è che, se era lui il killer del Fichetto, adesso è logico che se ne stia buono per un po', che non si faccia vedere dai complici, che tenga un profilo basso. Tutto sta ad aspettare, ma è il magistrato che mi preoccupa. Non è un cuor di leone e quei cognomi pesano, qui a Roma».

«Chi è 'sto... Cavallo Pazzo? Non era uno di quegli autonomi... Gli Indiani Metropolitani? Quelli dell'assalto al comizio di Luciano Lama all'università?»

«No, quello si chiamava Mario Appignani, questo è la versione malavitosa, Colesi Andrea... Uno degli assassini più spietati della Banda, uno dei boss della prima ora. Ergastolano. Lo chiamano così perché spesso va fuori di testa. Un po' recita, un po' è mezzo sbindato sul serio, fatto sta che è riuscito a farsi dare la seminfermità mentale. Ha fatto avanti e indietro tra carceri e manicomi giudiziari per anni, ha ottenuto la semilibertà, è scappato ma l'hanno ripreso. Poi qualche bello spirito di giudice di sorveglianza gli ha concesso un permesso premio e se l'è filata di nuovo. Adesso, se non altro, è di nuovo dentro. Pessimo soggetto».

«Ha una moglie, una compagna?»

«Boh... Cazzi suoi. No, scusa, che ne so? Mica sto indagando su di lui».

«Non si dice *cherchez la femme*? Magari è lei il contatto».

Tommaso fa per scuotere la testa, poi riflette. Perché no?

«Sai una cosa, saresti un'ottima investigatrice. Quasi quasi ti propongo per l'arruolamento in polizia».

«Grazie, il lavoro in banca basta e avanza... E stare appresso a te è ancora più faticoso».

Elena gli scompiglia i capelli, folti e ondulati, con un gesto di tenerezza.

Tommaso sente una vampata d'affetto e una stilettata di senso di colpa.

Perché non è a Luigi Morani detto er Fringuello che stava pensando, ma a un paio di labbra leggermente imbronciate e a due occhi di velluto che sembrano frugargli nell'anima.

CAPITOLO 11

Roma, molti anni prima

I due uomini nascosti nell'ombra aspettano come predatori notturni. Aspettano da ore. Il traffico di Trastevere, poco a poco, è andato diminuendo, le luci dei ristoranti di via San Francesco a Ripa hanno cominciato ad accendersi, il flusso di passanti e dei rari turisti di un giorno feriale si è sfilacciato in pochi rivoli frettolosi, parecchi locali hanno abbassato le saracinesche.

L'uomo più grosso, con una criniera leonina di capelli corvini e una corporatura da rugbista, s'irrigidisce all'improvviso, infila la mano in tasca, stringe l'impugnatura della CZ 75 calibro 9×21, dà di gomito all'altro, un tipo basso, tarchiato, massiccio, con la faccia prognata e un po' stolida dello spaccagambe di professione, il naso schiacciato, lo zigomo ammaccato che ricordano un passato di pugile semiprofessionista.

«Ariveno…», sussurra.

«Indove? Nun li vedo…».

«Là, più avanti, ce sta pure un regazzino, so' a piedi».

Le due coppie camminano tranquille, chiacchierando, il bambino di otto anni che saltella di qua e di là, chiede attenzione, passa dalla mano della madre a quella della zia, impegnate in una conversazione.

Nessuno se lo fila, il ragazzino.

Suo padre e suo zio chiacchierano, ridono, fumano. Il

bambino fa una corsetta in avanti, si blocca, resta pietrificato.

«Ah papà, cori...», strilla mentre i due sicari escono dal loro nascondiglio con le pistole spianate.

L'uomo più grosso punta la CZ contro uno dei due uomini e spara. Il primo proiettile centra la vittima alla gola, gli spezza le vertebre, lo scaraventa a terra. Il secondo gli fa scoppiare il polmone sinistro. Morte istantanea.

L'ex pugile spiana un revolver Ruger calibro .38 special contro il fratello della vittima, preme il grilletto tre volte, lo ferisce di striscio a una spalla mentre l'altro estrae velocemente una semiautomatica nichelata e risponde al fuoco. L'ex pugile bestemmia, la mano sinistra trapassata da un'ogiva, ma non molla l'arma e spara a casaccio i tre proiettili che restano nel tamburo. Il fratello del morto bestemmia quando una pallottola gli spezza la tibia destra e crolla a terra, la semiautomatica argentea tintinna sull'asfalto. Il rugbista cerca di inquadrarlo nel mirino mentre striscia via come una lumaca. Due proiettili gli sibilano come calabroni a pochi centimetri dalla testa ma il ferito riesce a rannicchiarsi dietro una Renault 4 posteggiata in strada e a mettersi al riparo. Le mogli urlano isteriche.

La volante piomba sul posto all'improvviso, senza sirena o segnali, come uno squalo che attacca un nuotatore di sorpresa. Uno dei poliziotti scende con la Beretta in pugno e riesce a urlare «Polizia!» prima che un colpo della CZ gli faccia saltare un orecchio dalla testa. Con la faccia piena di sangue, l'agente si raggomitola su sé stesso mentre il suo collega si sporge dalla parte opposta della macchina e fa fuoco verso i due sicari.

Urla, serrande abbassate a precipizio, i rari passanti che scappano, convulse telefonate al 113 dagli appartamenti vicini.

Il rugbista e il pugile si guardano attorno. Sirene in lontananza. Impossibile attraversare la strada col poliziotto illeso che continua a tenerli sotto tiro. I due girano sui tacchi per fuggire verso l'ingresso del palazzo. Il più grosso, all'improvviso, si trova davanti il ragazzino, lo agguanta, lo solleva di peso e lo trascina con sé, urlante e scalciante, fino all'androne.

I due salgono al primo piano, sfondano una porta a calci e spallate, fanno irruzione all'interno. Un pensionato di settantacinque anni in vestaglia e la moglie, grassa e avvizzita, li fissano tremando, incapaci di aprire bocca per la paura. Il rugbista li spinge rudemente sul divano del salotto e torreggia su di loro, minaccioso, tremendo, con la pistola in pugno e lo sguardo folle, mentre urla al pugile: «Stai sulla porta, nu' li fa' entrà».

La strada è piena di gente, scalpiccio sulle scale, ambulanze, i feriti caricati sulle barelle, il cadavere a terra, con la testa immersa nel sangue.

«Polizia, uscite senza armi, con le mani alzate!», urla, dal pianerottolo, una voce incrinata di tensione. «Il palazzo è circondato, non avete scampo, arrendetevi».

«Cor cazzo, appena sortimo ce sparate...», replica l'ex pugile, il sangue che gocciola sul pavimento dalla mano ferita.

Il rugbista molla uno schiaffo al ragazzino che inizia a singhiozzare. I due pensionati, in salotto, sono tramortiti dal terrore e non osano alzarsi dal divano.

«A ispettò, c'ho un regazzino co' me, er fijo de uno de quell'infami», sbraita il colosso, fuori di sé. «Giuro che lo porto co' me prima che m'ammazzate, lo giuro su mi' madre in Paradiso».

«Nessuno vi ammazza, non fate cazzate. Lasciate andare il bambino, buttate a terra le armi, uscite con le mani alzate». Il pianerottolo, adesso, brulica di divise, agenti con i giubbotti antiproiettile, agenti con la mitraglietta, agenti di rincalzo col colpo della Beretta in canna. I NOCS, avvisati immediatamente, sono in arrivo.

«Uscite subito, lasciate gli ostaggi, buttate le armi», urla di nuovo l'ispettore da fuori.

«None, amo sparato a uno dei vostri, ce volete addobbà», risponde il rugbista attraverso la porta.

«Non è morto nessuno, stai tranquillo, uscite, lasciate andare il bambino».

«No… Volemo 'n'auto qua davanti, cor pieno de benzina e si quarcheduno cerca de fa' scherzi ammazzo er regazzino e 'sti due babbioni che c'ho qua», strilla il rugbista, congestionato.

«Non è possibile, lo sai meglio di me. Uscite, lasciate gli ostaggi, è la vostra unica possibilità».

«Vaffanculo, stronzo, faccio 'na stragge».

«Ragiona, non potete andare da nessuna parte, ogni minuto che passa è peggio, lasciate andare gli ostaggi, uscite… Non vogliamo entrare di forza ma così non ci lasciate scelta».

Il rugbista sembra sgonfiarsi all'improvviso. Fa una scafetta quasi affettuosa al bambino in lacrime come a dire "dai, stavamo scherzando", poi guarda l'ex pugile con aria sconsolata.

«Uno l'amo parcheggiato di sicuro… J'ho fatto saltà la testa, a Palle d'Oro».

L'altro annuisce, rassegnato, indifferente a tutto, anche alla mano lacerata da cui continua a sgorgare un piccolo, ininterrotto zampillo rosso.

Il rugbista alza il mento alla siciliana, in un gesto di domanda, l'ex pugile fa cenno di sì.

I due buttano le pistole, aprono la porta, escono sul pianerottolo. Un attimo più tardi sono scaraventati a terra, ammanettati dietro la schiena, trascinati via a spinte, schiaffi, calci, sputi. In strada, ad aspettarli, c'è già una piccola folla minacciosa, vociante, aggressiva. Amici, conoscenti delle vittime, commercianti del quartiere avvertiti da un tam tam di telefonate e pronti al linciaggio.

Quando i due fermati appaiono sulla porta, sballottati dai poliziotti come pupazzi, la rabbia esplode.

«Infamoni, assassini, merde, a bujosa nun c'arivate vivi». Molti spingono, cercano di forzare il cordone di poliziotti e carabinieri, un tizio grasso, enorme, sui quaranta, con le lacrime agli occhi si butta di peso su due poliziotti, li travolge con la sua mole, riesce a percorrere una decina di metri verso gli arrestati, le dita protese come artigli, prima di essere agguantato alle gambe, immobilizzato, respinto indietro, pestato selvaggiamente.

«Lasciatelo, guardie infami, j'hanno ammazzato er fratello», ulula una voce femminile. Molti la spalleggiano, lanciano insulti, si affannano per liberare il ciccione.

Gli agenti approfittano del diversivo, scaraventano il rugbista e il pugile come pacchi sui sedili di due volanti che partono a sirena spiegata, fendendo la folla come la prua di un rompighiaccio…

Cavallo Pazzo accende un'altra sigaretta e si rilassa sulla branda.

«Ecco, a Fringuè, volevi sapè come m'hanno blindato e mo lo sai».

Gigi Morani ha la faccia di un ragazzino che ha appena sentito una storia di fantasmi. Paurosa ma affascinante.

«E perché?», domanda dopo un po'.

«Perché cosa?»

«Perché li volevate ammazzare?»

«Perché avevano parcheggiato uno dei nostri. 'N amico caro, "er Vatusso"… L'hanno seccato mentre montava 'n'machina, a tradimento, quei bojaccia».

Gli omicidi sono sempre a tradimento, sia quelli di mala che di terrorismo, riflette er Fringuello, ma non lo dice.

«E perché l'avevano ammazzato? Cos'aveva fatto?»

«Lui? Gnente... È stata 'na vendetta perché prima avevamo mannato all'alberi pizzuti 'no stronzo che faceva li cazzi sua alle corse dei cavalli, 'n infamone che chiamaveno er Delinquente... È un pezzo che sta sottotera e l'ippodromo se lo semo presi noi».

«Insomma, Andrea, è tutto un ammazza-ammazza. Loro uccidono uno di voi, voi accoppate uno dei loro, loro si vendicano, voi ne ammazzate un altro... E quando finisce?»

«È già finita, Fringuè... Amo vinto. Li Macellari nun esisteno più. Se stamo a pijà tutta Roma, ancora nun l'hai capito? Ma che, in culo te c'entra e in testa no?», aggiunge con signorilità Cavallo Pazzo. Poi mette su un'espressione provocatoria. «Senti un po', Fringuellì, ma voialtri che fate? Nun ammazzate pure voi? Giudici, guardie, carubba... E quer porocristo che hai addobbato pe' sbajo, me pare...».

«Ma che c'entra? La nostra è una guerra. Noi combattiamo contro lo Stato, per un'idea, per cambiare questo Paese, per i valori che...».

Cavallo Pazzo fa il gesto classicamente romano aprendo e chiudendo le dita che vuol dire "bla bla bla, tutte chiacchiere".

«Anche la nostra è 'na guera, Fringuè. Solo che noi c'avemo, come di'... un coso... uno scopo... come se dice, porcocazzo, dai che tu hai studiato».

«Un obiettivo?»

«Ecco, bravo, proprio così, 'n obbiettivo, hai detto bene».

«E quale sarebbe questo obiettivo, i soldi?».

Cavallo Pazzo allarga le braccia come a dire, lapalissiano, se conoscesse l'espressione.

«E grazie ar cazzo, Fringuè! Li sordi so' tutto nella vita. Tu e quelli come te nun ve ne capacitate perché ce sete nati, coi sordi, le ville, le machine gajarde e tutto er resto, ma quelli come me, li poveri cristi, se li devono da pijà co' le cattive, si nun vojono passà tutta la vita a pecorone a pijallo 'n culo. E poi, fratè, nun te dico gnente ma pure noi famo comodo a tanta gente che ce sta appresso... Gente come te, come i tuoi, in giacca e cravatta, gente co' du' palle così, che conta. E chissà si un ber giorno va a fenì che saremo noi a comannà».

Gigi immagina la bandiera italiana con un nuovo stemma al centro: due pistole incrociate. Magari una pistola e un pugnale e fatica a trattenere un ghigno.

«Ridi, ridi che mamma ha fatto gli gnocchi... Ma si ce pensi bene nun è che voi cammerati sete tanto mejo de noi criminali. Tanto cor cazzo che lo cambiate a forza de bombe e de attentati, lo Stato. Anzi, si nun l'hai ancora capito, ogni vorta che ammazzate quarcheduno diventa più potente, più forte. Allora spiegheme a che cazzo serve la vostra... aspè... la lotta armata, la chiamate così, no?».

Er Fringuello fa per replicare ma tace, anche perché, in effetti, Cavallo Pazzo non ha fatto altro che riassumere, nel suo modo rozzo e sgrammaticato, i dubbi che lo affliggono da parecchio tempo. Uccidere, nascondersi, lanciare proclami, preparare azioni, uccidere ancora... Perché? Ogni volta, in televisione, la liturgia dei funerali di Stato in cornice popolare, la folla che straborda, le lacrime, gli applausi alle bare coperte dal tricolore. Da che parte sta la gente, il popolo? Dio, Patria e Famiglia... Ci credono ancora? E lui ci crede ancora?

«Tra quarche giorno, si te va, te faccio spostà in cella co' me. Così potemo chiacchierà quanto ce pare», propone Cavallo Pazzo, bonario.

«E come faresti? Che sei, il direttore del carcere, adesso?»

«Tu nun te preoccupà, te l'ho detto che noialtri c'avemo parecchi agganci, drento e fora, dimme solo si te fa piacere, sinnò nun se ne fa gnente».

«Ma certo, Andrea, se non disturbo… Mi sono rotto di stare in cella con quel mezzo tossico che scureggia come un facocero».

«Allora è deciso. Mo me vado a fa' un giro all'aria, vieni?»

«No, devo studiare, sto preparando la maturità».

«Bravo, studia, così diventi uno che conta pure tu».

Gigi torna in cella, saluta lo scureggione, prende un libro di filosofia, legge qualche pagina senza capirci un accidente, lo mette giù e va a chiamare Scucchia, il tatuatore ufficiale del braccio, due celle più in là.

«Che te voi fa?»

«Due pistole incrociate, qui, sull'avambraccio».

«So trenta sacchi».

«Andata».

Scucchia gli fa il disegno con la biro, poi lega strettamente tre aghi tra di loro con un filo, li intinge in una boccetta di inchiostro di china e comincia a seguire i contorni con concentrazione da neurochirurgo, punzecchiando la pelle e pulendo il sangue con un po' d'ovatta.

Il suo primo tatuaggio. Gigi pensa a suo padre: quando lo vedrà gli verrà un infarto.

CAPITOLO 12

Roma, molti anni dopo

«Adesso basta, non ne posso più, smettila...».

«Mi sono rotto il cazzo, puttana!».

«Non mi toccare, lasciami!».

«Vaffanculo, stronza bugiarda, ti ammazzo».

Rumore di stoviglie che cadono e vanno a pezzi.

«Giuro che se mi... io ti denuncio, basta...».

«Ah mi vuoi denunciare, schifosa? Sei una infame oltre che una zoccola, eh? Vorresti farmi tornare dentro così potrai scopare con chi ti pare? Dillo, vacca».

«Non ti avvicinare... guarda, stavolta giuro che...».

«Metti giù quel coltello, cagna, o te lo ficco nel culo!».

«Lasciami, lasciami, aiuto!».

Rumore di una violenta colluttazione, urla, ansiti.

«Ti insegno io a minacciarmi, puttana, prendi...».

«No, mi fai male, basta, ti prego!».

Il Contabile si leva la cuffia, frastornato.

«Porcatroia, questo la ammazza sul serio».

«Non possiamo intervenire, se ci vede salta tutto...». L'agente al suo fianco, all'interno del vecchio furgone parcheggiato a poche centinaia di metri dalla villa, è altrettanto sconvolto.

«Cazzo, si tratta di impedire un omicidio... che facciamo? Senti, chiamo il dottor Elleni in ufficio».

«Sì, sbrigati però, qui finisce male sul serio».

Tre minuti dopo, un Tommaso Elleni con la fronte imperlata di sudore chiama il numero interno del capoturno di Doppia Vela, la sala operativa della questura.

«Pronto, Gegè, sono Elleni, c'è un'emergenza».

Ispettore Genesio Rossi, alias "Gegè, the Voice", l'uomo radio più professionale della polizia di Stato, presente.

«Dica, dottore».

«Abbiamo una lite violenta, con possibili lesioni, a Sacrofano. Attenzione, i soggetti sono attenzionati da una nostra indagine. Manda una volante subito, sembra che il tizio stia malmenando la compagna di brutto».

«Ha le generalità, dottore?»

«Morani Luigi, pregiudicato per omicidio e terrorismo e Bolognesi Patrizia, incensurata... Mi raccomando».

«Mando subito una macchina, dottore, mi dia le indicazioni per localizzare l'abitazione».

Tommaso risponde, fa per mettere giù, poi...

«Ah, una cosa, Gegè...».

«Dica, dottore».

«Se possibile evitiamo di arrestare il soggetto. Salterebbe tutto».

«Naturalmente, dottore... Volante Beta tre, ripeto, Beta tre».

«In ascolto, Doppia Vela».

«Recatevi in viale Roma senza numero civico, villa isolata con cancello di ferro e tetto rosso, nei pressi di Sacrofano, segnalano lite animata... Massima attenzione, soggetto pregiudicato potenzialmente violento. Relazionate immediatamente appena arrivati».

«Ricevuto, Doppia Vela, ci portiamo sul posto».

Er Fringuello sente la sirena, smette di prendere a schiaffi Patrizia, obnubilata dal terrore, tenta di ricomporsi, va ad aprire al suono insistente del campanello.

«Chi è?»
«Polizia, apra».
«Che volete? Non è successo niente».
«Apra immediatamente».
Gigi lancia un'occhiata di traverso alla donna che si sta asciugando le lacrime e che, immediatamente, corre in bagno a lavarsi la faccia, poi fa scattare la serratura.
I due agenti in divisa lo spingono di lato, entrano, si guardano attorno: un campo di battaglia.
«Dov'è la signora?», domanda il più anziano.
«In camera sua, perché?»
«Ci hanno segnalato una lite violenta in questa casa, vogliamo controllare, intanto ci dia un documento, per favore».
«Chi vi ha chiamati?»
«Il documento, prego».
«Chi vi ha chiamati?»
«È arrivata una telefonata al 113, un vicino o una persona che passava qui sotto, dov'è la signora?»
«Una persona che passava eh? A quest'ora? Qui?»
«Che succede, tesoro?».

L'entrata in scena di Patrizia, in vestaglia di raso sul pigiama, il viso ricomposto, i capelli raccolti in uno chignon, congela la scena.
«Sta bene, signora?». Il capopattuglia guarda la donna con aria dubbiosa. Uno strato di fondotinta appena messo non riesce a coprire del tutto l'ecchimosi recente sullo zigomo sinistro e, a quanto gli sembra di vedere, un leggero segno rosso sul collo, proprio sotto il mento, come se qualcuno avesse tentato di strangolarla.
«Certo, tutto bene ma... che è successo? Perché siete venuti?»
«Segnalazione di lite. È stata picchiata, signora? Vuole sporgere denuncia?»

«Ma che denuncia, abbiamo litigato, succede, no? Voi non litigate mai con le vostre mogli?». Er Fringuello cerca di mostrarsi indifferente, conciliante e collaborativo, mentre lancia uno sguardo incendiario alla sua compagna.

«Lo lasci dire alla signora, per favore. È stata malmenata, aggredita fisicamente?»

«Ma no, agente, solo una discussione, succede. Abbiamo un po' alzato la voce, tutto qui, non c'è bisogno di…».

La solita storia. Donne asservite. Donne spaventate. Donne che proteggono i loro aguzzini fino al giorno in cui vengono assassinate. Tra qualche anno li chiameranno femminicidi.

I poliziotti identificano anche Patrizia, ammanniscono la ramanzina di prammatica, avvertono, consigliano, salutano e se ne vanno.

«Beta tre a Doppia Vela».

«Avanti, Beta tre».

«Trattasi di lite animata. La signora non è ferita. Rifiuta di sporgere denuncia. Invitata al commissariato per un eventuale esposto».

«Va bene, Beta tre, riprendete normale servizio».

«Ricevuto, Doppia Vela».

Tommaso Elleni tira un gran sospiro di sollievo.

Er Fringuello si guarda intorno, sospettoso come un agente segreto, poi fa cenno a Patrizia di tacere, dito sulle labbra, la porta in bagno, tira lo sciacquone e fa scorrere l'acqua della doccia e del rubinetto.

«Sss… parla piano», sussurra.

«Perché?»

«Ci stanno intercettando».

«Ma che dici, sei paranoico?»

«Dammi retta, ci ascoltano. Prima il telefono che non

funziona e i tecnici Sip, che non avevamo chiamato, adesso 'sti due sbirri del cazzo...».

«Qualcuno ti avrà sentito urlare, strillavi come un'aquila».

«Senti chi parla... Ma chi vuoi che abbia sentito? La casa più vicina è a cento metri e la gente di qui si fa i cazzi suoi».

«Tu non stai bene, Gigi...».

«Vaffanculo, non ricominciare».

«E tu smettila di alzare le mani oppure uno di questi giorni ti denuncio davvero».

«Devi solo provarci... D'ora in avanti attenta a quello che dici anche al telefono, sicuramente è sotto controllo».

«Ma che vuoi che dica? Mica ho qualcosa da nascondere, io. Tu, piuttosto...».

Er Fringuello nemmeno le risponde, torna in salotto, guarda dappertutto, solleva il telefono e lo scuote, poi lo rimette a posto guardandolo come se fosse radioattivo.

Una coincidenza ci può stare. Due sono troppe. Gli sbirri gli stanno dietro, è sotto schiaffo.

«Posso?».

Tommaso fa un gesto rassegnato che dice "ormai sei qui".

Marco Scalesi finge di non capire (cosa che gli riesce benissimo) e spalma con soddisfazione il deretano sulla poltrona di fronte a lui. Chi gira per Roma in motorino sa cosa vuol dire avere un perenne indolenzimento posteriore.

«Be', innanzitutto volevo farti i complimenti per la storia del cinese, caso risolto al volo, *chapeau*», attacca il cronista, vagamente mellifluo.

«Che stiamo a smacchià er giaguaro, qui? A pettinà le bambole?», scherza il poliziotto perché, nonostante la naturale diffidenza verso i giornalisti in generale, quel tizio trasognato e trasandato, in fondo, gli sta simpatico.

«Senti ma… ho visto un nuovo ispettore qui o sbaglio? Una signorina… molto avvenente?».

Tommaso Elleni si domanda perché senta una fitta di gelosia. Vuoi vedere che 'sto pescelesso è un rattuso? I cronisti rimorchiano, si sa, con quella spocchietta da fighetti. Questo sembra diverso, ma…

«L'ispettrice Angela Blasi è da poco in forza alla sezione omicidi, ti interessa? È questo che mi volevi chiedere?», replica, asciutto.

«No, per carità, dico solo che è molto bella, il che non guasta», allarga le braccia Marco, santerellino. «Non ho visto molte donne nei reparti investigativi, finora».

«Manco io, se per questo».

«Be', dovremo farci l'abitudine, allora, dire meno parolacce e tutto il resto. Comunque, no, non ero venuto per l'ispettrice ma volevo chiederti del Fichetto. Novità?»

«L'avresti saputo… Non è un'inchiesta facile».

«Esistono inchieste facili?»

«Be', lui ammazza lei, chiama la polizia, consegna il coltello sporco di sangue e confessa. Questa è un'inchiesta facile».

«Non è un'inchiesta, è un arresto. Diverso».

«Sei laureato in legge?»

«Dieci esami di lettere antiche, ho mollato e sono entrato a «Paese Sera», avevo 19 anni, tu invece sì, immagino…».

«*Magna cum laude*».

«*Et de hoc satis est*. Ti sto facendo perdere tempo, mi sa».

«È quello che fate sempre voi giornalisti, no?»

«No. Informiamo la gente di quello che accade nel mondo, compiamo il nostro sacro dovere. Dai, smetto di cazzeggiare, volevo solo la conferma di certe voci che mi sono arrivate».

«Conferme ufficiali? Rivolgersi all'Ufficio stampa o al mio capo, prego».

«Ufficiose e falla finita, *please*. Il fatto è che qualcuno dice che l'omicidio sia stato commissionato dal carcere». Marco sbircia il taccuino zeppo di appunti scritti così di fretta che fa fatica a decifrarli lui stesso. «Si fa il nome di Cavallo Pazzo, Andrea Colesi, che avrebbe deciso l'esecuzione di Silvio Allevi perché non rispettava più i patti di assistenza coi detenuti. Pare, ti riferisco quello che ho sentito, che all'interno della Banda sia esplosa una guerra e che questo sia soltanto l'inizio... Ti sembra plausibile? Mi spiego meglio: le tre fazioni originarie di Ostia, Garbatella e Monteverde, che si erano unite in una specie di confederazione qualche anno fa, ai tempi dello scontro coi Macellai di Trastevere, si sono divise e stanno ammazzandosi tra loro per la supremazia... È vero? E Colesi c'entra, in questa storia? Se è lui il mandante, er Fringuello, a cui è legatissimo fin da quando erano in cella assieme, potrebbe essere l'esecutore materiale, il killer che lo ha tolto di mezzo. Fine delle notizie che ho. Voglio sapere cosa ne pensi tu».

Tommaso fa uno sforzo spaventoso per non fare una faccia sbalordita e fa una faccia sbalordita.

«Chi ti ha detto tutte queste cose?»

«Scusa sai, ma faccio la nera da più di trent'anni, forse qualche aggancio ce l'ho anch'io».

«E non è che magari i tuoi agganci hanno le bande rosse sui pantaloni e una fiamma sul cappello?»

«Mi avvalgo della facoltà di non rispondere, del segreto professionale, di quello del confessionale, mi appello al quinto emendamento... no, forse era il sesto, boh. Insomma, non sputtano le mie fonti e tu, che sei una fonte, dovresti apprezzare. Parla, fonte».

Tommaso mastica amaro. Solita storia. Gli amati cugini non sono titolari dell'indagine, fanno i loro bravi accertamenti in sordina ("aum aum" nel gergo poliziese) e spettegolano coi giornalisti a ruota libera, tanto non saranno loro a vedersela con un pm incazzato nero. Del resto, all'inverso, succede esattamente lo stesso.

E Scalesi glielo sta confermando.

«Insomma, è vero o no? Non è una domanda difficile», insiste, subdolo.

Tommaso riflette un attimo e decide che...

«Io non ti ho detto niente».

«Ovvio».

«Non posso fornire notizie su un'indagine per omicidio senza l'autorizzazione dei miei diretti superiori».

«Naturale».

«Stiamo ancora indagando a trecentosessanta gradi e qualsiasi ipotesi, al momento, va esaminata con cura».

«Certo».

«Allora scrivi quel cazzo che ti pare».

«Non sono stronzate? Non è un depistaggio?».

Tommaso guarda il cronista dritto negli occhi ed esprime la sua sincerità con due sole lettere.

«Enne o. No».

«Grazie». Marco Scalesi infila il taccuino nella borsa di Tolfa da museo del '68, che Tommaso guarda con pura commiserazione, e gli tende la mano.

«Detesto quando qualcuno cerca di manipolarmi o di usarmi, per questo sono venuto da te. Grazie ancora, ciao».

Sulla porta, inciampa nei suoi piedi, rischia di finire lungo disteso, si gira come per scusarsi con un sorriso da Mr Bean e si leva dai piedi.

Tommaso Elleni lo vede andar via, si domanda se ha fatto bene a confermare la dritta e decide che...

Il cronista, sicuramente, l'avrebbe scritta comunque.

Lui non ha detto una parola. Ha parlato solo Scalesi. Ha soltanto evitato di mentire al cronista, ma nessuno potrebbe tirarlo in ballo.

I criminali, quando sono sotto pressione (anche per uno scoop giornalistico), a volte vanno fuori di testa e si tradiscono... magari.

Gigi esce di casa con Rufo al guinzaglio e l'espressione guardinga del ricercato o del terrorista in clandestinità. Il grosso dobermann lo segue docilmente, col passo flessuoso, da coguaro, tipico della sua razza, le corte orecchie a punta tagliate alla nascita dritte in avanti come antenne, il muso sollevato a fiutare l'aria come se percepisse e condividesse la tensione del suo padrone e, probabilmente, è così: gli animali hanno un radar per i nostri sentimenti.

Er Fringuello ispeziona l'esterno a trecentosessanta gradi. Nessun segno di sbirri. Eppure gli stanno addosso, ne è assolutamente sicuro. Dopo l'irruzione dei poliziotti a casa sua si è convinto di essere spiato e intercettato: nessuno può aver sentito la lite tra lui e Patrizia, nessuno può aver chiamato il 113. Troppa distanza dalle altre case, nessun passante di notte, in quella zona deserta dove non si capita di certo per caso. E i due tecnici della Sip piombati all'improvviso a casa sua per riparare un guasto che lui non aveva segnalato? Questi problemi si risolvono dalla centrale o dalla cabina, non dall'apparecchio domestico. Gigi cerca di ricordarli nei minimi dettagli per individuare qualche particolare stonato, qualche indizio del travestimento ma, pensandoci e ripensandoci, non ne trova nessuno. Eppure erano guardie, adesso non ha più dubbi. Brave come attori, perfette nel ruolo, ma sempre guardie infami.

Deve toglierseli di torno alla svelta, perché la persona che dovrà incontrare nei prossimi giorni non dev'essere assolutamente vista con lui: sarebbe una catastrofe di dimensioni incalcolabili. All'inizio ha avuto la tentazione di annullare l'appuntamento, ma ci ha ripensato subito. L'incontro è troppo importante: deve avere notizie. Deve sapere. E se le persone con cui è in contatto fiutassero che si porta appresso gli sbirri le conseguenze sarebbero devastanti. Potrebbero perfino accusarlo di essere un infame, una spia infiltrata e, nonostante le amicizie che lo proteggono da anni, sa bene come pagherebbe anche un semplice sospetto. Nessuna pietà.

Gigi sospira mentre aspetta che Rufo faccia i suoi bisogni. Er Fringuello si guarda bene dal raccogliere la cacca del cane, che schifo. Non ci sono gli spazzini per questo? Facessero il loro lavoro, visto che non sono stati buoni a trovarsi un mestiere più decente. 'Fanculo anche agli spazzini.

Rufo tira il guinzaglio, cosa che non fa quasi mai visto che Gigi l'ha addestrato bene e, di solito, tiene il passo restandogli perfettamente allineato come un soldatino. Caporale di prima classe dobermann Rufo, presente, signore. Ma stavolta sembra un barboncino viziato, tirato su a carezze e caramelle. Spinge il muso verso il vecchio furgone lurido parcheggiato, da qualche giorno, a duecento metri da casa sua, annusa, ringhia e alla fine, quando Gigi gli consente di avvicinarsi, molla una lunga pisciata su una ruota.

Una pisciata di sfida.

Gigi guarda il cane, guarda il furgone e nella testa gli si accende la lampadina di Archimede.

Il furgone.

Ma come ha fatto a non pensarci prima?

«Fatte 'na bella pisciata, Rufo, annaffialo bene, 'sto furgone del cazzo che così copri la puzza», Gigi incoraggia il cane quasi gridando, in modo che il messaggio arrivi forte e chiaro. «Sì, bravo Rufo, daje, piscia… Nun senti che tanfo? È 'na puzza de sbirri che pare una discarica, che schifo... Me sa tanto che ce so' delle guardie infami in giro da 'ste parti, li mortacci loro».

Terminata la scenetta, Gigi riprende a passeggiare con l'aria indifferente di chi non ha niente di meglio da fare mentre formula un radicale piano di bonifica della villa. Sa che esistono dei congegni per localizzare le microspie e deve urgentemente procurarsene uno. Fino ad allora (e anche dopo, per precauzione) deve assolutamente evitare di dire qualcosa di compromettente e, se possibile, di scazzare con Patrizia o quantomeno di metterle le mani addosso. Se la picchia troppo violentemente, una seconda volta, rischia di finire dentro e ha troppe scadenze da rispettare.

Fischiettando, si mette le mani in tasca, scioglie il guinzaglio e si dedica per un quarto d'ora al consueto training con Rufo. Seduto, zampa, l'altra, a terra, attacco, fermo, adesso l'otto. Rufo gli passa tra le gambe due volte come se stesse facendo una gimcana, poi gli si siede davanti con la lingua lunga e rosa che spunta dalla bocca e gli occhi che chiedono approvazione. Carezza, biscottino. Bravo, cane.

«Pronto, sono Peluzzi, mi passi il dottor Elleni, per favore».

«È in procura, sono l'ispettore Blasi...».

«Ah, ispettore, buongiorno sa quando torna il capo?»

«Starà fuori fino al pomeriggio, dica pure, Peluzzi».

Angela percepisce l'esitazione e calca sull'ultima frase con tono da piazza d'armi.

«Dica pure, Peluzzi, riferisca, prego».

«Ecco, ispettore è che... Il soggetto ci ha svagati».

«Prego?»

«Ci ha scoperti, si è reso conto della nostra presenza, sa che siamo qui».

Come se Angela, nata e cresciuta alla Magliana, non conoscesse il significato del termine. È che quasi non riesce a crederci: imbecilli, ma con chi le tocca lavorare? Pensa, con rammarico, alla faccia di Tommaso quando scoprirà che la copertura è saltata e che il sospettato sta sul chi vive. Tutto da rifare.

«Come ha fatto? Siete usciti dal mezzo, vi siete fatti notare in qualche modo?»

«No, ispettore, siamo sempre rimasti all'interno ma evidentemente lo ha capito da qualche altro segnale. Che dobbiamo fare adesso?»

«Il soggetto è ancora fuori, in strada?».

Il Contabile dà una sbirciata dai finestrini, oscurati in modo tale che nessuno possa guardare all'interno.

«No, dottoressa, non si vede, probabilmente è rientrato nella villa».

«Allora aspettate dieci minuti per precauzione, poi abbandonate il posto».

«Come ha detto?»

«Non ci sente, Peluzzi? Muovetevi, andatevene, levatevi di torno. Ormai è inutile restare lì, visto che vi siete fatti scoprire. Tornate in ufficio».

«Ma... il dottor Elleni...».

«Non ha capito, sovrintendente? Sono io che do gli ordini. Spostatevi al più presto».

Angela sbatte giù il telefono con violenza, in testa l'immagine di Luigi Morani che torna con una tanica di benzina per dar fuoco al furgone coi poliziotti dentro e si domanda se ha fatto bene... Ma certo che sì, che senso ha continuare a intercettare uno che sa di essere ascoltato? D'ora in avanti dovranno usare altri metodi. Be', sarà quel figaccione del suo capo, a decidere. Quel... vabbè, lasciamo perdere.

Luigi Morani torna alla villa con un ghigno sul viso. Quasi quasi glielo brucio, il furgone. Per un attimo si trastulla all'idea dei due sbirri che escono terrorizzati e semisoffocati dal fumo mentre il mezzo arde come una torcia, ma la scarta subito e il ghigno gli si congela in faccia…

…perché Patrizia lo sta aspettando sulla porta con un'espressione da Furia vendicatrice e una pistola in pugno.

CAPITOLO 13

Roma, molti anni prima

«Anvedi, pure a te te se so' bevuti, limortacciloro».

«E de chi nun ce li manna».

Cavallo Pazzo abbraccia il cinquantenne massiccio, atticciato, coi capelli che sembrano una calotta di fil di ferro e l'aria torva, da assassino. Occhi sospettosi che si guardano attorno di continuo.

«Te trovo bene, a Cavà, te tieni in forma...».

«Faccio ginnastica, corro all'ora d'aria, gioco a pallone... Giacché sei qua te potresti rimette tutto tirato pure tu... Ma spero che nun ce sarà er tempo». Cavallo Pazzo stringe la mano al nuovo arrivato poi si volta verso Gigi, con cui divide la cella da tempo e che è rimasto a rispettosa distanza.

«Te presento 'st'amico mio, er Fringuello. Nun badà ar fatto che è un pischello, è uno tosto... Fringuè, questo è er Ciancica, 'n amico vero».

I due si stringono la mano con una smorfia di mutuo riconoscimento.

«Parlamo dopo, a Ciancica». Quello di Cavallo Pazzo è un congedo. Il cinquantenne atticciato annuisce e si defila.

Appena rimasti soli, l'espressione affabile di Cavallo Pazzo scompare per lasciar posto a una grinta di marmo.

«Ce stanno a fotte de brutto, questo è er ventesimo che entra a bottega, ormai semo più quelli a buiosa che quelli fora», grugnisce invelenito.

«C'è un infame che se la canta?». Er Fringuello, in t-shirt

con le maniche tagliate all'altezza delle spalle, i capelli lunghi e legati in un codino, si guarda distrattamente le braccia muscolose a forza di flessioni e completamente istoriate di tatuaggi: alle due pistole incrociate si sono aggiunti teschi, pugnali, cuori trafitti, un kalashnikov, un crocifisso e una runa in omaggio ai vecchi tempi, tutta opera di Scucchia, di cui è diventato uno dei migliori clienti.

Cavallo Pazzo annuisce mentre si accende una sigaretta.

«E so pure chi è, 'sto fijodenamignotta».

Gigi non chiede. Aspetta.

«C'ho 'na guardia storta alle camere di sicurezza, sta in contatto co' mi' sorella che poi me dice tutto ai colloqui».

Er Fringuello fa cenno di sì. Ormai il gergo malavitoso e carcerario non ha più segreti per lui. La guardia storta è il poliziotto infedele, la talpa prezzolata in questura. Infiltrarsi nelle sezioni investigative, mobile, DIGOS o criminalpol è praticamente impossibile, ma le camere di sicurezza, col loro continuo passaggio di fermati o arrestati in attesa del trasferimento in carcere, sono un'ottima fonte di informazioni.

«Er Napoletano... 'sto bocchinaro. Lo tengono lì perché in qualunque galera lo metteno se lo famo subito. Mortacci sua. A Fringuè, mo che sorti ce devi pensà tu». Cavallo Pazzo, inaspettatamente, tende la mano a Gigi.

«Giura».

Er Fringuello la stringe senza esitazioni.

«Giuro. Ma dimme quarcosa de più».

«Un bojaccia, un pezzodemmerda», s'infuria Cavallo Pazzo. «Ce lo sapevo che nun ce dovevamo fidà».

Gigi si limita ad annuire. Quando Cavallo Pazzo è in quello stato interromperlo è pericoloso perfino per lui. Negli ultimi tempi, l'amico sembra una belva. Attacchi di furia, simulati o reali (probabilmente un mix di entrambe le cose), aggressioni, autolesionismo, scenate, sceneggiate. Un paio di volte è andato fuori di testa, s'è barricato in cella da solo, ha tentato di dar fuoco a un materasso ed è arrivato al punto di appiccicarsi con un paio di detenuti politici, tanto che c'è voluta un'accorta opera di diplomazia per evitare ritorsioni. Un po' ci fa, un po' ci è, riflette er Fringuello che vede il suo mentore scendere sempre più velocemente la china della follia pura. L'agognato diploma da matto, la perizia di totale infermità di mente che Cavallo Pazzo insegue per uscire dal carcere, probabilmente arriverà quando i suoi neuroni saranno completamente in tilt e non ci sarà più bisogno di fingere.

Per adesso, comunque, è ancora abbastanza lucido, almeno quando non s'incavola di brutto.

«Un bastardo demmerda, se chiama Carlo Palermo», continua Cavallo Pazzo. «Nun è mai stato uno de noi, uno della Banda... Ciaveva l'agganci co' la camorra pe' gestì er mercato der Laurentino 38. L'affari annavano bene ma nun me l'ha mai contata giusta e infatti...».

«Com'è che l'hanno preso?», azzarda er Fringuello dimenticandosi di parlare come se fosse nato a Torbella invece che ai Parioli.

Cavallo Pazzo si fa una risatina chioccia.

«Senti che storia... er Napoletano c'aveva 'na retta che je teneva la roba. Un coso... uno... steropata».

«Uno che vende steroidi?»

«No cazzo, uno che aggiusta l'ossa, un medico de quelli che te scrocchieno tutto, comecazzo se dice?»

«Un osteopata?»

«E bravo Fringuello, proprio così. Mo 'sto medico dell'ossa era uno giusto, nun toccava gnente, teneva la robba e reggeva la cica ma stava co' 'na zoccola che pippava de brutto e ogni tanto pe fasse da' la sorca j'allungava quarche pista».

Traduzione simultanea fringuellesca: l'incensurato stava

zitto, custodiva la droga ma aveva un'amante cocainomane e, per garantirsi i suoi favori, le passava un po' di cocaina di tanto in tanto.

«Capisco, ma...».

«E aspè, che c'hai fretta? Mica sei liberante domani no?».

Domani no ma tra quindici giorni, un mese al massimo... er Fringuello esulta ma solo dentro di sé, fedele al galateo carcerario di non mostrarsi mai troppo entusiasti per una scarcerazione imminente, specie con un effepiemme. L'avvocato è fiducioso. Benefici per i minorenni visto che aveva solo sedici anni quando l'hanno arrestato, buona condotta in carcere... Tra poco Luigi Morani si lascerà alle spalle il portone di Rebibbia.

E niente sarà più come prima.

«Be', nun voi sapè er resto della storia?». Cavallo Pazzo lo distoglie dalle sue riflessioni.

«Sì, aspettavo che continuassi...».

«Aspettavo che continuassi, senti questo», Cavallo Pazzo gli fa il verso con una vocetta da vecchia professoressa, gli scompiglia i capelli con il solito gesto quasi paterno e riattacca.

«Insomma, la zoccola viene beccata dalle giuste, se caca sotto e dice chi j'ha passato la coca. Le guardie vanno dal steropata...».

«Osteopata».

«Appunto e io che ho detto? Vabbè, insomma, quello mica è uno de omertà. Se la canta subito e le guardie se bevono er Napoletano. Quello faceva tanto er duro ma c'ha 'na strizza pazzesca della galera. Tempo un giorno e sbraca. Racconta tutto. La Banda, chi semo, come lavoramo, dove stamo... E mo stanno a entrà tutti, uno dopo l'altro. È un casino ma mi' sorella dice de sta' tranquillo che er giudice nun c'ha un cazzo in mano, gnente prove, solo le cazzate der Napoletano. Dice che mo cor ricorso ar Tribunale della libertà gran parte potrebbe sortì presto, come te».

«Tua sorella sa un sacco di cose… Dev'essere una tosta, mi piacerebbe conoscerla».

Cavallo Pazzo fa un sorriso quasi affettuoso.

«La conoscerai eccome, ma sta' in campana… Io so bbono e caro ma Teresa è 'n'antra storia. Si la fai incazzà quella t'addobba de brutto».

Pacche sulle spalle, strette di mano, abbracci, saluti urlati da una cella all'altra.

Sguardi torvi, mugugni, imprecazioni, minacce di vendetta.

Eccola, la Banda, riunita a Rebibbia dopo le soffiate del primo pentito della sua storia criminale. Un gruppo di uomini tra i trenta e i sessanta, violenti, aggressivi, sboccati, incazzati. Strappati dai letti delle loro case, sontuose e pacchiane, alle 4 del mattino, trascinati via in manette, privati di tutti gli orpelli che indicano il loro rango (Rolex d'oro, bracciali, anelli con diamanti, catene da collo che pesano mezzo chilo buono), sballottati da una parte all'altra, fotosegnalati, schedati, rinchiusi assieme o in celle separate, frastornati, spaventati.

«Deve morì».

«Come sorto je metto le budella in mano».

«Ammazzo lui, la moje, i fiji e puro er cane si cell'ha».

«Er Fichetto, ce deve pensà lui che sta fora».

«Ce lo sapevo che de quella merda nun ce dovevamo fidà».

«Bastardo infame, lui e tutta Napoli».

Cavallo Pazzo ostenta sicurezza, rassicura, tranquillizza. Le accuse cadranno presto, gli investigatori non hanno prove, gli avvocati sono già al lavoro, tranquilli, manzi, c'è solo da aspettare qualche giorno e poi l'ultima informata sarà di nuovo libera e pronta a riprendersi il suo posto, il suo regno. Quelli come lui, già condannati, resteranno dentro a tessere trame e inviare ordini e messaggi, gli altri, arrestati dell'ultim'ora, terranno un profilo basso ma solo all'inizio, poi tutto tornerà com'era, riprenderanno in mano le redini, riallacceranno i contatti, ne creeranno di nuovi. Il motto è sempre lo stesso, la strategia non cambia.

«Pijamose Roma».

Ma la prima cosa da fare è uccidere l'infame. Se non ci pensa il Fichetto, che con la sua incredibile abilità camaleontica nell'evitare di compromettersi è sfuggito alla retata, sarà er Fringuello a scovare Carlo Palermo e a piantargli una pallottola in testa. L'esempio è fondamentale: chi parla muore. Guai a lasciare impunito un soffione. È la crepa nelle fondamenta che può far crollare l'intero edificio.

I boss, quelli che contano, sanno bene che la delazione è un'epidemia che dilaga in fretta, un cancro che si diffonde senza freni. Parla uno, poi un altro, poi un terzo e, alla fine, l'organizzazione si disgrega. Sta succedendo con il terrorismo, con gruppi di camorra, perfino con famiglie di 'ndrangheta. I siciliani no, sono più tosti, tengono la bocca chiusa per tradizione atavica, si fanno la galera senza sconti, chiusi, dignitosi, insondabili. In galera nessuno li tocca, stanno per conto loro, biascicano in un dialetto incomprensibile, decorano le celle con crocifissi, santini e rosari, vanno a messa, fanno la comunione e, subito dopo, organizzano omicidi e alimentano faide secolari. Ma i siciliani sono di un altro pianeta, un po' come i sardi che piuttosto che dire una sola parola alla "giustissia" sono pronti a farsi spellare vivi…

…e a proposito di sardi, guarda un po' chi si rivede. Angelo Sanna, il sequestratore assassino che s'è inventato una fede politica di cui non capisce un accidente, di nuovo in pista. Dopo il breve e burrascoso colloquio con Cavallo Pazzo aveva abbassato la coda, s'era tenuto a distanza, masticando amaro, spaventato dalla potenza organizzativa della Banda ma, adesso che quasi tutto il gruppo è blindato come lui, ha rialzato la testa. Il carcere è il suo regno e vuole riconquistarlo. Sorrisetto sardonico (come altro potrebbe essere?) espressione sfrontata, mascella e petto in fuori come un galletto da combattimento.

«Ajò, Cavvallo Ppazzo, le gguardie vi hanno inculatto alla ggrande».

Accentua l'accento di proposito, come a dire: sono diverso, sono un "balente".

«Che cazzo stai a dì?». Cavallo Pazzo gli si avvicina con la mano sull'orecchio, come se non avesse sentito bene.

«Non cappisci? Addesso non fatte più tanto i pparaccul...».

La testata di Cavallo Pazzo gli spiaccica il naso e gli tappa la bocca. Il calcio di rigore ai testicoli sembra sollevarlo da terra. Angelo Sanna rotola sul pavimento come un pallone mentre Cavallo Pazzo, in piedi, lo prende metodicamente a pedate sui fianchi, sulle cosce, sulla testa, dappertutto. Il sardo si rannicchia in posizione fetale, cerca di ripararsi il viso tra le mani, sputa sangue e denti ma Cavallo Pazzo è una furia. Gli piazza le ginocchia sulla schiena, lo afferra per i capelli e gli schianta la faccia a terra una, due, tre volte. Il viso di Sanna non esiste più, perfino er Fringuello (che ormai ha visto e partecipato a risse, accoltellamenti, pestaggi in galera) si ritrae, inorridito da questa violenza ferina. Le guardie carcerarie accorrono, afferrano Cavallo Pazzo per le braccia, cercano di trascinarlo via. Lui urla, sbraita, bestemmia, si divincola, riesce ad azzannare un orecchio di Sanna, ormai semisvenuto, e ne strappa via metà, che sputa con disprezzo mentre gli piovono addosso manganellate, pugni, calci e due poliziotti forzuti gli torcono ansando le braccia dietro la schiena e lo ammanettano.

«A 'nfame demmerda sei morto, come esci dall'infermeria t'accoro, bocchinaro». Cavallo Pazzo, in preda a uno dei suoi attacchi di furia devastante, sbava, si morde la lingua, sanguina, urla. Poi, sempre lottando, scalciando e divincolandosi, viene portato, quasi di peso, in cella d'isolamento.

Angelo Sanna finisce in infermeria, trasportato in barella. Ci resterà più di due mesi e quando ne uscirà avrà la faccia di uno che ha fatto a botte col direttissimo Roma-Milano, la reputazione rovinata per sempre e un nuovo soprannome: "Mezz'orecchio".

Er Fichetto, inorridito, si domanda se anche lui sarebbe stato capace di conciarlo in quel modo. La risposta è no. Non ancora, almeno.

Liberante.

Parola magica, quello che tutti vorrebbero essere in carcere. Nel gergo dei detenuti e della burocrazia significa vicino alla scarcerazione. Conti i pochi giorni, la manciata di ore, i minuti che ti separano dal momento in cui il superiore ti accompagnerà alle ultime firme, alla riconsegna degli effetti personali e, finalmente, al momento in cui il portone si aprirà per farti uscire.

Felicità, malinconia, paura. Sentimenti contrastanti.

Dopo anni dietro le sbarre, molti, in cuor loro, tremano. Lasciano amici, affetti, consuetudini, abitudini ormai radicate, quella traballante certezza che si instaura sempre in un microcosmo chiuso, specialmente per chi si era guadagnato un angolino tranquillo, sicuro, passabilmente confortevole. Il mondo di fuori è cambiato, fa paura, i legami si sono allentati, la tua collocazione è incerta, i problemi pratici sono lievitati, le domande assillanti.

Mio figlio mi riconoscerà? Mi vorrà ancora come padre?

Il principale mi riassume?
Gli amici mi vorranno ancora per quel colpo o sono bruciato?
Come lo pago l'affitto arretrato?
Lei mi avrà aspettato sul serio?

Una vecchia barzelletta parla di un detenuto condannato a dieci anni. Prima di entrare in galera dice alla moglie: «Non pretendo che tu mi sia fedele per tutto questo tempo ma, quando esco, non ne voglio parlare. Non lo sopporterei. Facciamo così. Ogni volta che hai un amante e fate sesso metti un chicco di riso nel cassetto del comodino, così quando torno a casa li conterò e saprò con quanti uomini sei stata senza bisogno che tu me lo dica».

Dopo otto anni, con lo sconto per buona condotta il carcerato torna a casa, corre ad aprire il cassetto, trova solo due chicchi di riso e abbraccia la moglie.

«Due uomini in otto anni, amore, non sono tanti, posso capirti, non pensiamoci più». Lei lo guarda con un mezzo sorriso.

«Tesò, gli altri chicchi de riso me so' serviti pe' fatte i supplì che te portavo a buiosa tutte le settimane».

Er Fichetto ridacchia mentre si guarda allo specchio, assorto, cercando di confrontare il barabba coi muscoli scolpiti, il torso decorato di tatuaggi, i capelli alla porcocazzo (corti davanti, lunghi fino alle spalle dietro), il grugno perennemente contratto nella smorfia di sufficienza e aggressività tipica di chi ha due palle da toro, con il ragazzino esile e sperduto che era sei anni prima. Una metamorfosi che Kafka se la sognava.

Il suo futuro, sicuramente, non è incerto come quello di tanti sfigati. Non ha una fidanzata e non deve preoccuparsi delle corna cresciute durante la detenzione, la famiglia è pronta a riaccoglierlo a braccia aperte, il padre lo incoraggerà a rimettersi a studiare oppure, come ha ventilato più volte durante i colloqui, è pronto a offrirgli un lavoro-sinecura che gli dia indipendenza economica e, almeno in apparenza, lo rimetta in riga.

Welcome home, Fringuello redento, bentornato, figliuol prodigo, ammazzate il vitello grasso.

Gigi Morani se ne frega del lavoro-sinecura, anche se forse, per qualche tempo, potrà pure andare come copertura. Di sicuro ha altri progetti. Un percorso segnato da seguire senza incertezze.

Le ultime due ore in attesa della chiamata le passa seduto sulla branda accanto a Cavallo Pazzo, in silenzio e mestizia, fumando una sigaretta dopo l'altra. Si sono già detti tutto. Andrea Colesi gli ha fornito la giarrettiera, il contatto esterno con cui potranno comunicare, la famosa sorella Teresa che farà da messaggera e che, come gli ha spiegato almeno una decina di volte, dovrà trattare con le molle perché è tosta, fumantina, incazzosa e mena peggio di Mike Tyson quando le va il sangue alla testa, come succede spesso. Piani, movimenti, strategie già concordati, analizzati, programmati.

Semplicemente non hanno più niente da dirsi, niente di operativo, quantomeno. Del resto, delle altre cose, ovviamente, non si parla. I sentimenti tra uomini non hanno posto nelle conversazioni tra galeotti. Roba da froci, meglio il silenzio. Sospiri, altre sigarette, battute fiacche.

Magone.

Un magone che ti strizza lo stomaco e ti fa pizzicare gli occhi.

Passi nel corridoio. Er Magna, la guardia carceraria che prende stecche e mazzette a destra e a manca e rimedia di tutto, dalla coca ai messaggi in codice, fa tintinnare le chiavi come se fossero il campanello della messa durante la consacrazione del Santissimo.

«Morani liberante».

Gigi e Cavallo Pazzo si alzano in simultanea di scatto, come fosse una gara a chi fa prima, come se dovessero andarsene insieme, a braccetto.

Invece uno va e l'altro resta anche se, di sicuro, non fino alla fine dei suoi giorni, visto che il meccanismo delle perizie psichiatriche ben oliate è già in movimento da un bel pezzo.

Eccoli faccia a faccia, impacciati, commossi, imbarazzati.

Si stringono la mano e poi, di colpo, si scaraventano uno tra le braccia dell'altro, si abbracciano fino a stritolarsi, si scambiano pacche sulle spalle e strani versi di rassicurazione, di commiato, d'affetto.

Gigi sente uno tsunami emotivo che gli monta dentro e fa uno sforzo terribile per dominarlo e ricacciarlo indietro perché non si piange, è tassativo, non esiste, vietato, inconcepibile, inammissibile.

Cavallo Pazzo poggia la testa sulla spalla dell'amico e resta per un po' così, a respirare odore di camicia jeans e capelli lavati di fresco. Il tempo che gli ci vuole a nascondere gli occhi umidi.

Fronte contro fronte, come due montoni che lottano. Ma non stanno lottando.

Tre baci rituali sulle guance, come a volte fanno i boss mafiosi.

«E mo levete dar cazzo, Fringuè». La voce di Cavallo Pazzo è roca, con un po' d'affanno. I tre pacchetti quotidiani di Marlboro rosse?

Gigi annuisce senza parlare perché se solo apre bocca è finita e non si trattiene più, annuisce, gira le spalle, prende le sue cose e segue docile e assorto il Mangia, senza neanche uno sguardo indietro.

Cavallo Pazzo si schianta sulla branda, si prende per un attimo la faccia tra le mani, poi scuote la testa come un cane e decide lì per lì che il primo stronzo che incontra, il primo fuori dal suo giro almeno, lo sfonda di brutto così almeno si sfoga.

Gigi cammina leggero verso il secondo capitolo della sua vita. Liberante. Libero.

CAPITOLO 14

Roma, molti anni dopo

«E questa?».

Occhi a fessura. Sguardi che mandano lampi. E la canna puntata pericolosamente verso di lui.

«Sei impazzita? Guarda che è carica». Gigi si sposta prudentemente dalla traiettoria di tiro ma Patrizia non molla la pistola.

«Adesso mi spieghi, per favore!».

Patrizia gira sui tacchi e fa per entrare in casa, Gigi la afferra per un braccio e la tira indietro.

«Ferma, restiamo qui...». Er Fringuello fa un gesto vago verso il cielo e poi indica le orecchie, una pantomima che significa "dentro ci sono le microspie".

Patrizia sbuffa ma si rassegna e resta dov'è, sempre con il revolver in pugno.

«Che cazzo ci fa una pistola in casa mia?»

«Ti metti a frugare tra le mie cose, adesso?»

«Non frugo tra le tue cose... Ho deciso di dare una lavata alla cuccia di Rufo, visto che tu non lo fai mai, e l'ho trovata nascosta sotto il pavimento, c'erano anche due scatole di munizioni. E non venirmi a dire che non ne sapevi niente, per favore, non credo che il cane ce l'abbia messa da solo».

Rufo fa un verso come se approvasse e guarda un po' stupito il padrone e la sua donna, consapevole della tensione che scorre tra loro. Sempre a litigare, 'sti due, mi sembrano matti.

Gigi sospira, scrolla le spalle e dà una sbirciata preoccupata in lontananza ma il furgone è già scomparso. Da quella distanza gli sbirri in ascolto non possono aver visto l'arma o almeno lo spera.

«Sto aspettando, Gigi». La voce di Patrizia è di due ottave più alta del normale, allarme rosso.

«Senti... insomma, siamo in una zona isolata, sai che ci sono queste bande di romeni che fanno le rapine nelle ville, no?», tenta di spiegare Er Fringuello in un tono ragionevole, assertivo e rassicurante che gli viene malissimo. «La pistola serve per proteggerci, ecco, mi sento più sicuro».

«Tu sei completamente pazzo, Gigi! Sai che succede se te la trovano? Ti sei dimenticato che sei stato in galera perché hai ammazzato un poveraccio? Che sei pregiudicato per omicidio, cazzo?»

«Senti, per favore, non ricomincia...».

«No, sentimi tu! Come ti viene in mente di portare una pistola qui, a casa mia, senza nemmeno dirmelo? Vuoi che finiamo in galera tutti e due? Non ti sono bastati i sei anni che ti sei fatto? A casa mia, porcaputtana, e mi vieni anche a dire che ci sorvegliano, fantastico!».

«E abbassa 'sta cazzo di voce ché ti sentono fino a Roma», sibila Gigi allarmato, sospettoso, esasperato. «Ho capito che questa è casa tua, Pat, me lo ripeti cinque volte al giorno che sono solo un ospite, qui!».

«Adesso sei tu che urli... E mi spieghi dove ti sei procurato una pistola? Immagino che non sei andato a comprarla in armeria, visto che col cazzo che ti danno l'autorizzazione, no?»

«Amici, contatti... dai, non farne un dramma, è una stronzata», minimizza er Fringuello che non ha alcuna intenzione di dare spiegazioni.

«I tuoi amici delinquenti, no? Quelli che non hai mai smesso di frequentare, giusto? Perché è questo che sei anche tu, Gigi, un delinquente. Lo sei sempre stato e io, idiota, che mi sono andata a mettere con uno così».

Vittimista, lagnosa, delusa, adesso.

Gigi vorrebbe solo riprendersi la pistola. Ed essere da qualche altra parte, tipo Madagascar o Isola di Pasqua.

«Ascolta, Patrizia, mi dispiace... Non te l'ho detto per non spaventarti ma... davvero, l'ho presa solo per difenderci, per sentirmi più sicuro con tutti i pazzi che ci sono in giro. Ridammela, per favore».

Patrizia soppesa la Colt King Cobra .357 magnum, grossa e pesante, come se scottasse, e poi gliela allunga, riluttante, sconfitta.

«Adesso, per favore, fai una cosa per me. Mi ascolti?»

«Certo amore, basta che ti dai una calmata».

«La prendi e la vai a buttare. Al fiume, in un cassonetto, dove cazzo ti pare. Io non vengo, non voglio nemmeno sapere dove la butti, non voglio saperne più niente di questa storia, mi voglio fidare di te un'ultima volta. Giura».

«Cosa?»

«Giura che la butti e che non porterai mai più un'arma da fuoco in casa mia. E neanche droga o roba ricettata, già che ci siamo».

«Senti, amore, mica sono uno spacciatore o un ricettatore, io». Gigi mette su la smorfia da opossum offeso che di solito fa sciogliere Patrizia di tenerezza, ma stavolta non attacca.

«Non so più quello che sei, Luigi... Me lo sto chiedendo da un pezzo. E adesso giura, ma sul serio».

«Giuro. Contenta, adesso?». Gigi fa il saluto scout e un sorriso al limone.

«No, per niente. Di cosa dovrei essere contenta? Non fai altro che raccontarmi cazzate, tu e i tuoi segreti da criminale. Valla a buttare e facciamo finta che non l'abbia mai vista. Vai».

Gigi sente la rabbia che gli monta dentro e un pericoloso formicolio alle mani. Ma come si permette 'sta puttana ricca e viziata di dargli ordini? Poi riconosce i sintomi, capisce che se resta lì ancora cinque minuti finisce male, s'infila la pistola in tasca e se ne va, sempre con Rufo al guinzaglio. Il dobermann scodinzola, felice del supplemento inaspettato di passeggiata.

Patrizia piroetta sui tacchi ed entra in casa, camminando a scatti, rigida e legnosa come le Guardie Rosse in parata.

Er Fringuello vagabonda un po' a caso, respirando a fondo per darsi una calmata, con fantasie di tornare indietro, prendere Patrizia a schiaffi, farle capire chi comanda, rimetterla al suo posto. Poi arriva in paese a piedi, entra in una salsamenteria, compra un filone di pane casereccio, esce, prende la busta di plastica e torna sui suoi passi. Appena fuori dal centro abitato controlla che non ci sia qualcuno in giro, avvolge bene la pistola nella busta di plastica, cammina veloce verso la villa e si mette a perlustrare i dintorni, alla ricerca di un posto isolato dove il terreno sia abbastanza morbido da scavare una piccola buca a mani nude. Una scelta provvisoria, avrà tutto il tempo di trovare un nascondiglio più sicuro. Anche perché sa che la pistola gli potrebbe servire presto. Deve solo aspettare l'appuntamento di domani e saprà tutto.

Proprio oggi doveva lavare la cuccia di Rufo, 'sta rompicazzo.

«Chi vi ha detto di andarvene e lasciare il posto di sorveglianza incustodito?».

Il Contabile si stringe nelle spalle, fa la faccia da pesce in barile e apre bocca per giustificarsi, ma Angela gli dà immediatamente sulla voce.

«Io».

Tommaso guarda con severità il nuovo ispettore che ha già rivoluzionato il piccolo mondo della sua sezione. Angela ricambia l'occhiata con aria di sfida. Tosta è tosta. E… cazzo, quant'è bella.

Tommaso si resetta velocemente in modalità dirigente incavolato.

«E in base a cosa, se posso chiederlo?»

«In base al fatto che l'appostamento è bruciato. Il sospettato si è accorto di essere sotto sorveglianza e ha fatto in modo che lo sapessimo. Restare, oltre che inutile, era anche pericoloso, considerando i trascorsi del soggetto e la sua indole violenta. Avrebbe potuto perfino dar fuoco al furgone. Ad ogni modo mi assumo la piena responsabilità della mia decisione. Sono stata io a dare l'ordine in sua assenza, dottor Elleni».

L'ultima frase sa vagamente di rimprovero. Tommaso resta interdetto per qualche istante, riflette, considera, decide.

«Hai fatto benissimo, Angela, non aveva senso restare. Brava».

Il sorriso da pantera appagata di Angela gli s'infila dritto nell'anima e gli fa capire di aver fatto la cosa giusta: a farne il suo braccio destro e a gratificarla. Ci sono sbirri nati a cui, ogni tanto, bisogna lasciare le briglie sciolte, farli decidere di testa propria. Eccone una. Un altro è lui, Tommaso.

«E adesso, se mi permette, dottore, proporrei di tornare sul posto con un altro mezzo, tenendoci magari più a distanza perché ho l'impressione che il Morani stia per muoversi».

«Cosa te lo fa pensare? Ha fatto qualcosa di sospetto?»

«No, diciamo che è molto cauto e che si tratta, più che altro, di una mia impressione, dottor Elleni». Angela pronuncia nome e qualifica con una impercettibile sfumatura di ironia. «Mi è sembrato di cogliere una certa tensione nei suoi movimenti... anche il fatto che si sia scoperto in quel modo, che ci abbia provocati apertamente, non so, mi fa riflettere».

«In che senso, Angela?».

Avrebbe dovuto dire "ispettore Blasi", ma ormai gli è scappata. Il Contabile, impalato e silenzioso, dà l'idea di godersi un mondo queste schermaglie al fioretto. Se continua così, Radio Serva questura avrà parecchio da commentare.

«Be', dottore, da un criminale di quel calibro c'era da aspettarsi altro, almeno credo», continua Angela come una brava scolaretta sotto interrogazione.

«E cosa ti saresti aspettata?»

«Che avesse fatto finta di niente. Che magari avesse sfruttato la cosa per depistarci facendo la sceneggiata del santerellino. È chiaro che sa di essere intercettato perché, negli ultimi tempi, parla pochissimo, sia al telefono che in casa, dice solo banalità e s'incazza perfino di meno con la sua compagna, ma perché costringerci ad abbandonare la postazione? Se non ha nulla da nascondere ha poco senso...».

«E quindi?»

«Quindi non ci vuole tra i piedi. Il perché non lo so, ma è un ottimo motivo per stargli alle costole, direi».

Tommaso approva. Tutte cose che avrebbe dovuto dire lui, visto che è il dirigente.

«Sono d'accordo, ispettore. Allora prendete la Punto e un paio di binocoli e tornate sul posto. Mi raccomando, tenetevi a distanza e non fatevi svagare, stavolta».

Il Contabile fa per protestare, perché il turno di servizio sta per finire e, soprattutto, perché non è colpa di nessuno se la balena, come viene chiamato il furgone in gergo, è stata scoperta. Succede quando bisogna tenersi nelle vicinanze per motivi tecnici. Forse un giorno inventeranno microspie che trasmettono a chilometri di distanza ma per adesso questo è quello che passa il convento, lui è stanco, non vede l'ora di smontare e...

Poi lascia perdere, sospira e segue Angela in garage.

«Esco».

«Dove vai?»

«In centro».

«A fare?»

«Devo vedere una persona».

«Quando torni?»

«Prima di cena».

«Hai fatto... quella cosa?»

«Sì».

«Vabbè, allora ti aspetto per cena... Ti va il pollo arrosto?»

«Sì, ciao».

«Ciao amore».

«Eccolo».

Angela si rannicchia come una fidanzatina amorosa tra le braccia del Contabile che emette un verso strozzato e, con estrema vergogna, si ritrova paonazzo. Poi, legnosamente, riesce ad abbracciarla nell'abitacolo della Punto per nascondere il viso di entrambi.

La Enfield passa accanto alla macchina parcheggiata davanti alla villa con un rumore da trattorino agricolo.

«Gran moto», balbetta il Contabile mentre accende il motore, felice di avere qualcosa da fare e da dire per tentare di superare l'imbarazzo. Fronte imperlata di sudore. Fremiti inconfessabili. Una figuraccia da andare a nascondersi, ma mica gli hanno insegnato come ci si scambiano finte effusioni con una collega, al corso di formazione. Anche perché le donne in polizia, a parte qualche sparuta, invisibile pattuglia del reparto femminile, non c'erano proprio. Bei tempi… forse.

«Tieniti a distanza, mi raccomando». Il sovrintendente segue, obbediente, la motocicletta che procede lungo la Flaminia a un'andatura da bicicletta a pedalata assistita. Evidentemente er Fringuello ha deciso di godersi la passeggiata o, magari, la Enfield ha qualcosa che non va e vuole risparmiare il motore, ma pedinarlo senza farsi scoprire, a cinquanta all'ora scarsi, è difficilissimo.

«Dici che se n'è accorto?». Peluzzi fa la domanda solo quando capisce di essere in grado di parlare con un tono normale. Quasi.

«No, è impossibile… Comunque lo scopriremo al semaforo».

La grossa moto s'avvicina a un incrocio nel momento in cui scatta il giallo.

Se aspetta il rosso e brucia il semaforo di scatto è andata male. Classica tecnica di chi vuole seminare qualcuno. O vedere se l'auto sospetta lo segue, cosa che equivale a una conferma.

Angela e il Contabile trattengono il fiato. Quindici metri, dieci, cinque… No, er Fringuello, disciplinatamente, si ferma e aspetta il verde. La Punto lascia passare un paio di auto e continua a tenergli dietro.

«Fortuna che c'è poco traffico, sennò con la moto l'avremmo già perso». Angela grugnisce qualcosa di inintelligibile e fa gli scongiuri. Sarebbe una fregatura colossale, dopo la fortuna di arrivare davanti alla villa neanche mezz'ora prima della comparsa del sospettato.

«Avverto il capo?». Il Contabile fa per prendere il microfono della macchina ma Angela lo stoppa al volo.

«Lascia, se lo vede siamo bruciati. Magari sta guardando continuamente negli specchietti… Vediamo dove va».

Gli dèi del traffico, stavolta, sono benigni. Moto e macchina a rimorchio proseguono su corso Francia, arrivano sul lungotevere, continuano verso il centro storico, passano un ponte, s'infilano su corso Vittorio, girano a destra verso Campo de' Fiori.

Peluzzi sta attento a non avvicinarsi troppo e a lasciare sempre due o tre auto tra la Punto e la Enfield, tenendo sempre il motore su di giri, pronto a un eventuale scatto se er Fringuello dovesse cercare di sganciarsi all'improvviso con un'accelerata assassina.

«Complimenti, sei bravissimo, si vede che hai esperienza di queste cose», lo vezzeggia Angela. Il sovrintendente avvampa tanto da sfiorare l'autocombustione.

«Ecco, si ferma». Gigi Morani scende dalla moto, la blocca con un catenone da quindici chili (questa città è piena di delinquenti) e prosegue a piedi, elegante nei suoi Levi's aderenti sotto un rennino marrone chiaro.

I due sbirri mollano la Punto alla chissenefrega e lo seguono. Er Fringuello arriva davanti a un bar, scruta tra i tavolini, saluta.

La donna che si alza e lo abbraccia è uno spettacolo.

«Porcocazzo ma chi è quella? Oh, scusa...», balbetta il sovrintendente.

«No, il porcocazzo ci sta tutto... Siamo sicuri che sia una donna?».

Dante Peluzzi guarda meglio mentre Angela gli appoggia la testa sulla spalla continuando la sceneggiata dei fidanzatini di Peynet. Il poliziotto tenta disperatamente di concentrarsi sulla coppia che, dopo baci, convenevoli e sorrisi, si è seduta in attesa del cameriere.

«È una donna, anche se sembrano due», conferma il Contabile dopo un'altra, lunga sbirciata.

Una donna con l'aggiunta. Alta minimo 1,78, non meno

di ottanta chili al risparmio, una massa selvaggia di capelli ala di corvo, un viso che sembra tagliato col Black & Decker e che pure, stranamente, non manca di un certo fascino. Grandi occhi lampeggianti, naso da sceicco arabo, zigomi forti, mascella da pugile, bocca smisurata, labbra carnose e sensuali, il tutto assemblato in modo tale da sembrare un mix tra una caricatura di *femme fatale* e il personaggio di un manga. Anche a distanza, la donna, tra i quaranta e i cinquanta, emana un'aura di aggressiva sensualità e di violenza incombente. La figura massiccia, ma non grassa, ha qualcosa di provocante, di esagerato: grandi seni, grandi fianchi, grandi spalle, grandi mani. Tutto eccessivo, tutto estremo. La risata a una battuta del Fringuello si sente fino a piazza Farnese.

«Non mi dire che va a letto con quella... Con una compagna così bella», mormora Angela, con un improvviso empito di solidarietà femminile per Patrizia Bolognesi, che non ha mai visto in vita sua. Uomini uguale maiali, è risaputo anche se qualcuno... qualcuno coi baffi e l'aria da sciupafemmine... Lasciamo perdere e pensiamo a lavorare.

Poi si ricorda che ha qualcosa da fare e, sotto lo sguardo stupito del Contabile, tira fuori dalla borsa una piccola Nikon automatica.

«Amore, mettiti qui, sotto il monumento a Giordano Bruno, ti voglio fare una foto», cinguetta aggiungendo un bacetto sulla guancia del Contabile tanto per dargli il colpo di grazia.

Il sovrintendente, disinvolto come un bue in una cristalleria, si posiziona pensando alla buonanima di papà morto, ai brutti voti che prendeva in matematica, alla volta che s'è fratturato il perone sul campo di calcetto, insomma a tutto quello che può distrarlo e bloccare sul nascere quel maledetto movimento tellurico bassoventrale.

Menomale che oggi s'è messo i pantaloni larghi di velluto.

Angela inquadra, scatta, inquadra, scatta ancora fingendo di fotografare il collega mentre, in realtà, sta collezionando primi piani della gigantessa destinati all'archivio. Se ha precedenti ci vorrà poco a capire chi è, anche perché ormai sembra chiaro che i due non hanno intrallazzi di cuore o di sesso. Il loro atteggiamento rilassato, ridanciano, con qualche risata e qualche pacca sulle spalle e poi, improvvisamente, assorto, complice, confabulativo e cospiratorio lascia pochi dubbi: affari, amicizia o qualcos'altro, niente tenerezza, niente effusioni, niente occhiate languide o seduttive. Angela lo sa, lo sente, potrebbe giurarlo: quei due stanno combinando qualcosa di losco, un piano, un messaggio occulto da trasmettere, un colpo da organizzare. Qualsiasi cosa sia, di sicuro è elencata in un articolo del codice penale. E, a conferma delle sue supposizioni, dopo neanche mezz'ora la maxidonna si alza, saluta, raggiunge uno scassatissimo Vespino e riesce a metterlo in moto al settimo tentativo, spargendo fumo dalla marmitta che neanche una betoniera.

Er Fringuello resta al tavolino a fumarsi una sigaretta e ordina un secondo Campari soda.

Angela si precipita a cercare un telefono pubblico per chiamare Elleni e chiedere rinforzi per il pedinamento. La Punto è stata troppo tempo in vista, ci vuole un'altra macchina e, magari, qualche polizotto motociclista in grado di mettersi alla ricerca della gigantessa, se non s'è allontanata troppo.

Il telefono lo trova in un bar. Solo che è occupato.

«Domenica je famo tre pallini... cazzo stai a dì? Nun gioca? Ma sicuro che gioca, che stronzata a Ma... er menisco?

Ma quello sta mejo de te e de me artro che menisco... si poi er mister inziste co' la marcatura a uomo...».

Angela non ha voglia di sorbirsi l'intera puntata di *Tutto il calcio minuto per minuto* che potrebbe durare qualche ora e fa una cosa che detesta fare: prende il tesserino, picchietta insistente sulla spalla del tizio e quando quello, come prevedibile, si gira con la faccia da vaffanculo glielo mostra di sguincio.

Il tizio molla il telefono senza manco salutare l'interlocutore e trotta via mugugnando qualcosa sulle guardie infami che rompono il cazzo anche quando stai a fa' una bella chiacchierata col tuo picchettaro preferito del totonero.

CAPITOLO 15

Roma, molti anni prima

Welcome home, Gigi.

Niente festoni all'americana o cartelli di bentornato disegnati a pennarello, che volgarità, ma l'atmosfera è quella. Baci, abbracci, qualche lacrima, i genitori che traboccano di felicità. Rina, la vecchia tata umbra, si scioglie in singhiozzi. Mary, la nuova domestica messicana (con cui la tata ha instaurato una guerra silenziosa fin dal suo arrivo), impalata nel grembiule bianco con crestina con un vassoio di stuzzichini in mano, l'impassibile faccia da india congelata in un mezzo sorriso, guarda sbalordita quello strano personaggio piombato da un altro pianeta.

Il professor dottor Alberto Morani esita un attimo, poi abbraccia virilmente il figliol prodigo, per scostarlo subito dopo e rimirarlo da capo a piedi nascondendo, con uno sforzo immane, una smorfia di disapprovazione.

E questo coatto sarebbe mio figlio? Che gli hanno fatto, in carcere?

Il professor Morani ha la faccia da chirurgo estetico, il fisico da chirurgo estetico, l'abbigliamento da chirurgo estetico. Cinquantotto anni, mascellone mussoliniano, lampadato, tonico, fisicato a forza di palestra e squash e mountain bike, griffato dalla testa ai piedi, un orologio Officine Panerai più grosso del tachimetro di una moto che gli scintilla al polso.

La contessa Daniela Lezzi di Sarpignano in Morani piange a dirotto come ogni brava mamma deve fare quando il figlio torna a casa dopo sei anni e, vabbè, sarebbe meglio se fosse stato a fare un master di ingegneria aerospaziale a Washington, piuttosto che di delinquenza a Rebibbia, ma ormai è andata così e, stranamente, la sventura di un rampollo terrorista e assassino non le ha tolto la corona di principessa della mondanità romana, anzi, le ha creato attorno un'aura di sventura, di rassegnazione e di resilienza che l'ha resa ancora più popolare («Poverina, che disgrazia, ma come ha reagito, che forza d'animo e poi, diciamocelo, i ragazzi d'oggi sono così, se credono in un ideale si buttano senza rete e magari ne combinano di brutte ma in fondo i princìpi di Luigi... se non altro non è diventato drogato o comunista»).

Asciutta come un'aringa, liftata, rilucente di gioielli, elegante come la direttrice di una maison di moda nel suo semplice abito scuro da tre milioni e mezzo, perfetta per un ruolo da coprotagonista in *Dinasty*, si riprende in fretta per fare quello che le riesce meglio nella vita: gli onori di casa.

«Amore mio, bentornato tra noi, è finita, finalmente...», cinguetta estasiata «Ma siediti, caro, mettiti comodo, ci vuole un brindisi». La famigliola felice s'accomoda sull'imponente divano Frau, gambe accavallate, espressioni standard, mentre Mary serve le flûte di Dom Perignon e le tartine di pesce di Antonini. Un bicchiere tocca anche a Rina che, però, resta in piedi mentre la messicana, ovviamente, non è neanche considerata. Ci mancherebbe altro.

«A Gigi», intona il padre con il miglior tono da congresso di chirurgia estetica.

«A Gigi», scandiscono di rimando mamma e tata mentre er Fringuello alza silenziosamente il calice con un mezzo sorrisetto imbarazzato, scola lo champagne d'un sorso, schiocca la lingua in segno d'approvazione, si riempie il bicchiere di nuovo, butta giù anche quello e si rilassa con un bel ruttino, di quelli che facevano la felicità di Rina quando aveva tre anni.

Solo che adesso ne ha ventidue e non sta bene, neanche un po'.

Gelo.

Donna Daniela è così sconcertata che allunga la mano a caso verso il vassoio di tartine, ne agguanta una all'ostrica e maionese e se la caccia in bocca prima di ricordarsi di essere mezza anoressica.

Gigi se ne sgargarozza cinque di seguito, masticando a bocca aperta, quasi senza sentire il sapore.

Visita guidata dell'attico di via Barnaba Oriani, trecentocinquanta metri quadrati più centoventi di balcone dove Gigi è nato e cresciuto. Ti piace la nuova cucina? Guarda un po', abbiamo rinfrescato il salotto, il tappeto è nuovo, un Royal Bukara autentico, tesoro, qua c'è la sala fitness di papà con lo step, il *climber*, il *cardio glide*, se vuoi ti ci puoi allenare, vero, caro, che gli permetterai di usare i tuoi attrezzi quando sei in clinica e, dai, ecco la tua stanza, non abbiamo toccato niente, è esattamente com'era quando... insomma, quando te ne sei andato.

Gigi, un po' frastornato e inciocchito, contempla il letto a una piazza, il poster della Roma, la coppa del torneo juniores di tennis e si chiede perché, tutto sommato, quella cameretta da bambino ricco gli sembri quasi meno accogliente della cella che divideva con Cavallo Pazzo.

Nostalgia della galera. Sembra assurdo ma capita, soprattutto per chi s'è fatto parecchi anni di sole a scacchi, e sei non sono mica pochi.

«La signora è servita». Mary, impacciatissima, sussurra la formula rituale di galateo domestico per annunciare che la cena è pronta, senza smettere di occhieggiare di nascosto quel ragazzone col codino, il giubbetto di jeans slavato e consunto e i lineamenti da rapace che sembra il cattivo di un film e, accidenti, quant'è bello.

Linguine all'astice, filetti di rombo al forno con patate, insalata mista, gelato con pere cotte e colata bollente di cioccolato fondente.

Papà mangia di gusto.

Mamma pilucca con la tabella calorica in testa.

Gigi s'ingozza senza ritegno, mastica, sbrana, chiede il bis e a un certo punto, accaldato, sudato e mezzo sbronzo, s'alza, si leva il giubbotto di jeans che ha tenuto addosso come un maglione e resta in maglietta nera con la scritta bianca "Non mi avrete mai come volete voi".

Orrore.

Alberto Morani quasi si strozza alla vista dei tatuaggi che ricoprono completamente spalle e braccia del suo unico figlio e, per qualche istante di meravigliosa ingenuità, spera che siano fasulli, fatti con la biro, una specie di monelleria, uno scherzo infantile per scandalizzare i genitori, ma poi la competenza professionale ha la meglio e deve riconoscere che, ahimè, sono veri. Deglutisce a fatica, manda giù la cucchiaiata di gelato divenuto improvvisamente amarissimo, beve un sorso d'acqua, si schiarisce la voce e trova la forza di accennare alle due sciabole, sormontate da un teschio con la cicca in bocca sull'avambraccio destro di Gigi, ultimo capolavoro che si è fatto fare poco prima di uscire.

«Ehm... sai, te li posso togliere facilmente, col laser. Non ci vuole niente, un paio di sedute in studio e non si vedrà più neanche l'ombra».

Gigi lo guarda con l'espressione "cazzo stai a dì?".

«Me piaceno, a Pà, mica li vojo cancellà, me so' costati 'na cifra».

Daniela Lezzi di Sarpignano in Morani si domanda che lingua stia parlando Luigi.

Alberto Morani si ricorda dello schiaffetto sulla bocca che rifilava a Gigi ogni volta che gli scappava una parola in romanesco, solo che se ci riprova adesso è capace che questo mezzo delinquente *made in jail* gli scardini il mascellone mussoliniano a capocciate.

La cena si conclude in un imbarazzo glaciale, tra rumori di masticazione e borborigmi eroicamente ignorati, accenni di conversazione spenti sul nascere, occhi al cielo, sospiri di disapprovazione ma, se non altro, senza vittime. Alberto Morani rinuncia, pragmaticamente, alla proposta di accompagnare il figlio la mattina dopo dal barbiere per restituirgli un aspetto vagamente presentabile.

«Mà, Pà, sto 'm piedi da stammatina, me ne vado a dormì», annuncia er Fringuello stiracchiandosi, fa un cenno di saluto ai genitori, va in cucina a stampare un bacione sulla guancia lacrimosa della tata, si trattiene a fatica dall'allungare una palpatina al culo della messicana che tutto sommato, nonostante la faccia da Toro Seduto, è un peperino e l'attizza, chiude la porta della camera a doppia mandata e ripassa mentalmente l'appuntamento del giorno dopo.

Magari rimedio pure un po' de fumo o magara de coca, mejo, che me prude er naso da quanto c'ho voja de 'na pista.

Il professor Alberto Morani e la contessa Daniela Lezzi di Sarpignano in Morani restano sul divano Frau a guardarsi in faccia, attoniti e, più tardi, a bisbigliare indispettiti e polemici fino a notte fonda.

Via Veneto. Esterno, notte.

Er Fringuello indugia sulla porta del locale e si domanda

se ha scelto l'abbigliamento giusto. Sei anni di carcere, soprattutto se ci sei finito quando ancora ti facevi la barba una volta alla settimana e non avevi ancora superato l'età dello sviluppo, non sono il massimo per tenerti aggiornato sulle ultime tendenze della moda. Gran parte del guardaroba, oltretutto, non gli entra più e non ha avuto ancora il tempo di rinnovarlo. Alla fine ha optato per il paio di Levi's 501 meno terremotati che ha, una camicia celeste, un anonimo maglioncino blu da marinaio e un paio di Clarks Desert Boots. Perfetto look da pariolino, completato da un loden che, ormai, gli va stretto di almeno due taglie.

Gli basta restare cinque minuti in strada per capire di aver toppato alla grande.

Gli uomini che entrano nel Carousel, con la disinvoltura degli *aficionados*, sono tutti in giacca e cravatta. Completi blu o gessati, cappotti di cachemire o di cammello, qualche giaccone di montone rovesciato, scarpe così lucide che sembrano riflettere le luci dei neon di via Veneto che, alle 23:30 di venerdì, comincia ad animarsi della sua fauna di nottambuli. Le donne che ticchettano sui tacchi a spillo al braccio dei loro accompagnatori sono semplicemente spaziali e Gigi si costringe più volte a distogliere a forza lo sguardo da un paio di polpacci snelli e torniti, inguainati dalle calze di seta con la riga dietro, da un sedere ondeggiante, da un seno prorompente, da movimenti sinuosi e promettenti sotto una gonna aderente con spacco assassino, per evitare che qualcuno s'incazzi e finisca male.

Dal lato opposto della strada, due tizi con grosse borse da fotografo a tracolla e l'aria annoiata ma vigile allo stesso tempo fumano, stravaccati sulla fiancata di una vecchia Renault. Paparazzi in attesa di uno scoop, probabilmente avvisati in precedenza dal titolare del night su qualche volto noto in arrivo. Molto spesso le flesciate sul grugno di qualche attore, attricetta, presentatore o soubrette finiscono in rissa, con fotografo inseguito, strattonato e malmenato e la macchina fotografica distrutta e, altrettanto spesso, si tratta di sceneggiate organizzate da agenti furbastri per rendere le foto più movimentate e più pagate.

Stavolta, però, niente risse. Un tizio pomposo e cicciotto, con la faccia da bambinone ipernutrito, aspetta di farsi raggiungere all'entrata, a fianco di una tardona cotonata che fa finta di avere vent'anni di meno, i paparazzi trottano, scattano, salutano educatamente "buonaserata, vicesindaco" e se ne tornano alla loro postazione scuotendo la testa con un'espressione tutta romana sul viso che dice "e 'sti cazzi der vicesindaco, sai chi se ne fotte di quello e de su' moje, sta 'strappona?".

Er Fringuello si sente a suo agio più o meno come quando è entrato a Regina Coeli dal minorile, cioè zero, e comincia a considerare l'idea di tornarsene a casa, saltare l'appuntamento e ripresentarsi, magari, la sera dopo vestito con qualcosa che non lo faccia sembrare un parcheggiatore a una festa di nozze ma, semplicemente, non può. Cavallo Pazzo non gli ha dato un recapito della persona che lo sta aspettando nel locale, solo un nome, un indirizzo, un avvertimento. «Nun fa lo stronzo, comportate bene e dije sempre de sì, qualunque cosa te chieda... E ricordete, per me è un fratello, pe' te po' esse un padre si te lo meriti».

Ecchissarammai... er papa?

Quasi. In certi giri, sicuramente, conta di più.

Er Fringuello fa un respirone stile Enzo Maiorca prima di un'immersione in apnea, recita mentalmente il mantra del coatto, "chissenefrega", ed entra.

La ragazza del guardaroba, una bruna lussureggiante strizzata nel tailleur scuro, lo accoglie con un sorriso e un'occhiata che gli fanno venire voglia di restare lì, in estatica contemplazione, tutta la notte.

Dentro, luci soffuse, fumo, cicaleccio in sottofondo che non riesce a coprire la voce del cantante al piano, un tizio col riporto e il collettone anni Sessanta che fa il verso al Califfo mentre intona, con voce cavernosa da fumatore compulsivo, *Secondo me l'amore*.

> Ne ho conosciute tante de mignotte
> Ma te lo giuro, tu le batti tutte
> So' anni che te rotoli in quer letto
> E nun t'addormi mai senz'avè fatto
> Lavoro e butto sangue tutto er giorno
> E tu nun vedi l'ora che ritorno
> Mica pe' dimme «caro, com'è annata?»
> Ma pe' collezionà 'n'antra scopata…

Er Fringuello resta in piedi, spaesato, a guardarsi intorno cercando di non sembrare troppo a disagio, poi si risolve a rivolgersi a una delle donne sole che volteggiano nel locale spargendo in giro profumo e sex appeal. Gigi non è mai stato in un posto del genere ma ne ha parlato abbastanza con Cavallo Pazzo per sapere chi sono: *entraîneuses*, una via di mezzo tra prostitute, geishe, accompagnatrici per turisti o uomini senza compagnia. Ti seducono, ti intrigano, ti fanno bere, ti spingono a ordinare champagne, collezionano i tappi delle bottiglie che presenteranno al titolare del locale a fine nottata per incassare la percentuale. Se hai abbastanza soldi, fascino o potere puoi portartele a letto, ma la cosa non è scontata né tantomeno compresa nel prezzo del biglietto o della contrattazione. Ai clienti di maggior riguardo, spesso, vengono concesse gratis, offre la casa.

Er Fringuello si ricorda da quanto tempo non va con una donna, un calcolo abbastanza semplice: tutta la vita.

È entrato vergine al riformatorio, con qualche esperienza di pomiciate bagnate con le riottose e levigate ragazzine dei Parioli che oltre la sega non vanno e stop. Il carcere non è esattamente il luogo giusto per le iniziazioni sessuali, quelle etero, almeno.

La bionda longilinea e rapinosa a cui si rivolge ascolta il nome che Gigi è costretto a urlarle nell'orecchio per farsi sentire e cambia subito espressione: da altera e leggermente sdegnosa dopo aver sbirciato l'abbigliamento del Fringuello a cerimoniosa fin quasi al servilismo.

«Ma certo che lo conosco, tesoro, vieni, ti ci accompagno io», squittisce.

Er Fringuello segue un deretano che sembra danzare fino a un séparé piazzato un po' più in alto della pista da ballo e della postazione del pianista, stando attento a non scivolare sul pavimento che sembra di vetro e che rilancia dal basso le luci stroboscopiche, s'inerpica per quattro gradoni e intravede, di sfuggita, la faccia paonazza di un politico democristiano che frequentava spesso casa sua quando era ragazzino e che non lo riconosce o finge di non riconoscerlo.

L'uomo che gli si para di fronte con la mano tesa ha un sorriso da cardinale e uno sguardo da assassino. Non molto alto, snello, elegantissimo nel completo antracite, camicia rosa tenue, cravatta in tinta, polsini con un'ancora in platino, Rolex d'oro massiccio. Ha l'aspetto, la postura, l'atteggiamento di chi non deve mai chiedere una cosa due volte ed è abituato a essere obbedito prima ancora di aver finito di dare un ordine. La gentilezza un po' sussiegosa del vero potere, che non ha bisogno di ostentazioni, la falsa, autocompiaciuta bonarietà di chi comanda sul serio.

Come un certo politico con la gobba, tanto per intenderci, quello della frase memorabile "Il potere logora chi non ce l'ha".

«Sei er Fringuello, immagino».

«Sì, Luigi Morani, molto piacere». Gigi resta un attimo in bilico tra il lei e il tu e l'altro lo trae d'impaccio con eleganza.

«Silvio Allevi, piacere mio. Puoi chiamarmi er Fichetto, lo fanno tutti... Vieni, siediti, bevi un po' di champagne, mi hanno parlato molto bene di te».

CAPITOLO 16

Roma, molti anni dopo

Terry guida il Vespino come fosse una Kawasaki 900, fregandosene di fregnacce inutili come semafori rossi, attraversamenti pedonali, precedenze da rispettare, svolte da segnalare. Corre e basta. Il piccolo motore da 50cc, elaborato a 75 dal meccanico amico, raggiunge gli ottanta all'ora cigolando, sussultando e vibrando come fosse sul punto di smontarsi da solo da un momento all'altro. Lei non molla un attimo la mano dal gas, sfreccia a tutta manetta sulla Casilina, s'insinua tra le macchine in fila, sorpassa in contromano, sfiora un camion, risponde con un vaffanculo al gestaccio del conducente, rischia di travolgere i passeggeri che scendono da un bus e arriva, miracolosamente incolume, davanti a una pescheria di via Palmiro Togliatti.

Terry scende lasciando le chiavi attaccate come fa sempre visto che chi se lo frega 'sto cesso?

Se qualche incauto nuovo della zona provasse a rubarlo gli amici di Terry lo beccherebbero subito, lo gonfierebbero di botte e lo costringerebbero a restituirlo, magari riparato e rimesso a posto come multa per lo sgarbo. È già successo.

Pino, il genero, la vede arrivare e inalbera un sorriso di circostanza anche se, come ogni volta che si ritrova a tu per tu con la suocera, sente un vago rimescolamento di strizza alla bocca dello stomaco. Stavolta ancora di più.

«Ciao Terry, le voi du' sogliolette belle fresche, appena arivate, profumeno di mare...», la accoglie giovialmente asciugandosi le mani sul grembiale che porta ai fianchi.

Pessima idea, stare con le mani abbassate a distanza di sberla.

Il ceffone lo scaraventa su una pila di cassette di polistirolo, a gambe all'aria come se gli avessero sparato con una .44 magnum. Catastrofe di sogliole, rombi, merluzzi, tranci di pescespada e crostacei vari.

Pino tenta di rimettersi in piedi, slittando sul pavimento scivoloso. Terry lo rimanda lungo disteso con una pedata in piena pancia, poi si guarda attorno alla ricerca di un corpo contundente qualsiasi, non lo trova e, alla fine, agguanta per la capoccia un polpo di tre chili e fa sibilare i tentacoli come un gatto a nove code.

«A Terè ma...».

Ciaf, polpata in pieno viso. Un male cane. Pino si porta la mano alla guancia sinistra e Terry doppia al volo con una sferzata tentacolare su quella destra.

Pino si accascia mugolando qualcosa. Terry lo fustiga per un bel po' col polpo che rischia di sfuggirle di mano, ripiega su un bel grongo lungo almeno trenta centimetri e lo abbatte sulla zucca del genero come un manganello.

Pino vede le stelle ma non è ancora niente. La grongata successiva lo coglie al collo, proprio sotto la nuca, colpo del coniglio o *shuto* di karate, come preferite.

Pino va giù e, come un pugile sconfitto, decide di restarsene a terra per il conteggio completo visto che se prova a rialzarsi quella lo smonta come il meccano del ragazzino.

Due vigili urbani che stanno facendo il giro dei negozi vedono il parapiglia, affrettano il passo, fanno per intervenire, si rendono conto di chi è la virago che sta maciullando il pescivendolo, si scambiano uno sguardo d'intesa e una spallucciata e cambiano strada.

Terry allunga un'altra pedata al genero, raggomitolato sul pavimento in posizione fetale in mezzo a un'ecatombe ittica, poi lo afferra per i baveri e lo tira su di peso come fosse un bambino di cinque anni.

«Prova 'n'antra vorta a toccà mi fija solo con un dito e giurosuddio che t'ammazzo».

Rintronato, dolorante e maleodorante, Pino riesce a malapena a fare cenno di sì con la testa.

«Semo intesi, pezzodemmerda? Si me tocca tornà qua perché l'hai rifatto sarà l'ultima vorta, pe' te, testadecazzo».

Ancora un cenno di sì, stavolta con un po' più di enfasi.

Terry molla il genero che si affloscia lentamente, visto che le gambe non lo reggono per le mazzate e la strizza. Fa per tornare al motorino, ci ripensa, raggiunge la Honda Hornet nuova fiammante di Pino, che la ama più di sé stesso, e la scaraventa a terra.

Rumore di metallo che sbatte contro l'asfalto e di vetri rotti.

Pino singhiozza come un bambino nella pescheria devastata.

Terry si raschia la gola, scaracchia con grande signorilità, rimonta sul Vespino e se ne va tranquillamente, lasciandosi alle spalle facce attonite, un genero in lacrime, uno scenario da tsunami e la sua reputazione di boss intoccabile ancora accresciuta.

«Porcocazzo, ma chi è 'sta mignottona? Ah, scusa Angela, m'è scappata».

Angela fa un gesto noncurante, è nata e cresciuta alla Magliana, fa la poliziotta e al turpiloquio c'è abituata fin da bambina. I suoi genitori strillavano come aquile e, quando litigavano, se ne dicevano di tutti i colori.

Tommaso Elleni contempla la foto che Angela ha fatto

stampare al laboratorio della scientifica appena tornata in questura, con un Contabile tossicchiante e imbarazzatissimo a rimorchio.

«Sei stata brava a portarti la macchina fotografica: adesso, se 'sta tizia ha precedenti, la identifichiamo subito», la gratifica Tommaso.

«Be', ho pensato che sarebbe stato meglio sapere con chi si incontrava e… in effetti l'ho già identificata».

Tommaso sgrana gli occhi.

«Già?»

«Be', non è stato tutto merito mio. L'ispettore Monti l'ha riconosciuta appena ha visto la foto. È una sua vecchia cliente da quando era in servizio al decimo commissariato. Nella sua zona è un personaggio che conta», si schermisce Angela.

Ci sono tre tipi di sbirri. Gli scansafatiche, quelli che dicono sissignore e obbediscono e quelli che prendono le iniziative, i migliori, anche se a volte vanno tenuti a freno.

Angela appartiene decisamente alla terza categoria e Tommaso comincia a pensare che sia meglio lasciarla fare. Sveglia, tosta, intraprendente. Forse un po' troppo intraprendente. Di sicuro non si fermerà al ruolo di ispettore, Tommaso la immagina la sera che si scervella sui libri di testo per il concorso da funzionario. Ma per adesso…

«Allora se magari me lo fate sapere anche a me… A meno che tu non sia andata direttamente dal dirigente a raccontargli le ultime novità».

«Non mi sarei mai permessa, capo, io riferisco a lei». Lo sguardo da monella di Angela ha qualcosa di ironico e qualcosa di… la voce come una carezza. Tommaso sente un fremito pericoloso e rientra immediatamente in modalità sbirro.

«Brava, allora riferisci, chi è 'sta gigantessa?»

«Colesi Teresa detta "Terry", classe 1958, pregiudizi per rapina, armi, aggressione e spaccio», elenca Angela come una brava scolaretta che ha studiato per l'interrogazione. «Ma soprattutto è la sorella di...».

«Colesi Andrea, inteso Cavallo Pazzo». Tommaso fa schioccare il pugno destro contro il palmo della mano sinistra. Il puzzle, finalmente, inizia a prendere forma. «È il tizio che è stato in cella con Morani Luigi, quello che, secondo l'ex maresciallo della penitenziaria, era diventato una specie di mentore del Fringuello... Grande, Angela, bravissima davvero».

Angela fa le fusa come una gattina.

Tommaso si schiarisce la voce e prova l'improvviso impulso ad allentarsi il nodo della cravatta che, d'un tratto, gli sembra diventato un capestro.

«È lei la giarrettiera, ovvio», esulta con più enfasi di quanto vorrebbe.

«La che?»

«La giarrettiera. In gergo carcerario, quella che tiene i contatti tra un detenuto e il mondo esterno. Potrei scommettere un anno di stipendio che di recente è andata a un colloquio col fratellone e ha preso le direttive da riferire al Fringuello. Di sicuro Morani non si è fatto quasi trenta chilometri in moto per un aperitivo e un po' di cazzeggio con un'amica, quei due stanno organizzando qualcosa e dobbiamo muoverci alla svelta per bloccarli».

«Di che potrebbe trattarsi, secondo lei?». Anche Angela passa fulmineamente a un tono professionale, tutta rigore e deferenza.

«Un omicidio, ne sono sicuro».

«Posso chiederle perché?»

«Perché er Fringuello è un killer... È il suo mestiere. Ha ammazzato un uomo a sedici anni, forse è l'assassino di Allevi Silvio, er Fichetto, anche se non abbiamo ancora riscontri ma, di sicuro, adesso c'è qualcun altro da parcheggiare e dobbiamo impedirglielo», riassume Elleni.

«Scusi, dottore, ma se si trattasse di qualcos'altro? Un giro di droga, che ne so, qualche latitante da nascondere, armi da vendere o da comprare... perché pensa proprio a un assassinio?».

Tommaso fa segno di no, con la vaga impressione che Angela stia facendo scena e che in realtà conosca tutte le risposte in anticipo ma, comunque, gli sta fornendo un ottimo modo per riordinare le idee prima di andare a parlarne col capo della mobile.

«No, Angela. Morani Luigi non è uno spacciatore né un ricettatore e l'ho capito dai vostri appostamenti. Si muove pochissimo, non incontra gente, non frequenta pregiudicati. Se ne sta quasi tutto il tempo nella sua bella casa, sereno e tranquillo».

«Tanto tranquillo non direi, non fa che maltrattare quella poveraccia della sua compagna. Io l'avrei sfanculato da un pezzo... ah scusi, dottore, mi è scappata, in fondo sono una borgatara». Sorriso di scuse che non chiede scusa.

Tommaso la guarda dritta negli occhi e capisce che potrebbe perdercisi, quindi continua col ragionamento.

«No, niente droga e niente traffico di armi. A parte le baruffe domestiche, Morani è il classico meccanico, un assassino a pagamento da tenere buono nel suo angoletto nascosto e da tirare fuori quando ce n'è bisogno. Tutto sta a scoprire chi dovrebbe essere la prossima vittima. Continuate a stargli dietro, non lo mollate. Vado da Frati, chiamami lì... No, scusa, tu dovresti aver staccato da un pezzo».

«In effetti pensavo di andarmene a casa ma se...».

«Vai, vai pure, Angela e... ottimo lavoro, complimenti».

Il colloquio con Rino Frati, interrotto dalle mille telefonate che il capo della mobile riceve di continuo, dura più di un'ora.

Quando esce, con la testa piena di scadenze e piani operativi da perfezionare e attuare, Tommaso trova Angela ad aspettarlo.

Er Fringuello paga il conto del bar (mai una volta che quella tirchia di Terry si decida a offrire lei, con tutti i soldi che ha), controlla, prima di alzarsi dalla sedia, che il ferro infilato direttamente nella cintura dei pantaloni, alla messicana, sia ben nascosto sotto la felpa e il giubbotto e va a prendere la Enfield, con l'adrenalina che gli pompa nelle vene.

Non ha un piano preciso ma non gli importa. *Munshin*, azione senza pensiero.

Vado a San Lorenzo, lo becco e, alla prima occasione, lo addobbo.

Terry è stata chiara, er Ciavatta va fermato subito, prima che faccia qualche cazzata.

«È fora de testa, Fringuè, da quanno è uscito da bujosa va in giro a dì a tutti che quarcheduno deve fa la fine der Fichetto, pace all'anima sua». Sorriso da coccodrillo, occhi che ammiccano. «Silvio 'o faceva lavorà, je passava un botto de sordi e mo quello sta senza 'na breccola e incazzato nero… O fa er matto e addobba quarcheduno de noi oppuramente va dalle guardie e se la canta». Sguardo da crotalo dritto negli occhi di Gigi, lievissima carezza sulla mano in segno d'affetto anche se l'ordine è perentorio.

«Ce devi pensà tu… Sei accavallato?».

Gigi aveva fatto cenno di sì, portando istintivamente la mano al calcio del revolver.

«Allora è mejo che nun perdi tempo. Mo me ne vado, c'ho da risorve un problema co' mi genero. Leggo er giornale domani, vedo si ce sta 'na bella notizia e se sentimo… Se semo visti, bella Fringuè».

«Bella Terry».

Giuliano Croppi, 48 anni, alias "er Ciavatta". Sbrasone, chiacchierone, cazzaro, legatissimo al Fichetto da una devozione quasi canina. Er Fringuello se lo ricorda bene: in galera era tra quelli del gruppo di Cavallo Pazzo con cui aveva fatto più amicizia, uno dei pochi che, almeno all'inizio, non avevano storto il naso di fronte a quel ragazzino della Roma bene entrato, chissà come, nelle grazie del boss. Partite a briscola, lunghe passeggiate avanti-indietro all'ora d'aria, pippate di costosissima cocaina fatta passare dal Mangia. Al momento di uscire, emotivo e sentimentale come un neomelodico napoletano, aveva salutato Gigi con le lacrime agli occhi.

«Tra quarche mese dovrei sortì pure io, te chiamo appena esco».

Invece niente, neanche una telefonata, nemmeno un saluto. L'omicidio del Fichetto aveva cambiato tutto. Le alleanze si sciolgono, le amicizie finiscono e si trasformano in odio.

Adesso er Ciavatta è un morto che cammina. E toccherà al Fringuello piantargli una pallottola in testa.

La Banda si sta disgregando, la Banda non esiste più, la confederazione di gang che doveva regnare su Roma sta velocemente implodendo in una serie di conflitti personali e locali, soffiate, infamate, omicidi, vendette, ritorsioni.

Gigi Morani è il braccio armato di Cavallo Pazzo, uno dei pochi che conservano ancora potere e ascendente. Ha fatto la sua scelta e le resta fedele così come, in passato, è rimasto fedele all'idea della Rivoluzione Nazionale. E adesso ha un'altra missione da portare a termine. Requiem per er Ciavatta.

In sella alla Enfield, er Fringuello raggiunge San Lorenzo, parcheggia la moto davanti a un palazzo di via dei Marsi, mette gli occhiali scuri, si tira su il cappuccio della felpa, palpa il revolver pronto a estrarlo e a far fuoco. Aspetta.

Aspetta per ore, con la pazienza di un pitone.

La mattina diventa primo pomeriggio. Er Ciavatta non si vede. Gigi è pronto a restare in strada fino a notte, se necessario. Nessuno fa caso a lui, nessuno lo guarda con sospetto. Uno dei tanti tossici o spacciatori di strada in giubbetto e jeans che cominciano a far parte del paesaggio urbano del quartiere. Zona di studenti universitari, cassettari professionisti, vecchia mala capitolina: tutta gente che si fa i fatti suoi e detesta le guardie per diffidenza atavica. Gente d'omertà.

Er Fringuello sa che, se qualcuno assisterà all'agguato, le possibilità di essere descritto da un testimone volonteroso saranno infinitesimali.

Alle 16:30 il suo stomaco comincia a brontolare. Ha mangiato solo qualche stuzzichino insieme a Terry e la tentazione di andare al bar più vicino e spararsi un panino e una birra è fortissima, ma non si muove. Aspetta.

Una donna grassa e sciatta esce dal portone tenendo per mano un ragazzino di nove o dieci anni, che cinguetta come un passerotto, saltellando su un piede e sull'altro.

Subito dopo di lei esce er Ciavatta.

Er Fringuello fa per tirare fuori la pistola ma rinuncia. Non col ragazzino di mezzo. Croppi potrebbe essere armato e c'è il rischio di una sparatoria con madre e figlio sotto il fuoco incrociato. Gigi immagina il casino che farebbero giornalisti e sbirri se il bambino venisse colpito. Una cosa è l'assassinio di un barabba, in fondo le giuste se ne fregano, ma una vittima innocente in età prepuberale è un'altra faccenda. Troppo clamore. E una delle regole inviolabili del Fringuello è quella di non alzare troppa polvere.

Er Ciavatta saluta la donna e il ragazzino e sale su una Mercedes Classe A parcheggiata ostentatamente in sosta vietata. Er Fringuello si mette in tasca il revolver, sale sulla moto e lo segue.

Lo becco al primo semaforo rosso. Appena ferma mi affianco, gli sparo in testa, faccio una conversione a U e me la filo nella direzione opposta.

La sua tecnica preferita.

I semafori di Roma, per qualche strana alchimia, sono sempre rossi. Aspetti un'eternità, scatta il verde, riparti in fretta e al prossimo semaforo ti tocca fermarti di nuovo. Una volta c'era una cosa che si chiamava Onda Verde, ma chi se ne ricorda più? Oggi anche i semafori fanno di testa loro, ignorano le regole, se ne fregano di tutto e di tutti esattamente come la stragrande maggioranza dei romani.

Stavolta, però, è diverso. Er Fringuello tampina la Classe A tenendosi a distanza e rimpiangendo di non essersi messo l'integrale, pronto a uno sprint al primo stop della macchina. Niente da fare. Tutti verdi. E per una volta c'è poco traffico.

La piccola Mercedes imbocca la Tiburtina in direzione della tangenziale, poi rallenta e svolta a sinistra. Er Fringuello, cuore a mille, gli tiene dietro, aspetta che fermi davanti a un edificio lungo e cupo, infila la mano in tasca, impugna il revolver e, prima di estrarlo, lancia un'occhiata in giro e resta paralizzato.

Polizia di Stato, commissariato San Lorenzo.

L'infame, evidentemente, ha l'obbligo di firma, a meno che…

Er Fringuello reagisce con l'istinto di fuga classico dei malavitosi davanti alle divise. Gira la moto e scappa.

PARTE II

Poi viè l'arte, er diggiuno, la fatica
La piggione, le carcere, er governo
Lo spedale, li debbiti, la fica
Er zol d'istate, la neve d'inverno
E per ultimo, Iddio sce bbenedica
Viè la Morte e ffinisce co l'Inferno.

Giuseppe Gioachino Belli, *La vita dell'omo*

CAPITOLO 1

Roma, molti anni prima

Gigi apre la porta di casa e sale in camera sua cercando di fare meno rumore possibile. Il Rolex Submariner, regalo di bentornato dei genitori, gli dice che sono le 4:45 del mattino. Mezzo ubriaco, mezzo pippato, completamente distrutto.

Va in bagno, beve due bicchieri d'acqua fredda, piscia domandandosi se quella zoccola gli può aver attaccato qualcosa. Al ricordo della notte brava che ha appena passato sente un brivido di eccitazione e, al tempo stesso, un piccolo fremito di vergogna.

Non è stata una prestazione da far invidia a Rocco Siffredi ma, tecnicamente, non è più vergine. A ventidue anni non c'è molto da vantarsene e si domanda quanti dei suoi amici hanno già avuto lunghe storie di sesso e d'amore. Be', i suoi amici non hanno passato sei anni in galera, dove è già tanto se ne esci col culo ancora intonso. Quali amici, poi?

Si spoglia sbadigliando e scaraventando i vestiti a casaccio, poi si ricorda della busta, la toglie dalla tasca del loden, apre il cassetto del comodino, ci ripensa e la infila sotto il materasso, dove la tata o la colf difficilmente la troveranno.

Quindici milioni senza aver fatto niente. Quando, uscito dal locale, ha sbirciato il contenuto senza farsi vedere dall'*entraîneuse* è rimasto senza fiato.

«Questo è un regalino pe' te, divertite e magari comprate qualche vestito un po' mejo».

L'occhiolino del Fichetto, la pacca sulla spalla e il sorrisetto insinuante con cui l'aveva congedato l'avevano messo un po' a disagio, ma solo quando ha visto tutti quei soldi ha capito di essere stato ufficialmente arruolato nell'organizzazione.

Con che ruolo e per fare cosa deve ancora scoprirlo.

Serata caleidoscopica, serata esagerata, estrema, in cui er Fichetto l'ha coccolato, vezzeggiato, trattato come un principe senza mai neanche accennare ai suoi compiti futuri.

«Sei appena sortito da bujosa, a Fringuè, rilassate, sta' tranquillo, c'è tempo pe' parlà de lavoro», aveva tagliato corto. E allora una striscia qua, un calice di champagne là, una canzone cantata in coro a squarciagola, una pomiciata da venirsene nei calzoni con quell'*entraîneuse* che gli si era appiccicata come una remora e che, alla fine, er Fichetto gli aveva concesso con un gesto da imperatore.

«Portetelo a letto, Tamara, e fallo sentì in paradiso, è tanto che non intigne, 'sto pischello, poi, si resta soddisfatto, te faccio un ber regalo». Tamara aveva risposto con un cenno d'intesa e un sorriso lubrico, poi...

La Mini rosso fiamma coi sedili in alcantara. Tamara che guida, fuma, ciaccola e, all'improvviso, gli mette la mano sulla patta e comincia a smanacciarglielo. L'eccitazione, l'emozione, la paura.

L'alberghetto da quattro soldi col portiere di notte che prende le banconote in silenzio, porge la chiave, non chiede i documenti e se ne torna a sonnecchiare alla reception.

Lei che si spoglia e resta in reggicalze, calze velate, tacchi a spillo e sottoveste. Gran puttana.

L'erezione che stenta ad arrivare, troppo alcol, troppa coca, troppo tutto.

Tamara che lo porta al gabinetto, glielo tira fuori dalle mutande, piccolo, inerte, umidiccio, glielo lava coscienziosamente con l'acqua tiepida, forse anche per controllare che non abbia lo scolo o la sifilide, come parecchi carcerati, a forza di scambiarsi aghi o sodomizzarsi tra di loro.

Er Fringuello che si sdraia sul letto, chiude gli occhi, cerca di concentrarsi domandandosi che gli sta succedendo. In galera era capace di farsi due seghe di seguito su «Caballero» o «Playboy» che conosceva a memoria e adesso che ha una donna vera, sexy e troiona…

Lei che glielo prende in bocca e comincia a succhiare come un'idrovora.

Il terremoto improvviso, il pene che si alza come un missile dalla rampa di lancio, lo tsunami dell'orgasmo precoce in arrivo. Appena il tempo di sederglisi sopra e di infilarselo dentro, calda, bagnata, accogliente e Gigi esplode come un babbuino in foia.

«Ammazza che voglia che avevi, amore». Il bacetto sul collo, la carezza quasi materna, la sigaretta, poi un bis anche questo rapido, stentato, insoddisfacente. Mentre smaniava tra le cosce di Tamara er Fringuello si era reso conto delle rughe agli angoli dei suoi occhi, del seno un po' sfatto sotto il reggipetto a balconcino, della carne cedevole mentre le brancicava i glutei. Per godere aveva dovuto chiudere gli occhi e pensare a Miss Giugno, con quelle bombe grosse e sode come meloni.

Tamara aveva fatto il numero completo: gridolini, sospiri, orgasmo simulato, complimenti al grande stallone ormai entrato a pieno titolo nel meraviglioso mondo della fica. Insomma, il regalino del Fichetto se l'era guadagnato e aveva perfino insistito per accompagnarlo a casa con la Mini, salutandolo poi con un bacio da fidanzata.

«Vecchia zoccola», sbadiglia Gigi mentre, finalmente, s'addormenta.

Maglioncino di cachemire attillato grigio scuro, pantaloni di velluto nero griffati, scarpe Tod's, un braccialetto d'oro scintillante al polso destro, taglio di capelli made in Parioli, lunghi e scolpiti al rasoio.

E un appetito da bufalo.

Gigi finisce i tortellini alla panna, fa la scarpetta, chiede il bis con un gesto silenzioso-imperioso alla colf messicana (che se lo mangia con gli occhi), scola un bicchiere di Morellino.

Ruttone gorgogliante con pacca sullo stomaco. In Cina è considerato molto educato, un apprezzamento dovuto per il pasto. In casa Morani è roba da zulù.

Mamma alza un sopracciglio, occhi al cielo, papà stringe le labbra e si trattiene a fatica.

«Ti sei rifatto il guardaroba», constata, acido, mentre la domestica serve le piccatine al limone con patate al forno.

Gigi scrolla le spalle come a dire e a te che ti frega?

«Hai chiesto soldi a qualcuno? Se ne avevi bisogno potevi venire da me...».

«Non ne avevo bisogno», mugugna Gigi.

«Scusa, ma dove li hai trovati? Non lavori, non guadagni, chi te li ha dati?»

«Avevo fatto un prestito a 'n amico prima che mi blindassero, l'altro ieri me l'ha ridati e poi, in prigione, ho lavorato e ho messo da parte un gruzzoletto...», Gigi butta lì la prima cosa che gli viene in mente.

Due panzane così idiote da entrare nel Guinness dei Primati.

Silenzio tombale, rotto solo dal masticare di Gigi che continua a darci dentro come un orso appena svegliato dal letargo.

Alberto Morani tenta eroicamente di nascondere la disapprovazione verso quel figlio tamarro, irriconoscibile. Il suo unico figlio delinquente.

Daniela Lezzi di Sarpignano in Morani posa il cucchiaino sul piattino di gelato praticamente intatto.

«Tesoro, credo che noi dovremmo parlare», squittisce.

«A ma', so' bollito... C'ho 'na cecagna che mo m'addormo sur tavolo, non possiamo parlare domani?».

(Ma come parla? Questo deve tornare alle elementari. Mamma inorridisce al pensiero che qualcuna delle sue amiche possa sentire il lessico da zammammero del rampollo di famiglia).

Alberto Morani ha deciso che questa è la serata "diciamoci tutto" e non si fa scoraggiare.

«Gigi, scusaci ma così non si può andare avanti. Torni a casa all'alba, dormi fino a mezzogiorno, non si sa cosa fai e chi frequenti... Tua madre e io siamo preoccupati per te». Tono assertivo, comprensivo, conciliante.

«Nun c'è gnente da preoccupasse a Pà... Dopo sei anni ar gabbio, scusa, in prigione, insomma, come si dice in romanesco, sto a rifiatà, incontro qualche amico, annam... andiamo a magnà 'na pizza, facciamo due chiacchiere e magari tiriamo tardi, che male c'è? Aho, c'ho ventidue anni, mica dodici».

Daniela Morani sente che anche lei deve dire qualcosa, anche se, di sicuro, non quello che le viene in mente e posa la mano scarna e inanellata di diamanti su quella del figlio, in un gesto che le sembra molto materno.

«Ecco, appunto, caro... Hai ventidue anni e forse sarebbe il momento di decidere cosa vuoi fare».

«E che vojo fa'? Boh, intanto domattina me vado a segnà in palestra, che se continuo così divento 'na botte. In galera stavo bello tirato, co' la ginnastica, i pesi, il jogging in cortile, mi voglio rimettere in forma».

Mamma sente i due tortellini, il quadratino di carne e il cucchiaino di gelato che ha mangiato a cena in rivolta armata nello stomaco. Lezioni di italiano, galateo e comportamento urgenti e imprescindibili. Purtroppo è un po' tardi per spedire questo figlio intamarrito dritto al collegio militare. Coi precedenti che ha non lo prenderebbero nemmeno lì. Ad ogni modo, il piano è diverso.

«Ecco, io, cioè noi... intendevamo qualcos'altro. La palestra va benissimo, per carità, se vuoi ti diamo i soldi per la quota ma...».

«Ancora? Aritanga, non mi servonooo...».

«Non ti offendere tesoro ma volevo dire, cosa intendi fare nella vita?», pigola mamma.

«Non studi, non lavori. Sei un adulto, Gigi, devi scegliere la tua strada», rincara papà.

Mary, la colf messicana, guarda, ascolta e pensa che questi due sono proprio *cojones.* E lasciatelo in pace, così bello potrebbe diventare una star del cinema.

«Boh, quarcheccosa me inventerò, posso andare a dormire, adesso?». Gigi sbadiglia ostentatamente augurandosi che i due vecchi tacchini la smettano di rompergli il cazzo.

«No, Luigi, adesso ci ascolti». Alberto Morani passa al suo miglior tono da pubblico ministero, in fondo da ragazzo ha interpretato un magistrato in una recita scolastica e, finito il liceo, ha esitato a lungo tra la toga e il camice prima di optare per il secondo, decisamente più redditizio.

Gigi sospira e si rassegna. A casa ci sta bene, non gli manca nulla e tempo un mese ha giurato a sé stesso di scoparsi quel bocconcino esotico in grembiale e crestina che serve a tavola e non fa che sbirciarlo di sottecchi.

«E vabbè, parliamo, cheppalle, non ci facciamo notte, però», acconsente di malavoglia mentre si accende una sigaretta. Il tassativo divieto di fumare a tavola è passato in cavalleria.

«Vedi, Gigi, noi capiamo che tu stia passando un periodo... problematico. Non deve essere facile riadattarsi a... dopo che... ecco, insomma, hai capito», Alberto Morani sciorina il fervorino che aveva preparato per il figliuol prodigo. «Immagino che ti ci voglia un po' di tempo per scegliere la facoltà adatta per te, anche perché, prima, dovrai passare la maturità da privatista. Nel frattempo, però, tua madre e io abbiamo pensato che sarebbe giusto trovarti un lavoro, un'occupazione che ti permetta di guardarti intorno e magari di frequentare le persone giuste, l'ambiente al nostro livello...».

«E che devo fare? Leggo gli annunci sur «Messaggero»?»

«Non c'è bisogno, caro, figurati», cinguetta Daniela Morani, felice del fatto che il figlio non li abbia già mandati affanculo. «Tuo padre e io ti abbiamo trovato un impiego ben retribuito che...».

Gigi ascolta a malapena, tanto lui un impiego ben retribuito ce l'ha già, anche se non ha capito ancora di cosa si tratti.

«Insomma, ti ricordi i Bolognesi?», Alberto Morani passa alla fase due: la proposta.

«Boh».

«Dai, sono amici di famiglia, venivano sempre alla tombola del 26 dicembre... Ranieri è un costruttore importante, Alessia fa yoga con tua madre. Hanno una figlia della tua età, Patrizia, possibile che non te la ricordi? Giocavate insieme quando siamo stati in vacanza a Porto Cervo».

Gigi, che ascolta a malapena, ha una vaga rimembranza di una ragazzina bionda, viziatissima e stronzissima, con le trecce e l'apparecchio, sempre pronta a mettersi a frignare.

«Boh... Vabbè, ma io nun capisco un cazzo di edilizia, mica sono un geometra o 'n architetto», obietta poco convinto.

«Ma non c'è bisogno, Gigi. Il tuo sarà un ruolo amministrativo e, come dire, poco impegnativo. Ranieri sa tutto di te ed è stato molto disponibile. Avrai una qualifica da dirigente e uno stipendio adeguato senza che nessuno ti stia addosso. Se ti coinvolgerà potrai restare nella sua azienda e, col tempo, ti potrai impratichire e fare carriera, altrimenti, tra qualche mese, quando ti sarai schiarito le idee, potrai decidere del tuo futuro e magari riprendere gli studi, sei d'accordo?».

Traduzione: ti pagano per non fare un cazzo e renderti un po' meno impresentabile. Gigi fa per rifiutare poi ci ripensa. Perché no? In fondo un lavoro di copertura è sempre utile.

«E vabbè, dopodomani ce vado... Domani devo vedere una persona. E mi dovrò pure comprare un completo adatto, no?».

Papà e mamma raggianti come non erano mai stati da quel giorno maledetto di sei anni prima, quando la polizia si presentò a casa con un ordine di perquisizione e la notizia che Morani Luigi, sedici anni, studente del liceo classico Torquato Tasso, aveva ucciso un uomo poche ore prima.

L'appuntamento, stavolta, è in una casa. E che casa.

Via della Conciliazione, vista su San Pietro, interno, notte.

Gigi consegna il cappotto a un domestico ossequente, felice di aver indossato il tre pezzi di Caraceni, severo e formale, comprato il giorno prima e aggiustato dal sarto in fretta e furia al doppio del prezzo corrente e che gli sta a pennello. Capelli freschi di shampoo, scarpe Church's nere traforate, con le stringhe, così lucide da potercisi specchiare.

Un figo bestiale e lo sa. Uno dei pochi uomini che tengono alto il livello estetico degli invitati. Età media sessantacinque anni, flaccidume, calvizie, pancioni, doppi menti, sguardi acquosi. Gigi stringe la mano, molle come una medusa, del padrone di casa, un tipo sfuggente, grassoccio, con qualcosa di curiale e di femmineo che lo mette a disagio e si presenta semplicemente come Giorgio.

«Ciao caro, sei Gigi, vero? Silvio mi ha parlato di te, mi ha detto che sei un bravo ragazzo, ma non mi aspettavo che fossi anche così bello... vieni, mettiti a tuo agio, bevi qualcosa. Vado a salutare qualche altro ospite, poi ci facciamo una chiacchierata io e te».

Giorgio, comunque si chiami in realtà, sfarfalla via e Gigi prende al volo una flûte di champagne da uno dei camerieri volteggianti nel cicaleccio, poi un paio di squisiti stuzzichini da un altro. A bocca piena, cercando di ricordarsi le buone maniere, s'aggira nell'appartamento, gigantesco e arredato in modo suntuoso, alla ricerca del Fichetto che appare e scompare a tratti, sempre sorridente, sempre fascinoso, sempre circondato da capannelli trillanti ammirazione. Uomini e donne se lo mangiano con gli occhi e, quando incrocia lo sguardo di Gigi, gli fa un gesto strano, mezzo d'impotenza e mezzo divertito, che significa: sono da te appena questi mi lasciano andare.

Poco in vena di socializzare, Gigi mangia, beve, saluta, si presenta, si serve al buffet, che non sfigurerebbe al ricevimento del 4 luglio alla Casa Bianca, si guarda intorno... E c'è parecchio da guardare. Quadri d'epoca che potrebbero essere usciti dalla collezione privata di Napoleone. Tappeti su cui sembra un sacrilegio posare le suole. Argenteria da museo. Boiserie intarsiate d'oro. Soffitti affrescati a scene mitologiche e religiose. Foto incorniciate d'argento di prelati, politici, celebrità, cerimonie, udienze papali. In una delle tante, posata su un tavolinetto di malachite, Gigi riconosce il padrone di casa in abito rosso da cardinale senza stupirsi più di tanto. Fin da quando ha messo piede in questa specie di mausoleo ha capito in che ambiente si trova... e di che tipo di serata si tratta.

Le donne, al contrario degli uomini (alcuni dei quali non se le filano proprio), non arrivano alla quarantina e sono tutte spaziali, stanno alle *entraîneuses* di via Veneto come un purosangue sta a una rozza da tiro, una cortigiana a una puttana da strada. Eleganti, luccicanti, raffinate, sofisticate, intrattengono, seducono, ammiccano, promettono con gli occhi, coi gesti, col corpo. Geishe sexy con disponibilità garantita. Fa eccezione una ragazzina mora, un po' ossuta e dall'aria impaurita, in jeans, camicia bianca e scarpe da ginnastica, una fascetta nera da hippy intorno alla fronte, che Gigi riesce a intravedere per qualche minuto e poi scompare chissà dove. Er Fringuello si domanda se sia la figlia o la nipote di qualcuno e si domanda chi ha il coraggio di portarsi dietro un'adolescente a una festa come questa, che può finire solo in un modo.

Un paio di uomini anziani stravaccati sul divano chiacchierano fitto fitto con due ragazzi belli come serafini e altrettanto delicati, che hanno l'aspetto, i vezzi e i modi dei gigolò d'alto bordo. Uno dei vecchi, a un certo punto, accosta la bocca all'orecchio del suo Ganimede e gli sussurra qualcosa che lo fa ridere mentre l'accarezza lascivamente in mezzo alle gambe. Poi i due si alzano e vanno a rinchiudersi in qualcuna delle stanze messe a disposizione dal padrone di casa.

Un uomo sulla cinquantina, massiccio, irsuto e tarchiato che Gigi pensa di aver visto in tv o su qualche giornale, non è altrettanto discreto. A un certo punto attrae a sé la bruna esotica dalla pelle ambrata con cui sta chiacchierando e le ficca la lingua in bocca mentre le infila senza ritegno la mano nella scollatura e le tira fuori un seno che sembra scolpito nel bronzo. Poi, dopo qualche minuto di smanacciamento, si apre la patta e le abbassa la testa. La bruna esegue senza batter ciglio, la testa aureolata da una nuvola di capelli crespi che va su e giù nell'indifferenza generale. Una scena da film di Tinto Brass.

È come un segnale. Le conversazioni si spengono, diventano risatine, sussurri e gridolini, le luci si abbassano, alcune coppie fanno sesso sul divano, un uomo grasso prende da dietro un ragazzo gemente appoggiato al muro, una donna dall'aria altera di baronessa finisce sul divano, letteralmente sommersa da tre invitati che le strappano i vestiti di dosso e la penetrano a turno in ogni orifizio possibile. Sembrerebbe uno stupro di gruppo, se non fosse che la vittima incoraggia i tre con sospiri, gemiti e incitamenti osceni da baldracca.

Qualcuno, dopo un amplesso rapido e brutale, si rialza mezzo vestito, s'avvicina barcollando al buffet, presidiato da camerieri che sembrano statue, ciechi, sordi e muti, si serve da bere e da mangiare poi ricomincia. Molti si chinano su vassoi e specchi con una banconota arrotolata nel naso.

Gigi guarda, aspetta, non partecipa, scansa senza troppe remore le moine di una bruna che ha appena finito di soddisfare due invitati, non coglie l'occhiata lasciva di un biondino dalle labbra tumide. È lì per lavoro, lui. Sigaretta e bicchiere in mano, siede su uno dei pochi divani non occupati da corpi smanianti e sussultanti aspettando er Fichetto, che tra l'altro non gli sembra il tipo da farsi coinvolgere in queste *partouzes*, visto che il rischio di ricatto c'è sempre ma, semmai, da organizzarle.

Il divano sussulta al suo fianco sotto la pressione di un culo taglia XXXL.

«Ah sei qui caro, ma… sei ancora tutto vestito, cos'è, non ti diverti?».

Il padrone di casa, evidentemente, ha alzato parecchio il gomito e di sicuro non solo quello, visto che è in mutande, calzini e canottiera sotto una veste da camera di seta color prugna. Gigi fa fatica a non storcere la bocca vedendo i peli grigi che spuntano tra le due mammelle quasi femminee messe in risalto dalla vestaglia.

«Che c'è? Non ti piacciono i miei ospiti? Sei timido? Magari ti ci vuole qualcosa per tirarti su…», gorgheggia Giorgio mentre apparecchia abilmente due strisce monstre sul piano di cristallo di un tavolo da tè sorretto da due leoni in marmo. Gigi accetta la sniffata, si scosta il più possibile dal padrone di casa e si prepara a scansare l'inevitabile palpata con un discorsetto meno offensivo possibile tipo scusa, non è che non mi piaci ma non sono in vena, stasera proprio non mi sento, ho la fidanzata, sono dell'Opus Dei, ho fatto voto di castità, voglio arrivare puro al matrimonio o qualche altra stronzata.

La palpata arriva, il discorsetto no.

A premere il tasto "Pause" del telecomando e a trarre Gigi d'impaccio arriva, con perfetto tempismo, un Fichetto completamente vestito, cravatta perfettamente annodata, senza un pelo fuori posto. Se anche lui s'è tolto qualche sfizio lo ha fatto con discrezione, in privato, senza farsi vedere, perfettamente nel suo stile.

«Ah eccoti qui, Fringuè, tutto bene? Giorgio, scusami dovrei parlare un attimo con Gigi, ti dispiace?».

Il cardinale in vestaglia annuisce e se ne va, in cerca di qualche preda più disponibile.

Er Fichetto ammicca al Fringuello, uno sguardo che dice bravo e Gigi capisce di aver appena superato un esame.

«E mo parlamo de cose serie… C'è un tipo che ce devi levà dai cojoni in fretta».

CAPITOLO 2

Roma, molti anni dopo

«Ma che ci fai ancora in ufficio? È tardissimo».

Angela si stropiccia gli occhi arrossati, poi si stiracchia come un gattino.

«Mi scusi, dottore, mi sono permessa di restare a esaminare qualche carta e non mi sono resa conto del tempo che passava… a un certo punto temo di essermi addormentata».

Il Piaget ultrapiatto di Tommaso Elleni lo informa che sono le 22:47. Le giornate dei poliziotti non finiscono mai, ma quella dell'ispettrice è iniziata col turno delle 7 e ha tutto il diritto di essere esausta.

«Hai mangiato qualcosa, almeno?»

«Sì, grazie dottore, a un certo punto stavo per svenire dalla fame e sono scesa al bar per un panino».

Tommaso pensa alla cena fredda che l'aspetta e a Elena che, sicuramente, si alzerà per scaldargliela, cosa che ritiene un sacro dovere di moglie, nonostante le sue proteste. E sì che lavora anche lei.

Fitta di rimorso… perché?

«Be', ci vediamo domani, allora, fatti una bella dormita», si congeda. «Hai la macchina?»

«Veramente no, è dal meccanico, sono venuta coi mezzi… anzi, se posso chiederle un piccolo favore…».

«Ma certo, ti accompagno a casa».

«Per carità, dottore, non si disturbi, basta che mi porti alla fermata dei taxi qui vicino».

«Stai scherzando? Ti porto dritto a casa, non si discute», insiste Tommaso il Galante.

«Ha paura che qualcuno mi aggredisca? Guardi che mi so difendere bene».

«Non ne dubito. Ti accompagno per proteggere il poveraccio che dovesse cercare di importunarti, non voglio ritrovarmi alle prese con un altro cadavere e un'ispettrice accusata di omicidio».

«E fa bene, dottore... Nessuno mi tocca, se non voglio io».

Nel sorriso di Angela c'è una scintilla di malizia. No, un incendio. Tommaso sente qualcosa che gli palpita nel torace. Si chiama cuore e sta ballando la rumba. Muove un passo verso di lei, indeciso, si blocca.

«Avverto l'autista».

Salvatore Mazza, devoto scudiero, presente. Automedonte e funzionario in simbiosi perenne e inscindibile. Vite parallele. Un autista, per forza di cose, sa tutto del lavoro, delle amicizie, degli hobby e degli amori del vicequestore, del dirigente che trasporta ovunque, spesso a orari impensabili, spesso nel corso di un'intera carriera. Vede e non vede. Tace. Alternativa: cambiare incarico.

Il rapporto tra Tommaso e Salvatore Mazza è recente ma destinato a cementarsi negli anni. Quasi coetanei, andranno in pensione a pochi mesi di distanza. Mai una sola volta l'autista ha osato dare del tu al suo passeggero. Formalità sbirresche.

«Sono a pezzi, Salvatore, che giornata... andiamo prima a casa dell'ispettrice. A proposito, dove abiti?»

«Via San Giovanni in Laterano 26, ma le ripeto, basta che mi porti a un taxi».

«Sentito, Salvatò? Muoversi».

Tommaso siede accanto al conducente e si rilassa sul sedile, sfinito anche lui. Appoggia la mano sulla nuca, chiude gli occhi e si lascia andare, cullato dal movimento dell'auto che corre veloce nella notte, leggermente turbato da quel sorriso con un'ombra di sarcasmo e un oceano di seduzione non smentito dalla battuta banale che l'ha accompagnato.

Possibile che...?

L'incertezza dura pochi minuti.

Una mano di velluto scivola dolcemente sul dorso della sua, ne accarezza i contorni, s'insinua, furtiva e insistente, negli spazi tra le dita, gratta lievemente le nocche con le unghie.

Tommaso stringe quella mano sfrontata con un gemito, la afferra, la ghermisce quasi a stritolarla, quasi a possederla. Un'erezione improvvisa, la bocca secca, il sudore sulla fronte. Fa per girarsi e baciare Angela, trascinarla sul sedile anteriore e prenderla lì per lì, ma si ricorda di Salvatore Mazza, muto e assorto nella guida, apparentemente inconsapevole del terremoto emotivo che sta squassando l'abitacolo.

La macchina si ferma davanti a un portone che s'affaccia su una strada semideserta, troppo presto, troppo tardi.

Angela saluta, ringrazia, scende.

Tommaso esita solo un paio di nanosecondi.

«Angela... aspettami».

Angela si volta, le chiavi in mano, l'espressione conturbante e leggermente spazientita che dice, ti sei deciso, finalmente.

Tommaso torna sui suoi passi, verso la macchina.

«Salvatore, senti... è inutile che aspetti in strada, torna in ufficio, ti chiamo appena ho finito così torni e mi porti a casa». Sguardo d'intesa.

L'autista annuisce, faccia di pietra, da idolo asiatico, imperturbabile, mette in moto, fa inversione.

Tommaso e Angela si stanno già baciando come se dovessero succhiarsi via il fiato a vicenda. Intreccio di lingue, gemiti, fronte contro fronte, occhi negli occhi. Due corpi che spingono, strusciano, si cercano, non possono aspettare.

Salgono al quinto piano in ascensore, strappandosi via i vestiti a vicenda. Quando arrivano sul pianerottolo sono già quasi nudi. Tommaso gira Angela incapace di controllarsi, fa per penetrarla da dietro, lì, in ascensore, lei prima cede, poi lo respinge, ridacchia, lo afferra per la cravatta attorcigliata, lo trascina dietro, sul pianerottolo, come un somaro alla capezza, apre la porta al quinto tentativo, entra, inciampa, finisce lunga distesa con un gridolino di disappunto seguito da una risata ebbra anche se non ha bevuto un goccio d'alcol.

Tommaso scalcia la porta all'indietro con un piede per chiuderla, si abbassa i calzoni, le si lancia addosso come un predatore, le apre le gambe strappando il poco che resta dei collant e le entra dentro con un gemito strozzato di trionfo o d'agonia.

Fanno l'amore sul parquet, poi sul letto, senza dire una parola. Quando finisce si stringono con una passione, una tenerezza, un appagamento che rasenta la disperazione.

Angela piange, si scusa, sorride, piange ancora.

Tommaso tace perché non c'è niente da dire. E se lo dicesse rovinerebbe tutto. O forse piangerebbe anche lui.

Poi bisogna guardare l'orologio, stupirsi di quanto è tardi, sobbalzare, ricomporsi, rivestirsi, chiamare l'autista.

Poi bisogna salutare. Angela sul letto, nuda, vinta, palpitante, esitante. Fuma. Aspetta.

Nessun ciao, nessun a domani, nessun è stato meraviglioso. Solo un bacio che è il riassunto di tutti quelli che lo hanno preceduto. Lungo, lento, dolcissimo, struggente. Forse è l'ultimo. Forse è l'inizio. Nessuno dei due può dirlo, adesso.

Tommaso scende le scale abbottonandosi la camicia, corpo sazio, testa vuota. Penserà domani. Ora è troppo destrutturato. Troppo felice.

Salvatore Mazza vede il lembo della camicia che gli sporge dalla patta aperta, si macera d'imbarazzo, si schiarisce la gola più volte, fa le facce strane. Tommaso corruga la fronte e lo guarda severo come un preside. Mazza diventa di brace.

«Dottore, scusi ma, ehm...», balbetta indicando il triangolino di stoffa celeste che spicca come un vessillo tra le gambe del funzionario.

Tommaso, d'istinto, gli volta le spalle, chiude la zip, controlla di non avere altri segni rivelatori addosso, spera che il collo sia intatto da graffi o succhiotti, il colletto da macchie di rossetto (che Angela non porta) sospira e s'accomoda accanto al suo scudiero ringraziandolo con un'occhiata di limpida complicità maschile.

Nessuno dei due apre bocca fino all'arrivo.

SAN LORENZO COME IL BRONX
UCCISO SOTTO CASA A REVOLVERATE
IL BOSS "DISSIDENTE" DELLA BANDA

Esecuzione in strada per "Er Ciavatta", esplode la guerra di gang

Marco Scalesi

Marco rilegge il titolo con un sospiro. Bei tempi quando i cronisti dovevano preoccuparsi solo di scrivere un bel pezzo, con un attacco che vada dritto allo stomaco e agganci il lettore, tutte le notizie al posto giusto e una chiusa folgorante.

L'attacco è ottimo: «Stava aprendo la porta di casa ma l'assassino non gli ha lasciato il tempo di entrare. Due pallottole calibro .38 alla schiena, una alla nuca, il colpo di grazia: un'esecuzione per Giuliano Croppi, 48 anni, detto er Ciavatta, boss della Banda uscito due mesi fa dal carcere e, secondo chi indaga, in conflitto da tempo con i vertici dell'organizzazione criminale...».

Le notizie (almeno quelle che è riuscito a rimediare sul posto e dopo qualche migliaio di telefonate) ci stanno tutte (poche) e, quanto alla chiusa, gli sembra un piccolo capolavoro: «E adesso? L'omicidio di Croppi, sicuramente, non sarà l'ultimo. La guerra di mala è scoppiata, le ritorsioni, le vendette e il bagno di sangue sembrano, purtroppo, inevitabili».

Un po' catastrofista? E chissenefrega. La tensione va mantenuta alta, è una delle regole base del mestiere. E lui il mestiere lo conosce bene visto che ha iniziato a 19 anni.

Il problema è che è cambiato. Il mestiere, non Marco, che a quarantadue anni continua a essere un cronista duro e puro, uno di quelli che vanno sul posto, che coltivano i rapporti con le fonti, che cercano di mettere nella scrittura fantasia e creatività, che non sparano stronzate, che non s'inventano interviste farlocche con personaggi anonimi e inesistenti. Insomma, un giornalista.

Ma purtroppo non basta più. Titoli, sottotitoli, occhielli, sommari, cazzilli, scelta delle foto... tutta roba che una volta si lasciava ai deskisti con una punta di alterigia e che, oggi, costituisce i due terzi del lavoro, prende tempo, assorbe energie. Una Cayenna. Oggi sono loro che comandano, i deskisti, e Marco s'avvia mesto verso il gabbiotto del caporedattore per fargli leggere il titolo, pronto a sentirsi dire una delle frasi che detesta di più al mondo.

«Non mi piace, non canta».

Che cazzo vuol dire? È un titolo di cronaca, mica deve andare sul palco dell'Ariston a San Remo. Ma loro che ne sanno? Capiredattori, vicecapiredattori, capiservizio, vicecapiservizio, redattori senior, redattori esperti, insomma, la gerarchia giornalistica al completo: tutti colleghi che non hanno mai scritto una notizia in vita loro, non hanno mai visto un morto ammazzato, non sanno che vuol dire cercare d'intervistare un barabba che, all'improvviso, ti rifila una capocciata spaccanaso o un calcio nei coglioni. Carriere da tavolino. Culi incollati alla sedia. Dodici, tredici ore di scrivania al giorno, un continuo andirivieni all'ufficio centrale dove lo stato maggiore del quotidiano fa e disfa in continuazione, cambia collocazione, lunghezza, importanza degli articoli a seconda delle agenzie e dei palinsesti del TG. E poi qualcuno si lamenta del fatto che le vendite sono in calo inarrestabile e i quotidiani del mattino sembrano fotocopie, tutti uguali, tutti scanditi in base ai titoli d'apertura dei telegiornali della sera.

Cheppalle.

Marco scuote la testa, si ravvia i capelli scomposti, si passa una mano sulle guance ispide: è rimasto in strada fino alle tre di notte, quando, dopo aver dettato in fretta un chiodo di venti righe per la prima, era troppo tardi per ribattere. Quando ha iniziato a fare il cronista i giornali chiudevano alle quattro del mattino, le spaghettate antelucane di neristi, sbirri e carabinieri erano banchetti omerici. Oggi la deadline è alle 23, molti cronisti, a quell'ora, non si sognano nemmeno di alzare il culo e rimandano tutto al giorno dopo. Marco e un paio di veterani no: incrollabili, irriducibili, testardi, innamorati della strada, restano sul posto a tampinare poliziotti e testimoni fino a quando i "mortari" non portano via il cadavere e il circo sbaracca. A volte perfino più tardi.

E non frega un cavolo a nessuno.

Marco, all'inizio, sognava di diventare inviato di guerra e, in parte, c'è riuscito. Non è una guerra, questa? Niente aviazione, bombardamenti o missili "intelligenti" (che stronzata, allora ci sono anche quelli scemi?) ma colpi di pistola, raffiche di mitra, coltellate, imboscate, esecuzioni. Gli anni di piombo stanno lasciando il posto a una faida criminale che semina morte e terrore e non accenna a finire. Marco non avrà l'elmetto e il giubbotto antiproiettile delle grandi star del giornalismo, quelle che si fanno riprendere sulla terrazza dei loro lussuosi alberghi ben lontani dal fronte ma, di sicuro, lui è sempre sul pezzo, sempre al centro del conflitto, sempre sulla notizia.

E, a quarant'anni suonati, è ancora redattore ordinario con stipendio ai minimi termini. Un deskista con la metà della sua esperienza e due terzi della sua età guadagna più o meno il doppio.

Ma lui continua ad amare il mestiere, lo ha sempre fatto, non sa fare altro, non concepisce altro.

Il telefono sulla scrivania lo fa sobbalzare nel momento esatto in cui, abbandonate le cupe riflessioni sul destino della professione più bella del mondo, si sta alzando per andare a beccarsi le stronzate del suo capo.

«Uè, Marcolì, songh'io, Rino».

«Quale onore, il capo della mobile che telefona a un umile pennivendolo... Ieri ti avrò chiamato duecento volte, eri sempre impegnato o fuori».

«Eccheccazz... io stavo a fare le indagini, mica lavoro per la stampa! Ci sei andato giù pesante, pare che stiamo in Afghanistan».

«E questo è niente. Ieri era solo un colonnino in prima, vedrai domani il pezzo che ho appena scritto... Se vuoi ti leggo il titolo, tanto me lo bocciano di sicuro. La malavita uccide, la polizia dorme. Ti piace?»

«Vafangulo, Marcolì... Volevo darti qualche notizia fresca ma mi sa tanto che chiamo "il Messaggero"».

«Tipica ritorsione sbirresca. E io cito i carabinieri».

«E io ti arresto per diffusione di notizie false e tendenziose atte a turbare la pubblica opinione».

«E io faccio appello al Tribunale per i diritti dell'uomo, anzi, nel mio caso, del suino. Dai, che siamo quasi in chiusura non posso stare a cazzeggiare... Parlavi di notizie, slurp, eccomi qui».

«Se magari fai un salto ti offro un caffè e facciamo due chiacchiere».

Marco guarda il Seiko al quarzo. C'è ancora tempo. Una volata in questura, un pissi pissi bau bau con Rino Frati, che stima e ammira, sinceramente ricambiato, qualche indiscrezione, magari un piccolo scoop, perché no?

Il cronista s'infila il suo vecchio e sformato giaccone di velluto, afferra la fedele borsa di Tolfa dei tempi del liceo e s'affaccia al gabbiotto del capo, con la stampata del titolo in mano.

«Non so... non mi convince, non...». E ti pareva?

«Non canta, lo so. Fallo fare a Pavarotti, io dovrei andare in questura di corsa, se mi dice bene becco qualche novità, oggi è solo aria fritta. Voglio vedere Frati».

«Ma... stiamo per chiudere, non puoi parlarci al telefono?»

«I poliziotti non parlano al telefono, capo, vado».

Senza aspettare risposta (cosa che manda i suoi superiori fuori dai gangheri) Marco Scalesi gira sui tacchi, prende l'ascensore, esce in strada e sale sul suo scassatissimo Sh. 'Fanculo ai titoli, ai sommari, ai sottotitoli, agli occhielli, ai cazzilli e ai deskisti in generale. Lui fa il suo mestiere e il suo mestiere è trovare notizie.

«Nù cafè 'o pigli?».

Alle 19:15, l'ideale per restare sveglio a occhi sbarrati tutta la notte. Marco declina, accende una Marlboro e si rilassa sulla poltrona davanti al capo della mobile.

«Allora, Rino? Mi volevi dire qualcosa? Scusa se salto i convenevoli ma ho la deadline della consegna che incombe».

«Be', sì, guagliò... In effetti ti voglio dare qualche dritta così non scriverai più che la mobile non sa che pesci pigliare».

«Ma io non...».

Rino Frati stoppa le proteste con un gesto che significa, vabbè, vabbè, il senso era quello.

«Avete un sospettato?». Marco va dritto al sodo.

«Diciamo più di uno, ma poca ciccia, poche prove, per adesso. Ma ti volevo aiutare a inquadrare questo omicidio, a capire il contesto su cui stiamo lavorando».

«Sono tutt'orecchi». Marco apre il taccuino e si prepara a vergare i suoi ghirigori che, più tardi, farà fatica lui stesso a decifrare. Le cose importanti le scrive in stampatello con un bel cerchio intorno.

«Croppi Giuliano, inteso er Ciavatta, come sai, era un affiliato alla Banda».

«A questo ci arrivo anche io, infatti l'ho scritto».

«Bravo, sette più, ma forse non sai bene quello che sta succedendo all'interno della Banda...».

«Be', c'è una guerra intestina in corso... Ci vuole poco a intuire che l'omicidio è legato a quello del Fichetto».

«Sì, è una pista che stiamo seguendo, anche se non bisogna mai fidarsi delle coincidenze troppo evidenti, rischiano di portarci fuori strada. Il fatto è che, per quanto ne sappiamo, si è creata una profonda frattura tra chi sta dentro e chi sta fuori. Sai cosa s'intende per stecca para?»

«Dividere il bottino in parti uguali per tutti, nessun privilegio per chi comanda. Una parte dei guadagni di spaccio, estorsioni o altri crimini viene spartita equamente, un'altra parte investita in usura, riciclaggio, acquisto di attività commerciali e, naturalmente, altra droga... ma cos'è, un'interrogazione? Non dovevi darmi delle notizie?»

«Calma, fratè... Vedo che hai fatto i compiti, ma stecca para significa anche un'altra cosa. È l'assistenza ai detenuti. Avvocati, pacchi, un sostegno economico alle famiglie. Chi viene arrestato sa che non deve preoccuparsi per moglie, figli o amanti: ci pensano i complici che stanno fuori. E sa che avrà la migliore assistenza legale possibile e, al limite, qualche perizia medica aggiustata per andare in ospedale o farsi addirittura scarcerare per infermità mentale. È questo il segreto della Banda, il metodo che ha permesso a un gruppo di stracciaculi di diventare una vera organizzazione criminale. Roma non è Palermo, Napoli o Reggio Calabria, non ci sono tradizioni mafiose, gerarchie consolidate, ruoli prestabiliti...».

«Questo lo so perfino io... Roma non vuole capi. I nostri malavitosi sono anarcoidi fin dai tempi dei bulli. Se vuoi ti recito lo sketch di Petrolini: "C'è chi dice che so' un prepotente, perché so' un bullo dar gaiardo e bello. Ma nun m'emporta, nun me serve gnente, si voi parlà co' me caccia er cortello"... Continuo?»

«Anche no, grazie, non andavi di fretta?»

«Mi lascio trasportare dal mio temperamento istrionico, pardon, continua, per favore».

«Bene, il sistema funzionava, i soldi entravano a palate e tutti erano felici. Su questa base si crea l'omertà, Marco. Nessuno ci rimette sul serio, nessuno parla. Ma le cose adesso stanno cambiando, anzi, sono cambiate».

«Cioè? Niente più soldi ai carcerati? Finita la stecca para?»

«Una cosa del genere. Secondo noi Allevi Silvio, inteso er

Fichetto, l'unica vera mente della Banda, l'unico capace di pensare in grande, si stava staccando dai suoi vecchi complici. Aveva spiccato il volo, si era creato legami importanti e fruttuosi con ambienti finanziari, politici, perfino del...». Frati fa il gesto di dare una benedizione con indice e medio.

«Vaticano? Wow».

«Io non l'ho detto. E non abbiamo prove, sia chiaro: sono solo ipotesi investigative. Sta di fatto che i suoi contatti di una volta, soprattutto coi detenuti, cominciavano a diventare imbarazzanti. E non aveva alcuna voglia di continuare a foraggiare gente che, magari, passerà trent'anni dietro le sbarre».

«E per questo, *bum bum*, l'hanno accoppato». Marco fa il gesto, molto istrionico, di sparare con una pistola e soffiare nella canna stile Tex Willer.

«Pensiamo di sì. Er Ciavatta, fedelissimo della prima ora, era uscito di galera da poco e giurava al mondo intero che l'avrebbe vendicato. *Bum bum* pure a lui, come dici tu. Esecuzione preventiva. L'hanno ucciso prima che potesse far fuori qualcuno».

«Domandone: è stato lo stesso killer?»

«Ci stiamo lavorando».

«Stessa arma?»

«Perizie balistiche in corso».

«Cheppalle. Quindi avete qualcuno sotto schiaffo? Dimmelo, lo sai che non lo scrivo, ci conosciamo».

«Te l'ho detto, non uno solo ma, sì, in cima alla lista qualcuno c'è... No, inutile, niente nomi almeno finché non avremo qualcosa di certo in mano. Ti prometto che sarai il primo a saperlo».

«Certo... E un minuto dopo «Corsera», «Messaggero», «Tempo», «Stampa» e tutte le tv del pianeta, che gioia».

«Siamo amici, no?»

«Su questo non ci piove».

«Allora fidati, farai un bello scoop, ti promuoveranno vicedirettore e ti raddoppieranno lo stipendio».

«Si vede che non sai come funziona nei giornali. Comunque grazie, Rino, ovviamente non ti cito».

«Solo come investigatore che dirige le indagini, niente virgolettati, noi non ci siamo mai visti».

«Noi chi? Ci sono solo io in questa stanza. Altre rivelazioni cosmiche?»

«Non per ora, ma se quagliamo una certa situazione avrai da scrivere per mesi, promesso».

Marco, appena alzato e con la mano tesa, si rimette a sedere. Conosce quell'espressione del capo della mobile. Luciferina.

«Che situazione?»

«Una situazione che, forse, cambierà tutto».

«Chi, cosa, dove, come e perché?»

«Qui mi taccio... Aggiungo solo che gli sviluppi dovrebbero arrivare dal Sudamerica».

«Dal... E cazzo, dai, così non vale. È un *coitus interruptus*».

«No, è riserbo investigativo. E scaramanzia».

Rino Frati incrocia le dita, Marco lo imita, poi il capo della mobile guarda l'orologio.

«Guagliò, non dovevi andare a scrivere? Se ti licenziano poi non venire a prendertela con me».

«No, verrò solo a mangiare a casa tua, pranzo e cena. Mangio come un ippopotamo, sei avvisato... Vabbè, hai ragione, vado. Grazie, Rino, ci sentiamo presto».

«Mi raccomando: questura, questore, squadra mobile, capo della mobile e magari il dottor Tommaso Elleni che si sta facendo un mazzo tanto. Ciao».

«Agli ordini, ciao».

Marco esce dalla stanza con una fretta bestiale, un pezzo da riscrivere quasi completamente e la testa piena di domande.

CAPITOLO 3

Roma, molti anni prima

Gigi tirato a lucido, azzimato, incravattato, annoiato a morte.

Dieci giorni di lavoro e già non ne può più.

Lavoro? Be', se proprio vogliamo chiamarlo così...

L'ufficio è grande, serioso, ben arredato. Scrivania di mogano, due telefoni, fax, macchina da scrivere elettrica, perfino un'efficientissima e puntualissima segretaria nella stanza accanto che gli passa le chiamate (pochissime), gli annuncia i visitatori (rarissimi) e gli prende gli appuntamenti (praticamente nessuno).

Insomma, c'è tutto. Manca solo qualcosa da fare.

Ranieri Bolognesi, amico e compagno di tennis del padre, è stato di parola. Lo ha accolto come un principe, gli ha fatto i complimenti per la bellezza e l'abbigliamento, in mancanza d'altro, gli ha fatto firmare un contratto, gli ha assegnato uno stipendio niente male, gli ha mostrato l'ufficio, gli ha presentato Sara, la segretaria (una cozzona occhialuta fuori da ogni tentazione ed è meglio così) e si è eclissato rapidamente con l'ultima frase di prammatica. «Per qualsiasi problema chiamami tranquillamente».

Ma che problema può avere er Fringuello se non c'è niente da fare? Gigi ci ha messo poco a capire che il suo ruolo in azienda è puramente decorativo. Nonostante le spiegazioni dell'amico di famiglia, non ha neanche capito bene di che genere di azienda si tratti, di sicuro qualcosa che ha a che vedere con costruzioni di edilizia popolare, edilizia privata e gestione di qualche casa di cura a cinque stelle.

«Vedrai che ci metterai pochissimo a orientarti e a fare carriera», gli aveva augurato il padre, felice di vederlo finalmente disposto a mettere la testa a partito, il primo giorno di lavoro.

Orientarsi? Fare carriera? Già, ma come? Gigi è un dirigente che non dirige, un quadro intermedio che non lavora, un dipendente senza mansioni. Ogni tanto Sara avvisa che sta arrivando dal telefono interno, bussa discretamente alla porta, gli allunga qualche carta che Gigi firma dopo avergli dato un'occhiata distratta, spesso senza raccapezzarci più di qualche parola qua e là. Comunque firma.

Dopo i primi cinque giorni, er Fringuello ha cominciato a chiedersi che cazzo di senso possa avere scucire tre milioni e duecentomila lire al mese («solo per iniziare, se ti va bene, caro Luigi, poi arriveranno i bonus, gli scatti d'anzianità e, se ci saprai fare, una qualifica superiore, dipende da te») per farlo restare sei, sette ore al giorno alla scrivania, orario flessibile, a gingillarsi tra telefonate, giornali, radio, schedine del Totocalcio e qualche altro passatempo in attesa delle 19, ora in cui, immancabilmente, leva le tende. Due spiegazioni possibili:

a) Ranieri Bolognesi ha un debito di gratitudine talmente grosso con suo padre che accetta di foraggiare il figlio scapestrato badando bene a tenerlo lontano da qualsiasi incarico dove possa combinare qualche casino. Le persone colte la chiamano sinecura.

b) Lo stanno usando come testa di legno. Firma documenti compromettenti, contratti aggiustati e pratiche farlocche e visto che non ci capisce un piffero non s'accorge neanche delle responsabilità che si sta assumendo dal punto di vista amministrativo e legale. Se è così, prima o poi, nei casini ci finirà di brutto, ma Gigi se ne frega altamente. Il suo lavoro vero comporta rischi molto più gravi, tipo beccarsi una pallottola in testa o tornare al gabbio per non uscirne più.

Gigi alza il telefono domandandosi chi può chiamare per fare due chiacchiere. Er Fichetto? Escluso: solo telefonate di lavoro, brevi, concise, succinte. I malavitosi non amano il telefono.

Mamma, papà? E che gli racconta?

Qualcuno dei suoi ex camerati? Da quando è uscito di galera s'è ripromesso mille volte di riallacciare i contatti, farsi vivo se non altro per amicizia, ma ha sempre rimandato. La verità è che la sua vecchia vita gli sembra lontanissima, la lotta armata, la Rivoluzione Nazionale, miraggi giovanili a cui non crede praticamente più. Ormai ha cambiato giro e...

«Bell'ufficio... Pà ti ha sistemato bene».

Gigi alza gli occhi pronto a incazzarsi, nell'ordine, con la stronza che è appena entrata senza neanche bussare e con quella zoccola della segretaria che non l'ha annunciata.

Poi guarda bene e resta a bocca aperta.

La bionda appena entrata, che si dirige verso la sua scrivania a passo di carica, con un sorriso mondano stampato in faccia e la mano tesa, è una visione. Un concentrato di bellezza, eleganza, fascino, sex appeal e ricchezza, amalgamato in un metro e settanta circa per una sessantina di chili distribuiti perfettamente. Fica spaziale.

«Patrizia, ciao», si presenta, come se il cognome fosse pleonastico.

«Ci... Ciao, io sono...».

«Gigi, so benissimo chi sei. E in quanto a memoria sei scarsino, giocavamo insieme da bambini». Il sorriso di Patrizia potrebbe illuminare una miniera.

«Scusa… Non hai più l'apparecchio», balbetta er Fringuello, disinvolto come un seminarista in un club sadomaso. E neanche le trecce e quell'aria odiosetta da signorina sottuttoio, se per questo.

«Be', sei cambiato parecchio anche tu». Patrizia tira fuori una sigaretta lunga e sottile e l'accende con un Dunhill d'oro massiccio senza neanche chiedere il permesso di fumare. Gigi la imita con una MS e il suo Bic di plastica.

«Be', ti piace lavorare qui?», chiede Sua Gnoccagine in tono salottiero.

«Io… be', sì, certo, mi sto ancora orientando ma…».

«Ma certo, certo, devi orientarti», traduzione: sai quanto me ne frega?

Momento di imbarazzo. Gigi cerca disperatamente qualcosa di sagace e interessante da dire. Vuoto torricelliano. Ehi, Pat, qualche giorno fa sono stato a un'orgia con politici cocainomani, preti pedofili e cardinali pederasti? No, non gli sembra l'argomento adatto alla situazione.

Patrizia cicala disinvolta, allenata fin dall'infanzia al *ciciap ciciop* della mondanità romana, chiacchiera senza dire niente e poi, all'improvviso, lo fissa dritto negli occhi. Sguardo a raggi X.

«E quand'è che mi inviti a cena? Così parliamo dei vecchi tempi e fai ammenda di tutti i dispetti che mi facevi da bambina?»

«Io non faccio dispetti, cioè, non ne facevo neanche da ragazzino».

«Ah no? E il ragno peloso che mi hai infilato nella maglietta? Se ci penso mi vengono ancora i brividi».

Gigi scansiona la memoria a lungo raggio. Nessun file intitolato "ragno", magari questa se lo sta inventando lì per lì.

«Mi spiace…».

«*Nein*, risposta errata. Quella giusta è: domani sera ti porto in un posticino elegante per farmi perdonare».

«Va bene ma dopodomani, scusa, domani sera ho un impegno».

«Vada per dopodomani, ma non ti ci abituare. Non sono una tipa accomodante. Vabbè, chiedi il mio numero a Sara e chiamami. Avrai un milione di cose da fare, ti lascio lavorare».

Patrizia sfarfalla via. Er Fringuello resta a domandarsi se era ironia quella che ha colto nelle ultime due frasi e conclude che sì, sicuramente lo stava prendendo in giro. Patrizia Bolognesi sa benissimo qual è la vera natura del suo lavoro in azienda. Molto più di lui.

Ciro Scuteri si affaccia sul portone, guarda a destra, guarda a sinistra, tasta il manico del lungo coltello a scatto che porta in tasca senza ricavarne alcun conforto, sospira, si decide a uscire.

Ha paura. Ha sempre paura, da quando ha fatto il salto non vive più.

La galera non la sopporta. Non l'ha mai sopportata, è il suo punto debole e non può farci niente. Ha sempre invidiato quei boss che si beccano una condanna a trent'anni o addirittura all'ergastolo senza batter ciglio, che invecchiano dietro alle sbarre con dignità di ferro, senza cedere, senza farsi piegare. Sopportano, aspettano, s'aggrappano alle alchimie degli avvocati come ultimo, tenue filo di speranza e, nel frattempo, organizzano le giornate con rigore monastico, fanno ginnastica, non si lasciano andare, tessono intrighi, intrecciano alleanze, comandano. Neanche l'orrore del 41 bis, il carcere duro, l'isolamento, la noia riescono a piegarli. Sopportano.

Lui no, semplicemente non ce la fa. Dopo pochi mesi

va fuori di testa, gli manca l'aria, gli vengono attacchi di panico, si sente soffocare, non dorme, non mangia, passa ore e ore sulla branda immerso in un bozzolo di disperazione e autocompatimento. Impazzisce.

Coraggioso lo è sempre stato. Del resto, quando nasci nel rione Sanità hai poche scelte: cominci con le risse da ragazzino per dimostrare a tutti che hai le palle e che non sei un frocetto e a diciassette, diciannove anni, ti ritrovi con una pistola in mano e un tizio da ammazzare. Alternative: cambiare zona o diventare un soggetto. La sua carriera se l'è fatta all'ombra di una delle famiglie della Nuova camorra organizzata: picciotto, sgarrista e, se fosse rimasto a Napoli, forse avrebbe potuto aspirare addirittura a diventare santista, ma a un certo punto ha cambiato aria. L'hanno spedito a Roma, a trattare con quel gruppo di barabba mezzi matti ma determinati a prendersi la capitale, monopolizzare le piazze di spaccio, creare un'organizzazione egemone dove non c'era mai stata. Strana gente, i romani: sentimentali, incazzosi, fumantini, violenti, imprevedibili. Un giorno s'abbracciano con le lacrime agli occhi, si giurano fedeltà, amicizia e sostegno reciproco con la stessa convinzione con cui, il giorno dopo, s'ammazzano tra di loro senza il minimo rimorso. Non rispettano gerarchie, se ne fottono delle regole d'onore, non hanno alcun codice di comportamento.

Ciro, immediatamente soprannominato "er Campano" o "er Napoletano", s'è fatto invischiare, ha creato poco a poco la sua rete di contatti, ha organizzato un flusso continuo di cocaina ed eroina che, dal Sud, risaliva velocemente verso Roma per poi diffondersi anche in altre città, in altre regioni. Un sacco di soldi per tutti.

Poi lo hanno blindato ed è stata la fine. Ciro ha capito subito che in galera avrebbe sclerato, che sarebbe uscito di testa del tutto. Quindi, ha fatto l'unica cosa che gli restava da fare.

Ha parlato.

Davanti al colonnello che comanda il nucleo investigativo di via In Selci e poi di fronte al pm ha vuotato il sacco, ha detto tutto quello che sapeva, ha fornito nomi, date, circostanze, riscontri. La confessione fiume ha funzionato, parecchi componenti della Banda sono finiti in carcere e Ciro è rimasto a bagnomaria, in caserma, fino a quando l'ultima riga dei verbali che ha riempito è stata verificata.

Poi lo hanno fatto uscire. Così, senza protezione, senza un'identità di copertura, senza scorta. Arrivederci e grazie, ci vediamo al processo.

Ciro er Campano non ha avuto le garanzie riservate ai collaboratori di giustizia, ai pentiti, agli infami. Solo una porta aperta e una pacca sulle spalle. È un morto che cammina e lo sa. I romani non hanno bisogno di una cupola o di un Vangelo che decreti la sentenza. Agiscono di testa loro, d'impulso, come hanno sempre fatto. Basta che a qualcuno salti la mosca al naso e *bum bum*. Parcheggiato.

Ciro ha quasi pensato che sarebbe stata meglio la galera a quella morte in differita, ma la galera non la regge, quindi niente alternative. Ha supplicato che gli dessero almeno il porto d'armi ma, prevedibilmente, gli hanno riso in faccia. Procurarsi un ferro è troppo rischioso per uno coi suoi precedenti: se lo beccano è fottuto, tutta la sua credibilità andrebbe in frantumi e si ritroverebbe dietro le sbarre, con parecchi anni da scontare e un marchio d'infamità che significa morte sicura. S'è comprato la molletta e se la porta sempre dietro, ma è più una specie di talismano che altro. Che cazzo ci fai con un coltello quando qualcuno può arrivarti alle spalle da un momento all'altro con una pistola in pugno?

Il killer gli arriva alle spalle con la pistola in pugno appena esce in strada.

«Ciao Patrizia».

«Che sorpresa, credevo ti fossi dimenticato, dimmi tutto».

«Dimenticato? Scherzi? Come ti ho detto stasera ho da fare ma volevo prenotarti per domani, se sei ancora libera, non eravamo d'accordo?». (Ma guarda questa, prima mi chiede di invitarla e poi...).

«Be', veramente avrei un mezzo appuntamento ma disdico... Mi fa piacere vederti, sai? Devo ammettere che, crescendo, sei migliorato parecchio».

«Anche tu».

«Prometti che non mi infilerai un ragno peloso nella maglietta?»

«Parola di scout... anche se, secondo me, ti confondi con qualcun altro».

«Non frequentavo molti ragazzini antipatici e dispettosi, da piccola. Si vede che hai rimosso».

«Boh, non ricordo niente, forse hai ragione tu...».

«Ho sempre ragione io, farai bene a mettertelo in testa se vogliamo frequentarci».

«Molto democratica... Vabbè, dai, passo a prenderti domani sera alle 8:30 se va bene».

«Ok, dove mi porti?»

«Pensavo al Ceppo, ti va?»

«Perché no? È un po' che non ci vado, un buon posticino, tutto sommato».

«Ottimo, a domani sera allora, ciao».

«A domani, bacio».

Er Fringuello riaggancia con un mezzo sorriso a quel "bacio" promettente e pensa che...

Con una così deve andarci piano. Magari al primo appuntamento terrà addirittura le mani a posto.

Quello che Patrizia chiama un buon posticino, almeno per lui, è uno dei ristoranti più costosi e blasonati di Roma, di quelli con una lista dei vini alta come le Pagine Gialle e tante di quelle posate sul tavolo che ti ci vorrebbe il manuale di istruzioni.

Gli serve una macchina. La moto che ha rubato non va bene, anche perché, se tutto va per il verso giusto, stanotte sarà un rottame carbonizzato. Potrebbe noleggiarne una, ma visto che non ha la patente alla Hertz gli creerebbero qualche problema. Trovato: andrà in taxi e dirà che ha la Mercedes o la Maserati dal meccanico.

...e adesso basta pensare alla fica perché deve concentrarsi su qualcosa di molto più importante e infinitamente più rischioso. Qualcosa che deve fare tra poche ore.

Ciro er Campano sente il botto e una specie di schiaffo sulla schiena, all'altezza delle reni. Lì per lì pensa che qualche stronzo lo abbia urtato o gli abbia dato una spinta, fa per girarsi, invelenito, ma s'accorge che gli manca il fiato. Si porta la mano dietro e la ritrae lorda di sangue.

Riesce a voltarsi a metà e si trova a faccia a faccia con la morte. Casco integrale, visiera scura, revolver.

Ciro bestemmia a mezza voce e arranca in avanti come un granchio zoppo.

L'assassino lo segue con calma, tenendosi a un metro di distanza.

Ciro attraversa la strada, lasciandosi dietro una scia rossa e vischiosa, cercando un portone, un poliziotto, qualcuno a cui chiedere aiuto e va quasi a sbattere contro la vetrina di un negozio di scarpe chiuso.

Il killer aspetta e punta la pistola con calma.

Ciro si volta, scivola in ginocchio, a corto di fiato, congiunge le mani, singhiozza, supplica.

«Per favore… no… basta…», come un bambino terrorizzato.

Il killer sogghigna dentro il casco.

«Hai chiuso, infame pezzo di merda».

«Io… no, senti, se vuoi…».

L'assassino gli spara due volte al petto e una in testa. *Body*, *body*, *head*, la stessa tecnica di eliminazione del Mossad.

Il corpo di Ciro er Campano frantuma la vetrina e s'abbatte a gambe all'aria in un'ecatombe di scarpe insanguinate.

Il killer salta sulla vecchia e affidabile Guzzi 350 rubata il giorno prima, mette in moto e sferraglia via a tutto gas. Missione compiuta. Resta solo da riconsegnare l'arma al deposito clandestino dove l'ha ritirata la mattina stessa.

Il taxi si ferma davanti al portone di via Monte Parioli. Er Fringuello scende per primo e apre galantemente la portiera a Patrizia, che se la prende con calma ed esce dalla vettura come una star del cinema davanti ai paparazzi. Gigi parla qualche istante col tassinaro, gli chiede di aspettare un minuto solo, torna dalla ragazza per congedarsi urbanamente.

Insomma, un perfetto gentilfringuello.

«Be', grazie per la compagnia», mormora un po' impacciato. Tende la mano, esita, si protende a darle un bacetto sulla guancia stile zia.

«Grazie a te, Gigi, è stata una bella serata».

Bella, sì, senza dubbio. Ristorante all'altezza di fama, recensioni e prezzo, con una cucina tradizionale, rivisitata e alleggerita con sapienza e senza assurdità fusion, un servizio rapido e professionale, un ambiente signorile deliziosamente démodé.

Conversazione leggermente imbarazzata all'inizio, con entrambi che si rifugiavano in improbabili ricordi d'infanzia pur di trovare qualcosa da dire, poi, via via, più sciolta, rilassata, divertente. Gigi ha raccontato del suo passato, dell'omicidio che ha commesso da ragazzo e di cui, comunque, sia Patrizia che la sua famiglia sanno tutto, dell'arresto, del carcere minorile, di Regina Coeli e Rebibbia, sorvolando su qualche dettaglio insignificante tipo il fatto di essere diventato, a tutti gli effetti, un malavitoso...

...e tante altre cose che Patrizia è meglio non sappia mai.

Lei ha ascoltato, partecipe, intrigata, incuriosita, ha fatto domande, lo ha compatito, lo ha consolato e poi ha raccontato qualcosa di sé, degli studi di giurisprudenza senza convinzione, della passione per l'equitazione, della sua puledra Shirley, dei genitori generosi ma tradizionali, dei suoi sogni di ragazza ricca, viziatella, un po' lunatica. Tipo dipingere, recitare, andare a Goa, diventare missionaria civile, fare il bagno di notte sotto la luna e altre fantasie più o meno adolescenziali.

Una bottiglia e mezzo di Rosso Conero DOCG, sorrisi, risate, seduzione reciproca. Gigi ha respirato, finalmente, l'atmosfera del suo mondo, quello a cui era destinato fin dall'infanzia, fatto di lusso, privilegi, snobismo. Patrizia ne è l'incarnazione e er Fringuello, almeno per il tempo di una cena, ha pensato di poterci tornare, lasciandosi alle spalle la vita che ha intrapreso prima e dopo la galera.

Un buon lavoro, una moglie bella e colta, di rappresentanza, magari in futuro uno o due pupi da smollare alle tate e educare a una scuola internazionale, il circolo del tennis, il Rotary, l'American Express Platinum, la Mercedes in garage, un paio di amanti patinate al momento giusto... perché no? Una vita stabile, sicura, agiata, confortevole.

Cheppalle?

Adesso sono uno di fronte all'altra, mani lungo i fianchi, a cincischiare senza alcuna voglia di separarsi.

«Allora, io vado... buonanotte». Gigi si chiede se un baciamano farebbe un effetto da figaccione e decide che è meglio di no. «I tuoi ti staranno aspettando...».

«I miei abitano al piano di sopra, Gigi, attico e superattico. Io al secondo, ho un appartamento mio da quando avevo diciannove anni... Ma ho chiesto a papà di trasferirmi in una villa che abbiamo vicino Sacrofano, me la darà per il mio compleanno, un posto bellissimo».

«Beata te, io ho i miei sempre tra i cogl... tra i piedi, mi stanno appresso come se fossi un ragazzino, certe volte non li reggo proprio».

«Povero tesoro. Anche tu sei un tipo indipendente, come me».

Patrizia fa un sorriso da sirena e una cosa che lascia Gigi senza fiato.

Lo abbraccia, lo bacia, gli infila la lingua in bocca.

Gigi ricambia il bacio, travolto, eccitato, sopraffatto, la stringe, le morde il collo, si struscia contro il suo corpo cedevole, caldo, flessuoso, sentendo che non ha mai desiderato nessuno in quel modo e che quella giovane, splendida donna dagli occhi di luna è destinata a cambiargli la vita.

Si staccano a fatica, si guardano negli occhi, si avviano

di comune accordo, senza dirsi una parola, abbracciati, verso il portone, verso la loro prima notte d'amore, verso una storia di passione e tormento che sta per iniziare, ma vengono bloccati dopo un paio di metri dall'urlo belluino del tassista.

«Ah Giulietteromeo… E la corsa chi me la paga?».

CAPITOLO 4

Roma, molti anni dopo

«Angela, ti devo parlare».

«Certo dottore, l'ascolto». (Sì, amore mio, era ora).

«È una faccenda un po' delicata, ci ho pensato parecchio, sai...». (Vuoi lasciare tua moglie? Oh, tesoro, ma non sarà un po' prematuro, voglio dire...).

«Ma conto su di te, sono certo di potermi fidare, è una grossa responsabilità ma...».

Reset istantaneo. Angela torna in modalità sbirra e smette di sognare a occhi aperti come una tredicenne. Del resto, a due giorni dalla loro notte d'amore, lei e Tommaso sono riusciti a scambiarsi al massimo un paio di baci furtivi, in macchina o addirittura per strada, e pochi brancicamenti fulminei e spossanti. In ufficio, anche quando, come adesso, sono soli, Elleni è l'immagine stessa della professionalità, la tratta col solito, cortese distacco, perfino più freddamente di "prima". Quindi dica pure, dottor Elleni, la solerte ispettrice Blasi l'ascolta.

«Voglio affidarti un incarico importante, Angela».

Il primo. Angela lo pensa. Tommaso non lo dice.

«È una cosa di cui, normalmente, dovrebbe occuparsi un veterano, una vecchia volpe come il Contabile, ma in questo caso farò un'eccezione. Sei qui da poco ma sei sveglia, intraprendente e molto coscienziosa, quindi voglio fidarmi».

Angela cerca qualche accenno al fatto che, quarantotto ore prima o giù di lì, si stavano rotolando nel letto cercando di succhiarsi via l'anima a vicenda a forza di baci, non ne trova e fa cenno di sì con la testa, da brava bambina che incassa una lode dal professore.

«Be', dovrai partire per Bogotá, Colombia».

Questa veramente non se l'aspettava. Angela apre la bocca come una cernia.

«Sì, hai sentito bene. Una settimana fa la polizia italiana ha arrestato un latitante. La segnalazione è arrivata da noi tramite l'Interpol, l'abbiamo localizzato grazie a una telefonata alla famiglia. Un errore così idiota che sospettiamo l'abbia fatto apposta, insomma, che volesse farsi beccare... Forse non ne può più della latitanza, o forse vuole vendicarsi dei suoi ex complici, fatto sta che pensiamo che potrebbe essere disposto a parlare. E tu non mi hai ancora fatto la domanda da un milione di dollari».

«Chi è il tizio e quale sarebbe il mio ruolo? Aspettavo fosse lei a dirmelo, dottore, sa essere molto esplicito, quando vuole qualcosa».

Tommaso ignora la stoccata o finge di farlo.

«Si chiama Alfredo Quirino detto "Cricrì", uno dei fondatori della Banda, un boss della prima ora. Ha partecipato alle prime rapine, al sequestro del conte Marselli, alla creazione della rete di spaccio, all'invenzione della stecca para. Insomma, sa tutto dell'organizzazione, vita, morte e miracolo. E nomi».

«Quindi se diventa un collaboratore di giustizia...».

«Sarà il colpo più grosso che potremmo infliggere alla Banda, forse la fine dell'organizzazione in quanto tale. Il Campano non era nessuno al confronto. Prendi il fascicolo e documentati su Quirino. Due anni fa fu arrestato, riuscì a farsi ricoverare in una casa di cura con una diagnosi farlocca di tumore, scappò e si rifugiò a Bogotá, dove ha dei soci in affari».

«Cocaina?»

«Ovviamente. Ma al momento della fuga era già in guerra con gli ex amichetti della Banda che, per scoprire dove si era nascosto, gli hanno rapito il fratello, l'hanno torturato, gli hanno tagliato la gola e hanno buttato il cadavere nel Tevere. Insomma, l'amico ha i suoi buoni motivi per fargliela pagare con una bella soffiata che spedisca tutti al fresco».

Angela pensa che Tommaso parla proprio come uno sbirro. Del resto è uno sbirro e lei farebbe bene a non dimenticarsene mai. Rigido. Un po' tradizionalista. Di quelli che, amanti quante ti pare ma la famiglia non si tocca. Eh no, cazzo, restiamo concentrati.

«Leggerò con attenzione il fascicolo, dottore, ma può spiegarmi, esattamente, cosa devo fare a Bogotá?»

«Certo... Per prima cosa incontrerai l'agente dell'Interpol che farà da tramite tra te e la polizia locale. Quirino verrà trattenuto per qualche giorno, una settimana al massimo, il tempo di sbrigare le formalità dell'estradizione e, in questo periodo, potrai incontrarlo quando vorrai. Mi aspetto che tu riesca a entrarci in confidenza e, senza forzarlo, che getti le basi per la sua futura collaborazione. In due parole, devi convincerlo a cantare. Hai anche tutto il volo di ritorno, durante il quale sarete seduti accanto ma, spero, lo troverai già cotto a puntino e pronto a dare aria ai denti».

Angela ha già contato tre o quattro luoghi comuni da segnare in blu nel discorsetto, ma continua la recita della brava poliziotta tutta fervore.

«Grazie della fiducia, dottore... Non andrò da sola, immagino».

(Dimmi che vieni anche tu, dimmi che...).

«Naturalmente no. E devo dirti una cosa in confidenza...».

Angela sente che qualcosa le si scioglie dentro. Qualcosa di umido, caldo, delizioso.

«Be', ecco, all'inizio avevo pensato di mandarti con Peluzzi, ma ci ho ripensato. Tenderebbe a sentirsi sminuito o, peggio, a fare tutto lui, magari contando sul machismo dei poliziotti locali. Io, però, credo che tu abbia qualche chance in più di farcela, quindi ho deciso che partirai col sovrintendente Moreschi».

Tanto vale portarsi dietro un aspirapolvere. Stesso spirito di iniziativa. Quanto a utilità, decisamente molto meno. Uno di quei poliziotti miracolati che finiscono chissà come negli uffici investigativi. Né Tommaso né Angela danno voce al pensiero.

«Naturalmente quello che ti ho appena detto su Peluzzi resta tra noi. E Moreschi è un ottimo elemento, che saprà supportarti se e quando ne dovessi avere bisogno».

«Naturalmente, dottore».

Angela nasconde la delusione dietro la maschera della sbirra compresa nel suo compito e grata per l'occasione.

«La ringrazio molto per la fiducia, cercherò di non deluderla».

«Ne sono certo. Il volo è dopodomani. Domani passalo a documentarti... Io sono in procura tutta la mattina, magari ci salutiamo nel pomeriggio, se riesco a liberarmi... Se capita qualche imprevisto e non ci dovessimo vedere prima della tua partenza, buona fortuna».

«Grazie dottore, ma spero di vederla domani».

Mentre si stringono la mano ad Angela, chissà perché, viene in mente una citazione di William Shakespeare sepolta nella memoria a lungo raggio dai tempi del ginnasio.

«Addio e addio per sempre, Cassio, se ancora ci rivedremo rideremo di ciò, altrimenti questo sia il nostro ottimo commiato».

Il commiato che immaginava era molto diverso, ma bando alle fole d'amore e sotto col lavoro. Angela va difilato in archivio e, in mancanza di meglio, si prepara a passare la notte col fascicolo di Quirino Alfredo, inteso Cricrì.

«Che hai, tesoro?».

Tommaso guarda il piatto di tortellini alla panna praticamente intatto, poi sua moglie, poi di nuovo il piatto e attinge una forchettata svogliata.

«Non ti piacciono?». Elena è maestra nel condire una frase semplice e banale con una lievissima sfumatura di rimprovero.

«No, buonissimi, ma... non ho molta fame, in questo periodo».

Elena posa la forchetta e scocca la sua migliore occhiata indagatrice.

«È un po' che sei strano, amore... Non mangi, sei distratto, sei da un'altra parte. Che ti succede? Non ti va di parlarne?».

Sesto senso femminile. Tommaso sente una stilettata allo stomaco nel punto dove i tortellini stanno vedendosela coi succhi gastrici.

«Ma niente, tesò... L'ufficio, le rogne, sai com'è».

«No, non lo so, mica faccio la poliziotta. Spiegamelo tu, com'è».

«Be', grane a non finire. Oltre alle indagini sulla Banda e l'omicidio del Fichetto mi tocca il *day by day*, il turno di ventiquattr'ore, le scartoffie, i casini col personale... Adesso ho anche un'ispettrice in missione in Colombia, una cosa molto delicata. Insomma, alle volte non so a chi dare i resti».

«E non è così che funziona sempre? Voglio dire, non è quello che ti aspettavi quando ti hanno preso alla mobile di Roma? I tuoi colleghi come fanno?»

«Be', siamo tutti un po' sotto stress, sempre... Forse

devo ancora abituarmi ai ritmi, non so. Alle volte mi sento ecco, come dire… sovrastato».

La carezza di Elena sul dorso della mano e il suo sguardo pieno d'amore e di comprensione lo fanno sentire ancora più in colpa, se possibile.

«Lo capisco, ma sono sicura che ce la fai, molto meglio di tanti altri, Tommaso. Tu sei nato per fare lo sbirro. E ricordati una cosa…».

Elena allontana la mano e i suoi occhi diventano due punteruoli.

«Una coppia affronta le cose assieme, mano nella mano. La cosa più importante, sempre, è dirsi tutto. Abbiamo fatto un patto di sincerità, io e te, ricordatelo sempre».

Poi si alza e comincia a sparecchiare, senza neanche pensare a portare a tavola il secondo, visto che nessuno dei due ha più voglia di mangiare. Guardano un po' di televisione assieme, poi Elena sbadiglia, accusa un gran sonno e se ne va a dormire.

Tommaso resta ancora davanti alla tv senza vedere, senza sentire.

Andare in camera da letto, abbracciare sua moglie, fare l'amore con lei, dimenticarsi Angela, tornare nella routine rassicurante e un po' noiosa (perché? Da quando?) della sua vita matrimoniale, dedicarsi completamente al lavoro, fare carriera, fare un altro figlio, no magari altri due.

Oppure…

Oppure?

Si sveglia alle 2 di notte e decide di restare sul divano, tanto sa benissimo che non riuscirà più a prendere sonno. L'appartamento che tanto ama, arredato da Elena con gusto e semplicità, gli sembra una prigione. Si alza, va in bagno, fuma, beve, riaccende la tivù col volume al minimo, la spegne dopo otto minuti esatti senza sapere se ha guardato *Apocalypse Now* o un talk show, legge due pagine e mezzo del suo autore preferito, rinuncia, si accende un'altra sigaretta, si siede, si sdraia…

La mattina dopo è uno straccio. L'appuntamento in procura salta all'ultimo momento per un problema del pm, ma non torna in ufficio. Esce da piazzale Clodio, congeda l'autista dicendogli di andare in questura e tenersi a disposizione e cammina a lungo, senza meta, nella zona di Prati. Poi prende un taxi e si fa portare a casa. Elena, come sempre, è al lavoro e gli sembra stranissimo ritrovarsi da solo, a quell'ora inconsueta, con uno strano mix di senso di libertà e di rimorso, come uno studente che ha fatto sega.

Telefono.

Per un solo, assurdo istante, spera che sia Angela, invece…

«Buongiorno dottore, scusi se la disturbo, non sapevo dove trovarla e ho pensato di chiamare a casa…».

«E mi hai trovato, Peluzzi, dimmi».

«La cerca il capo, vorrebbe vederla nel pomeriggio».

Nel pomeriggio, certo. Briefing, relazioni, confronti, aggiornamenti. E Angela in partenza, trepidante, innamorata…

No, semplicemente non ce la fa, non oggi.

«Nel pomeriggio devo vedere un confidente, Peluzzi, dillo tu al capo, se riesco a liberarmi vengo dopo le 19 ma ci spero poco, sai come vanno queste cose».

«Certo, dottore, riferirò».

E adesso?

Tommaso si chiede cosa fare di sé stesso fino a sera. Ci sono quattro modi per dimenticare le pene d'amore, almeno per un po': alcol, droga, sesso e fatica fisica.

Tommaso decide che la quarta gli corrisponde di più.

S'infila la tuta, prende la sacca coi guantoni e tutto il resto e, dopo due mesi d'assenza, si ripresenta nella modaiola palestra di pugilato ai Parioli, tra bancari che si credono Mike Tyson e avvocati che si sentono molto tosti e molto macho, dove viene accolto con grandi salamelecchi e un pizzico di rimprovero per non essersi fatto vedere così a lungo.

Salto con la corda, flessioni, addominali, panca, pesetti, insomma, il training completo, nonostante i muscoli doloranti e un po' infiacchiti dalla mancanza d'allenamento che, sicuramente, domani gli chiederanno il conto.

La parte peggiore tocca al sacco, che si becca lo sfogo di tutte le sue frustrazioni.

Mentre lo massacra di pugni, zuppo di sudore, con più foga che tecnica, fottendosene alla grande dei consigli del suo allenatore, Tommaso si domanda chi è in realtà, che sta pestando come una zampogna a suon di ganci, jab, montanti e diretti, ma sa già la risposta.

Sé stesso.

«Eccomi amore, sono tornata... Mammamia che scarpinata, sono a pezzi».

«Chi era quello?»

«Quello chi?»

«Come chi? Mi prendi per il culo? Lo stronzo con la Porsche che ti ha accompagnato».

«Ma che fai, mi spii dalla finestra, adesso?»

«Ero in terrazza e vi ho visti arrivare, allora?»

«Allora che?»

«Chi era? Cazzo, è una domanda semplice, mi pare».

«Ma... Angelo, il compagno di Franca. Abbiamo fatto shopping tutto il giorno, ero a pezzi e si è offerto di portarmi lui, non mi andava di prendere il trenino e la Golf l'hai presa tu, se ti ricordi...».

«Fammi capire: siete state in giro per negozi un pomeriggio intero con quel testa di cazzo dietro come un cagnolino? Si vede che non ha un cavolo da fare tutto il giorno per fare il cavalier servente a due oche come voi».

«Senti, ma come ti permetti? Oca lo dici a tua sorella, chiaro?»

«Certo, scusa, avrei dovuto dire puttana, è più azzeccato».

«Gigi, ora basta, mi sono rotta. Non ne posso più, sei diventato un maniaco. Mi spii, mi controlli, mi stai sempre col fiato sul collo, cheppalle... Un amico mi dà un passaggio e tu armi 'sto casino, ma ti rendi conto?»

«Un amico eh? E tu li baci sempre, gli amici?»

«Mi ha dato un bacetto sulla guancia, porcaputtana, è il compagno di Franca!».

«Certo... e magari lungo la strada vi siete fermati per una sveltina, no? O magari gli hai fatto un pompino per ringraziarlo del passaggio».

«Ascoltami bene, Gigi, ti parlo seriamente. Non ne posso più. Se davvero credi che sia una troia, che vada a letto col primo che capita non appena mi volti le spalle, be', è un problema tuo. Io non ti ho mai tradito, capisci? Mai. Ma se credi che debba restare tutto il giorno a casa e uscire col chador come una moglie araba hai sbagliato persona. Rifletti bene e decidi tu».

«Che vorresti dire?»

«Che se non ti sta bene te ne puoi anche andare, ecco cosa voglio dire. Io ho la mia vita, i miei amici, le occasioni sociali, non sono una suora di clausura, quindi o così o Pomì, come dice la pubblicità».

«Cioè, mi stai sbattendo fuori di casa, zoccola?»

«Basta con gli insulti. Basta. Ho detto che se questo rapporto non ti sta più bene puoi fare le valigie, caro Gigi. Vorrei ricordarti che questa è casa mia».

«Ah, è così allora? Mi stai dando il benservito? Mi licenzi? E quanto mi dai di preavviso prima che debba sloggiare?»

«Io non ho detto questo ma... no, non mi toccare, mi fai male, smettila!».

«Troia, puttana, te lo do io il benservito, ma con chi credi di parlare, con un cameriere filippino, mignotta?»

«No, Gigi, ti prego... se lo fai ancora una volta, una sola, giuro che ti denuncio, cazzo... no, per favore, no, no!».

«Pronto? Tommaso? Mi senti?»

«Certo, Angela, ti sento benissimo, allora? Come procede?»

«Mi sembra che ci siamo...».

«Vuole parlare? Ti ha detto qualcosa?»

«Non ancora, niente di specifico, almeno. Ma sono sicura che è pronto a vuotare il sacco».

«Dimmi tutto, cara».

«Ehm, grazie, Tom... Dottor Elleni, il soggetto è incavolato nero coi suoi complici di una volta, li odia, è distrutto per l'omicidio del fratello che secondo lui non c'entrava niente».

«E...?»

«Continua a imprecare, a disperarsi, una volta ha perfino pianto. Dice che sono una manica di infami e che vuole vendicarsi... Visto che non può più andare a sparare a tutti, sono sicura che salterà il fosso e diventerà un collaboratore. È solo questione di tempo. Dopodomani dovremmo partire, nel frattempo continuo a lavorarmelo un altro po'...».

«Bravissima! Ho fatto bene a mandare te. Anche perché...».

«Anche perché?»

«Be', sì, insomma, sei una bellissima donna e il nostro amico, di sicuro, ti starà facendo le bave dietro, il che aiuta».

«Non credo sia interessato... Mi sembra troppo immerso nei suoi casini per pensare alle donne in generale. Tra l'altro è sieropositivo e non sembra molto in salute, ma... mi fa piacere quello che dici. Trovi che sia bella, Tommaso?»

«Angela... accidenti, lo sai... sei bellissima e io, sì, ecco, non vedo l'ora che torni».

«Anche io, Tommaso... amore mio».

«...».

«Tommaso? Sei ancora lì?»

«Sì Angela, scusami, stavo, ehm, firmando una carta... Allora fammi sapere quando arrivi, vengo a prenderti in aeroporto».

«Grazie, molto gentile. Domani dovrei sapere tutto, chiamo appena ho i biglietti aerei in mano».

«Benissimo, ti aspetto e... Angela?»

«Sì?»

«Un bacio. Ti voglio da impazzire».

«Gioia mia dolce, anch'io, tanto, tanto...».

«Pronto?»

«Centotredici, dica...».

«Venite subito, per favore».

«Scusi, chi parla? Che sta succedendo?»

«Mi chiamo Luigi Morani, MO-RA-NI. Sto a Sacrofano, via Flaminia, una villa rossa senza numero civico, duecento metri dopo il ristorante Da Baffone, sto chiamando da casa».

«Ho preso nota, signor Morani ma, scusi, non ho capito il motivo della chiamata. Le hanno rubato in casa?»

«No. La mia compagna è morta».

CAPITOLO 5

Roma, molti anni prima

Lancia Thema Ferrari, color rosso Winner. Un mostro. Berlinona spigolosa con un design da supercar e una centrale nucleare nel cofano. Trazione anteriore, motore da 3000 cc, 32 valvole, 216 cavalli, capace di toccare i duecentoquarantacinque chilometri all'ora e di schizzare da zero a cento in meno di sette secondi.

Il depliant te lo consegnano in una scatoletta di radica che costa come un ciclomotore.

Macchina tamarra voluta personalmente da Gianni Agnelli e Cesare Romiti, che se ne è accaparrata una color amaranto. Qualsiasi barabba potrebbe uccidere per un'auto così.

Er Fringuello scende dal taxi che l'ha portato davanti al bar del Portuense dove ha appuntamento con er Fichetto e lo trova con tutta la sua cerchia radunata attorno alla Thema che sembra splendere di luce propria. Mormorii di ammirazione, commenti tecnici più o meno azzeccati, perfino qualche furtiva carezza alla carrozzeria manco si trattasse di una bella gnocca. Occhiate cupide. Sospiri.

Gigi s'avvicina, stringe la mano a Silvio Allevi in versione playboy anni Settanta, con tanto di Ray-Ban verdi a goccia, foulard di seta sotto la camicia, giubbino di pelle scamosciata blu che gli calza come un guanto. Saluti, pacche sulle spalle, qualche battuta: sì, ormai è uno di loro, a pieno titolo. Promozione guadagnata sul campo.

«Anvedi che machina... quando te la sei fatta, Fiché?».

Er Fringuello, ormai, è praticamente bilingue: italiano corretto con Patrizia, in famiglia e in ufficio, coattese o barabbese quando sta con "l'amichi". La sua seconda vita.

La prima?

Er Fichetto sorride, con la solita aria smagata di chi la sa lunga, a suo agio in qualunque ambiente, attore capace di impersonare mille ruoli diversi.

«Come la vedi, Fringuè? T'attizza?»

«M'attizza sì, è 'na machina da favola, nun vojo manco sapè quanto hai scucito pe' compralla».

«E fattece un ber giro, allora!»

Gigi guarda er Fichetto sbalordito. La moglie si può prestare, la macchina no e, tra l'altro, non ha neanche preso la patente...

«Posso davero?», esita.

«E che te sto a dì? 'Namo, tojete 'sto sfizio».

Er Fichetto gli allunga il portachiavi col logo Ferrari e una sterlina d'oro e er Fringuello siede al posto di guida, accarezza il volante inclinato, regola il sedile, fa un bel respiro, avvia il motore e...

Parte come un bolide lasciandosi dietro mezzo chilo di pneumatici, prende la prima curva così stretta che rischia di scrociare di brutto, frena, accelera, scala le marce, sbocca sulla Portuense a mezzo gas godendosi il rumore da Concorde, sguscia tra le auto, trova un rettilineo, tocca i centosettanta all'ora, si mette a cantare per la gioia, guida per almeno mezz'ora prima di rendersi conto che è ora di tornare indietro e, mentre parcheggia davanti al bar, giura a sé stesso che, prima o poi, avrà abbastanza soldi da comprarselo anche lui, questo sogno a quattro ruote. Silvio e i suoi si sono spostati all'interno per uno di quei pomeriggi di cazzeggio collettivo che cementano i legami interni della Banda quando non c'è niente di meglio da fare.

Er Fichetto alza gli occhi dalle carte con cui sta giocando e dal bicchiere di birra che ha davanti.

«Aho, pensavo che t'eri scrociato da qualche parte, a Fringuè».

«Scusame, a Fiché, me so' fatto prenne la mano, è 'na favola». Gigi gli deposita le chiavi davanti con un mezzo sorriso. «Ah, 'na cosa, ho preso un palo, me dispiace ma nun te preoccupà, gnente di grave, c'è solo tutta la fiancata sinistra da rifà, co' cinque, sei pippi torna nova e passa la paura», scherza.

«E ce lo sapevo che nun sei bono a guidà, vabbè mo so cazzi tua, te tocca portalla dal carozziere», sta allo scherzo Silvio, fingendo d'incazzarsi.

«Daje, così la guido ancora un po'… È mejo de 'na scopata», s'entusiasma Gigi.

«Ma te piace davero così tanto, 'sto pezzo de lamiera?»

«E te credo che me piace, Fringuè, cazzo, è proprio la machina giusta pe' te».

«Puro pe' te, Fringuè, anzi, sai che te dico? Visto che ce stai a fa' le bave te la poi pure tenè, a me m'ha già rotto er cazzo, troppo vistosa, troppo sbrasona, ma pe' un pischello è perfetta, tiè, domani 'namo in agenzia per er passaggio de proprietà».

E Silvio deposita di nuovo il portachiavi, sterlina d'oro compresa, tra le mani di un Fringuello allibito.

«Ma… che stai a dì?»

«Aho, ma in culo te c'entra e in testa no? Te la regalo. È tua. Hai capito mo?».

Gigi resta senza parole e senza fiato mentre tutti ghignano, visto che conoscevano in anticipo il finale della sceneggiata.

«Io… a Fiché, nun so' che dì», balbetta Gigi, ancora incredulo.

«E nun dì gnente che è mejo, pijate 'sta machina e levete

dalle palle», sorride munifico er Fichetto. Un sovrano che assegna un grosso feudo a uno dei suoi vassalli.

«Ma... be', io nun c'ho la patente», obietta debolmente Gigi, che non riesce a credere a quello che gli sta capitando.

«E sticazzi, domani all'agenzia famo pure quella, nun te preoccupà, er titolare è 'n amico, pensa a tutto lui, nun dovrai fa' manco l'esame. Bollo e assicurazione già pagati pe' tutto l'anno».

«A Silvio, io...». Gigi sente che le parole gli si strozzano in gola. Commozione, gratitudine, amicizia.

«Scommetto che adesso la voi guidà di nuovo, mo che è tua», insinua Silvio.

«Be', insomma... sì, mi farebbe piacere ma non vorrei...».

«'Namo, t'accompagno fora, tanto oggi me dice male co' le carte, c'ho 'na sfiga da paura».

Escono insieme. Gigi trattiene l'impulso inconfessabile: abbracciare il Fichetto che ormai vede come una specie di fratello maggiore, generoso e autoritario al tempo stesso. Un po' come Cavallo Pazzo. Figure di riferimento.

«Senti, te lo voglio dire ancora una volta: grazie di cuore, Silvio».

«Nun ce pensà, è er minimo. Quella faccenda... sei stato bravo».

«Ho fatto quello che mi avevi detto di fare, tutto qui».

«E l'hai fatto bene. Pulito, preciso. Er ferro l'hai riportato?»

«Certo».

«Problemi?»

«Nessuno. Il tizio del deposito non ha detto una parola».

«Ottimo, così se fa: fatti e non parole. Daje, fatte 'n'antra bella corsa su 'sta machina, ma nun te scrocià che me servi vivo e tutto intero».

«Tranquillo, so guidare, io».

«Ce lo so. E sai fa' puro un sacco d'antre cose. Si continui così e nun fai cazzate tempo cinque anni e 'sta machina la regalerai ar tuo maggiordomo».

Stretta di mano, pacche reciproche sulle spalle e Gigi rimette in moto la macchina da sogno che, adesso, è sua. Ancora non riesce a crederci, gli sembra una cosa pazzesca ma, pensandoci bene, si convince che, nel suo prossimo futuro, tutto sarà possibile.

Flashback.

Ufficio comunale di via Monte Caprino, depositeria degli atti giudiziari, alle spalle del Campidoglio. Di fronte c'è il comando della polizia municipale di via della Consolazione, un posto che molti romani vorrebbero far saltare in aria con la dinamite.

Siamo nel cuore del centro, a due passi da piazza Venezia, un luogo yin-yang che, di giorno, è affollato di gente esasperata, in coda per ritirare una multa scaduta, una citazione in tribunale, un atto giudiziario non recapitato a domicilio, che significa perdere una mattinata sana, impazzire per trovare parcheggio, rischiare un altro verbale per divieto di sosta proprio mentre stai andando a prendere una contravvenzione che dovrai pagare con tanto di interessi.

Di notte, quando gli uffici sono chiusi da un bel pezzo, la collina, i suoi anfratti e i suoi recessi diventano punti di ritrovo di marchettari, travestiti, mariti col vizietto. Cespugli, piccole forre, tronchi d'albero echeggiano di sussurri, conversazioni a bassa voce, ansiti, amplessi furtivi, contrattazioni. Il sarcasmo feroce e greve dei romani l'ha ribattezzata "Monte Pecorino".

Er Fringuello arriva in taxi, vede la fila che promette almeno un paio d'ore d'attesa, fa spallucce, bussa all'ingresso secondario che gli ha indicato Er Fichetto, rigorosamente riservato agli impiegati comunali e a quelli come lui, che non fanno le code, che se prendono una multa l'accartocciano e la buttano nel cesso, tanto hanno qualche santo in Paradiso che gliela toglierà e, comunque, non la pagheranno mai.

Ma Gigi Morani non è qui per una multa. Del resto non ha neanche la patente, non ancora, almeno. Un usciere corpulento e forforoso lo blocca sulla porta con la classica interiezione sguaiata-interrogativa-provocatoria della burocrazia capitolina.

«Dicaaaa».

«Cerco Claudio Gabelli».

«Sono io, lei è...?»

«Piove parecchio».

«Grandina».

Fuori, il sole di maggio spacca le pietre.

L'usciere annuisce, gli fa cenno di entrare, gli volta le spalle. Scendono una scala, percorrono un corridoio sotterraneo che odora di muffa e vecchi fascicoli lasciati a deteriorarsi in bugigattoli dimenticati e arrivano di fronte a una porta con una doppia serratura di sicurezza.

«L'interruttore è a sinistra», avverte l'usciere facendo scattare le serrature e piazzandosi, ostentatamente, sulla porta. Lui non entra. Non entra mai. Come ogni "retta" che si rispetti, vuole sapere il meno possibile delle cose che gli sono state affidate e che deve custodire per uno stipendio mensile in contante doppio di quello che gli passa il Comune. Apre la porta, la richiude e stop.

Er Fringuello accende la luce e resta basito.

Tutto si aspettava meno questo: sulle mensole di formica, illuminato dalla luce cruda del neon, c'è un arsenale: due mitragliette, sette semiautomatiche, cinque revolver, due pistole lanciarazzi che sembrano phon, una carabina di precisione, diverse scatole di munizioni di tutti i calibri, una maschera antigas e una cassetta di cartone che contiene cinque bombe a mano tipo ananas. Ben piegate e avvolte nel cellophane, in un angolo, ci sono due divise da carabiniere e una della guardia di finanza, oltre a tre palette rosse con la scritta "Ministero dell'Interno".

Gigi non ha mai visto tante armi insieme, nemmeno quando era un terrorista militante.

L'usciere, fuori, si schiarisce la voce, un segnale che significa datti una mossa.

Er Fringuello esita ancora qualche istante, poi sceglie un revolver Smith & Wesson a canna corta calibro .38 special e prende dieci pallottole camiciate da una scatola di munizioni. Per quello che dovrà fare bastano e avanzano.

L'usciere lo aspetta nel corridoio, massiccio, sonnolento, impassibile. Richiude la porta con cura, lo scorta all'uscita e lo congeda con un mezzo grugnito di saluto per tornarsene ai cappuccini, alle chiacchiere sulla Roma, alle parole crociate e alle schedine del Totocalcio che costituiscono la sua giornata lavorativa.

Stessa procedura qualche giorno dopo, a lavoro fatto. Se er Fringuello dovesse essere interrogato, potrebbe dire pochissimo della retta, visto che il nome falso di Claudio Gabelli fa parte della parola d'ordine e i due si sono guardati in faccia per quindici secondi al massimo.

L'arsenale della Banda è al sicuro. E Gigi può giurare che tutto quel ben di Dio non è destinato solo alla criminalità comune ma, quando Silvio Allevi gli ha dato le indicazioni per armarsi in vista del lavoro che lo aspettava, si è guardato bene dal fare domande e non ne farà in futuro, ora che ha visto l'arsenale. La galera gli ha insegnato la regola d'oro: meno chiedi, meglio è.

«Ehm… Gigi…».
«Sì, dottor Bolognesi».
«Vieni un attimo nel mio ufficio, per favore, ti dovrei parlare».
«Arrivo».
Er Fringuello si raddrizza la cravatta e si alza, svogliato e indolente, per andare a beccarsi un cazziatone ovattato dal suo principale.
Che è uno dei migliori amici di suo padre, nonché il papà della donna con cui sta vivendo una storia d'amore di miele e di fuoco.
E che probabilmente sta per buttarlo fuori a calci in culo. Con educazione, s'intende.
Ranieri Bolognesi, il classico cinquantacinquenne lampadato, fisicato a forza di palestra e di squash, griffato più della sfilata milanese primavera-estate, si alza, gli stringe la mano, gli offre il caffè, lo fa accomodare nel suo ufficio, appena un po' più grande e lussuoso del *Titanic*, s'informa della famiglia (che presumibilmente frequenta molto più di lui) e, insomma, prepara un quintale di vaselina prima di… ci siamo capiti.
«Come va?»
«Benissimo, grazie, dottore…».
«Ieri non sei venuto in ufficio».
«No, in effetti ero malato».
«Avresti potuto avvertire».
«Sì, dottore, mi spiace, mi sono dimenticato di telefonare. In effetti avevo la febbre a quaranta, sono quasi svenuto».
Ranieri Bolognesi si limita a un'occhiata scettica a quel ragazzo bello, elegante, strafottente, che scoppia di salute.
«Giovedì scorso c'era la riunione con l'ingegner Frattani. Hai dimenticato anche quella?»
«Ha ragione, dottore, ho avuto da fare, un impegno improvviso che mi ha impedito di presenziare… Scusi tanto».

Ranieri Bolognesi fa un sospirone da padre comprensivo, poi decide che è venuto il momento di parlare chiaro.

«Vedi, Gigi, quando tuo padre mi ha chiesto di trovarti un lavoro qui in azienda non ho avuto difficoltà ad acconsentire, nonostante la tua... ecco, diciamo carenza di requisiti specifici e di un titolo di studio adeguato».

«Sto preparando la maturità da privatista, dottore».

«Ottimo, ma vedi, non si tratta di questo... È che non mi sembra che questo incarico corrisponda alle tue aspettative e, diciamolo pure, alle nostre esigenze. Nelle ultime due settimane sei stato assente, complessivamente, otto giorni e, quando sei venuto in ufficio, sei arrivato sempre in ritardo e sei andato via in anticipo, assentandoti spesso per parecchio tempo senza fornire un recapito alla tua segretaria. Hai saltato due riunioni importanti senza avvisare e una mattina ti sei presentato visibilmente ubriaco. Sarai d'accordo con me che questo atteggiamento non è quello che ci aspettavamo. Evidentemente il posto che ti ho offerto non ti interessa».

«Be', dottor Bolognesi, ho avuto un periodo un po' incasina... impicciato, anche perché lo studio per il diploma mi assorbe parecchio, ma...».

«Capisco, capisco benissimo, non c'è bisogno che ti giustifichi, caro Gigi, so che sei un ragazzo intelligente e volenteroso che cerca un'occasione per esprimere al meglio le sue potenzialità».

«Grazie, dottor Bolognesi».

«Per questo voglio offrirti un'altra opportunità».

«Dica».

«La nostra azienda sta aprendo un ufficio ad Avezzano. Una sede temporanea per seguire un progetto di ristrutturazione di un grosso centro commerciale. È un appalto su cui puntiamo molto e abbiamo bisogno di referenti giovani e dinamici in loco. Che ne diresti di trasferirti sul posto per qualche mese come aiuto del vicedirettore? Il tempo di farti le ossa, seguire i lavori e potrai tornare in azienda con una qualifica e uno stipendio adeguato».

Occhiata adescatrice.

Traduzione: ti leviamo dalle palle, ti diamo un altro po' di soldi e ti spediamo in culo alla balena dove potrai fare meno danni... E starai alla larga dalle ragazzine bionde di buona famiglia.

«Be', dottore, non posso che ringraziarla per la pazienza e la fiducia che mi sta dimostrando...».

(Ma vacci tu in mezzo alle pecore e ai buzzurri, in una città dove d'inverno fa più freddo che a Courmayeur e, di notte, si sentono gli ululati dei lupi del Parco d'Abruzzo).

«Allora accetti? Benissimo».

«...ma purtroppo devo rifiutare la sua generosa proposta. Come le ho detto sto preparando la maturità e...».

«Potresti studiare lì, anzi, avresti meno distrazioni e, ovviamente, il responsabile della sede non avrà difficoltà a concederti permessi per motivi di studio, se ne dovessi avere bisogno».

«Grazie, grazie davvero, dottore, apprezzo molto, ma la risposta è no. Ho troppe cose che mi legano a Roma, in questo periodo».

La Banda.

Patrizia.

Qualche infame da parcheggiare.

Già, un sacco di cose.

Ranieri Bolognesi alza gli occhi al cielo, senza sapere che pesci prendere e Gigi lo toglie d'impaccio con la signorilità che gli è stata inculcata fin da bambino.

«Capisco di non essere stato all'altezza delle sue aspettative ma non posso accettare il trasferimento ad Avezzano, quindi non mi resta che rassegnare le dimissioni. Mi creda, le sono veramente grato di tutto». Poi si alza e gli tende la mano per chiarire che la cosa finisce lì.

Ranieri Bolognesi, sollevato, gliela stringe con calore. Lui ci ha provato. Del resto, in un colloquio col padre di Gigi, gli ha già spiegato tutto: il ragazzo è un disastro, combina solo casini e l'unica possibilità è spedirlo più lontano possibile.

Nessuno dei due si aspettava che funzionasse.

«Be', ti farò preparare i conteggi della liquidazione, cui aggiungerò personalmente un bonus per la buona volontà che hai dimostrato. Naturalmente, se ci ripensi, non hai che da chiamarmi e, dopo che avrai preso la maturità, potremmo definire un nuovo profilo lavorativo in cui potrai esprimerti al meglio».

Gigi manco l'ascolta, se ne sbatte del bonus e non vede l'ora di andarsene.

Commiati, sorrisi, saluti poi, finalmente, è in strada, sollevato come un evaso.

Basta con la scrivania, gli orari, gli appuntamenti di lavoro, le segretarie cozze, i principali paternalistici, tutta roba che non fa per lui.

Entra in un bar, ordina un caffè corretto al Mistrà, chiama Patrizia dal telefono a gettoni e le dà appuntamento per la sera, destinazione Ai Piani, un ristorante di pesce dei Parioli di gran moda che, ovviamente, costa un botto, chiedendosi che faccia farà quando vedrà la Thema Ferrari e la patente nuova di zecca. Gigi, a ventidue anni, giura a sé stesso che non farà mai più un solo giorno di lavoro in vita sua.

«E quella macchina?»

«Bella, no?»

«Be', un po'... eccessiva, forse?»

«Che vuol dire eccessiva? È una serie speciale, mica un'auto qualunque».

«È tua?»

«Certo che è mia, che pensi? Mica l'ho rubata».

«Dev'esserti costata un sacco di soldi...».

«Di sicuro non me l'hanno regalata. Ho chiesto un finanziamento, la pago a rate».

«Un finanziamento, eh? E te lo hanno dato così, senza una garanzia, con quello che guadagni, anzi, che guadagnavi? Mi sembra un po' strano».

«Ho un amico che lavora in banca...».

«Ti sei fatto un sacco di amici da quando sei uscito dal carcere».

Gigi sbatte forchetta e coltello sul piatto.

«E basta, cheppalle, mo me so' rotto er cazzo! Ma che è, un interrogatorio? Nun bastano quelli che m'hanno fatto le guardie? Ma nun se po' manco magnà in pace in questa casa?».

Alberto Morani stringe le labbra, fa per calare una manata sul tavolo, si trattiene, pensa che ne basti uno, in famiglia, a dare di matto, riprende il controllo a fatica.

«Ascoltami bene, Gigi, così proprio non va. Ho parlato con Ranieri, era molto spiacente ma mi ha spiegato che è stato costretto a licenziarti perché...».

«Non mi ha licenziato, porcocazzo, sono io che ho deciso di andarmene, quel lavoro mi aveva rotto li cojoni».

«Per favore, Gigi, parla come si deve», interviene Daniela Morani che, finora, ha lasciato fare al marito, ma quando è troppo, è troppo.

«Scusa, Mà, ma 'sta solfa nun la reggo più, eccheppalle... Me state sempre appresso cor fucile: che fai, 'ndo vai, chi vedi, chi te dà li sordi... Lo volete capì che nun so più un pischello?».

Stavolta la manata arriva. Bicchieri ondeggianti. Attimo di silenzio. Alberto Morani, pallido di rabbia, ha la faccia di un presidente di tribunale che sbatte il martelletto come un fabbro e minaccia di far sgomberare l'aula.

«Adesso basta, hai passato il segno. Parli come un buzzurro, non lavori, non sei stato capace di tenerti un buon impiego che ti avevo trovato grazie alle mie amicizie anche se sei un buono a nulla... No, non mi interrompere, ora parlo io. Torni a notte fonda, ti alzi a mezzogiorno, sei pieno di soldi che non si sa da dove arrivino, sono sicuro che frequenti gente sbagliata e pericolosa, per non dire altro e ci hai costretti anche a licenziare la cameriera!».

Mary, la domestica, ha dovuto fare le valigie in fretta, in un profluvio di lacrime, quando Daniela Morani ha aperto la porta del bagno e l'ha trovata in ginocchio intenta a fare un lavoretto di bocca al suo amato figliolo. Scenata, liquidazione e fuori dai piedi. Gigi s'è fatto una bella sghignazzata e non le ha dato neanche un bacetto d'addio. A ripensare alla faccia di sua madre gli viene ancora da...

«Non c'è niente da ridere, credimi, Gigi. O cambi registro e ti dai una raddrizzata, ti rimetti a studiare, ti trovi un lavoro o...».

«O che?». L'espressione del Fringuello è quella del coatto che cerca la rissa, stile "che cazzo stai a guardà?".

«Oppure te ne vai. Questa casa non è un albergo, ci sono delle regole da rispettare».

«Ah sì?». Gigi si alza in piedi, afferra la bottiglia di Amarone, beve a garganella, si pulisce la bocca col dorso della mano, fa un cenno ironico di saluto, si gira e si avvia verso la porta.

«Che stai facendo? Non ti ho dato il permesso di alzarti da tavola, dove credi di andare?», sbotta Alberto Morani, gli occhi fuori dalle orbite, la pressione a trecento, fuori di sé per la rabbia.

«Via, me l'hai detto tu, no? O rispetti le regole o te ne

vai. Io mi sono rotto il cazzo delle vostre regole e me ne vado. Tanti saluti».

Gigi mette la mano sulla maniglia della porta, sente quella del padre che lo strattona sulla spalla, si volta di scatto, veloce come un crotalo, il pugno alzato, gli occhi da assassino.

«Nun me toccà, papà, te lo dico per la prima e l'ultima volta, leva 'sta mano o giuro che te sgrugno», sibila con ferocia. Alberto Morani fa un passo indietro, sconcertato. Quello che ha davanti non è il ragazzino che ha tentato di educare, non è il terrorista sedicenne obnubilato di ideologia che ha ammazzato la persona sbagliata, non è il giovane detenuto che faceva progetti coi genitori durante i colloqui a Rebibbia. È un'altra cosa. Qualcosa che non conosce, che non vuole conoscere perché gli fa paura.

«Gigi… ti prego…». Daniela Morani, in barba all'etichetta, si asciuga le lacrime con il tovagliolo.

«Mo me state a sentì, tutti e due», ringhia er Fringuello. «Da quando so' uscito de galera nun m'avete manco fatto respirà. Gigi fai questo, Gigi fai quello, Gigi mettete a studià, mettete a lavorà, facce fa' bella figura. M'avete rotto er cazzo, qua sto peggio che a bujosa e sapete che ve dico? Me ne vado. Tanti saluti e grazie di niente».

Poi, senza ascoltare i richiami furiosi del padre e quelli patetici della madre, sale in camera sua, apre una valigia, ci butta dentro le sue cose alla rinfusa, recupera il pacchetto pieno di soldi da sotto il materasso dove l'ha nascosto assieme a tre grammi di cocaina e scende le scale.

Sua madre è davanti alla porta d'ingresso con braccia spalancate, più melodrammatica di Donna Elvira nel *Don Giovanni*.

«No, Gigi, resta. Questa è casa tua, sempre».

«Questa è casa vostra, Ma'. Io non c'entro più niente con voi due, mi dispiace».

Poi, semplicemente, la sposta, le dà un bacio sulla guancia ed esce, lasciandola in singhiozzi. Apre il cofano, butta dentro la valigia e fa una bella partenza sgommante *very criminal style*.

Sa dove andare e lo sa da un bel pezzo.

Patrizia, quando ha visto la macchina, è andata in brodo di giuggiole e l'ha abbracciato forte.

CAPITOLO 6

Roma, molti anni dopo

Questura di Roma.
Ufficio della squadra mobile, sezione omicidi.
Ore 4:47

ADR. Non mi sono accorto di quanto stava accadendo in quanto, al momento, stavo dormendo sul divano del salotto.

ADR. Verso le 2:30 sono andato nella stanza da bagno per un bisogno fisiologico e ho scoperto il corpo della mia convivente, impiccato alla maniglia della porta della suddetta stanza.

ADR. Ho tentato di soccorrere la sunnominata Patrizia Bolognesi sciogliendo il cappio che lei stessa aveva annodato con la cintura di un accappatoio ma mi sono reso conto quasi immediatamente che la signora era deceduta e ho chiamato il 113.

ADR. Verso le 19:30 avevamo avuto un diverbio animato ma solo a livello verbale, motivo per il quale eravamo andati a dormire separatamente, senza aver cenato insieme.

Tommaso Elleni fa per slacciarsi la cravatta ma si rende conto di averlo già fatto almeno due ore prima. La stanza è così impregnata di fumo che quasi non si respira.

Gigi Morani, impassibile, composto, freddo come un iceberg, lo fissa con due occhi da alligatore. Sbirro e sospettato, per la prima volta, faccia a faccia in una circostanza che Elleni non avrebbe mai potuto immaginare. Una circostanza che cambia tutto.

«Allora, Morani, lei asserisce che avevate litigato ma che lei non ha messo le mani addosso alla sua compagna...», ripete Tommaso con voce arrochita dal sonno, dalle sigarette, dalla rabbia.

«Proprio così, dottor Elleni, ogni tanto c'erano dei dissapori tra noi, come in tutte le coppie, ma non mi sono mai permesso neanche di sfiorare Patrizia con un dito. Sono un gentiluomo, io. E... l'amavo». Atono, incolore, senza la minima traccia di emozione. Neanche si prende la briga di recitare. Tommaso ha capito fin dall'inizio che er Fringuello lo sta sfidando. Una sfida che il poliziotto non è affatto sicuro di vincere.

«Guardi, Morani, ho il verbale di un intervento delle volanti a casa sua, due mesi fa. Si parla di urla e rumori di colluttazione segnalati da un passante all'interno della sua abitazione. Gli agenti intervenuti parlano di lite animata...».

«Parlano anche di aggressione e percosse? No, perché se è così avrebbero dovuto notare dei lividi o dei segni e accompagnare Patrizia in ospedale, non mi risulta che sia andata così».

Tommaso stringe le mascelle fino a farle scricchiolare. Questo assassino non cede, ribatte punto su punto, lo provoca. Elleni fa uno sforzo immane per tenere le mani a posto.

«Quindi lei va a dormire sul divano, si sveglia alle 2:30 per andare al gabinetto...».

«Scusi dottore, ho detto verso le 2:30 ma non sono sicuro dell'orario, mi ero tolto l'orologio e...».

«Va bene, non ha molta importanza. Lei dormiva in salotto, la signora nella camera matrimoniale, al piano superiore. C'è un bagno di servizio anche al piano terra, perché non è andato lì, anziché salire le scale e usare quello accanto alla stanza da letto?»

«Quel bagno è riservato agli ospiti, non lo usiamo mai. Tra l'altro manca il detergente intimo che adopero ogni volta che vado al gabinetto. E, comunque, avevo intenzione di andare di sopra e fare più rumore possibile. Se Patrizia fosse stata sveglia, forse, avremmo potuto parlare, riconciliarci... Avevo anche intenzione di bussare alla porta della stanza per chiederle di chiarirci ma...».

«Lei dice di aver trovato la signora Bolognesi impiccata con la cintura di spugna del suo accappatoio a una maniglia alta 105 centimetri dal suolo, le sembra plausibile?»

«Evidentemente sì, visto che è quello che è successo. Patrizia si è stretta il cappio al collo e si è lasciata cadere di peso sulle ginocchia, restando soffocata. È una cosa che avevo già visto in carcere. Se avessi sentito qualche rumore e mi fossi svegliato, probabilmente sarei riuscito a salvarla, ma purtroppo, quando sono entrato in bagno, era già troppo tardi. Ho sciolto il nodo e ho adagiato il corpo a terra. Era già freddo, quindi ho rinunciato a tentare di rianimarla e ho chiamato la polizia».

«E, se la vostra relazione era felice, a parte quelli che lei definisce "screzi occasionali", per quale motivo la signora Bolognesi avrebbe dovuto togliersi la vita?»

«Questo, francamente, non lo so. Negli ultimi tempi Patrizia era diventata strana...».

«Cosa intende per strana?»

«Cupa, scostante... Forse era un po' depressa. Per essere del tutto sincero devo ammettere che temevo avesse un'altra relazione e non osasse confessarmelo. Per questo avevamo litigato ieri sera. Io le avevo chiesto di parlarmi, di aprirsi, di risolvere la cosa da adulti, da persone civili, ma lei ha risposto male, ha perso il controllo, mi ha insultato e se n'è andata a dormire da sola. Ho capito che insistere era inutile e l'ho assecondata, sperando che la mattina dopo si sarebbe calmata e avremmo potuto parlarne con calma, invece, purtroppo... Ah, dottore, mi offre una sigaretta per favore? Le mie sono finite».

È un sorrisetto sarcastico o una smorfia di stanchezza

quello che Tommaso vede apparire, per un attimo, sul bel viso scolpito di Gigi Morani?

«Pronto, dottor Anticoli? Sono Elleni, squadra mobile».

«Dica, dottore...».

«La chiamo in merito a Morani Luigi, lo stiamo interrogando da ore e...».

«E...?»

«Volevo chiederle un provvedimento di fermo. Ha ucciso la sua compagna e inscenato il suicidio, non ci sono dubbi».

Momento di silenzio. Tommaso immagina la faccia del magistrato, l'espressione puntigliosa, il tamburellare nervoso delle unghie sulla scrivania. Osso duro.

«Sta scherzando, dottore? Su quali basi? Da quello che sappiamo finora si è trattato di un suicidio».

Durissimo. Più che un osso, un blocco di travertino.

Tommaso fa uno sforzo immane per non alzare la voce. In compenso si alza dalla sedia.

«Credo che dovremmo parlarne a voce, dottore. Mi aspetti, per favore, tra un quarto d'ora sono da lei».

«Ma...».

Clic.

Tommaso si fionda verso la porta senza neanche raddrizzarsi la cravatta, che gli pende dal collo come uno straccetto, si ricorda di essere in maniche di camicia, torna nell'ufficio a riprendere la giacca che si è sfilato durante l'interrogatorio e si trova faccia a faccia con er Fringuello, impassibile e ancora più strafottente.

«Dottore, scusi, ma io dovrei andarmene... come immagina ho un sacco di cose da fare».

«Lei resta fino a quando glielo diciamo noi», ringhia il funzionario di rimando.

«Non credo proprio... Non mi potete trattenere per più di quarant'otto ore, mi risulta».

«Questo lo dice lei», sibila Tommaso. «Si trova qui, almeno per ora, in veste di persona informata sui fatti, quindi starà in questo ufficio fino a quando si deciderà a dire la verità. E le ricordo che ha l'obbligo di farlo e di rispondere a tutte le nostre domande. Se, o meglio, quando la sua posizione cambierà ne verrà informato e potrà chiedere l'assistenza di un legale o avvalersi della facoltà di non rispondere, ma nel frattempo...».

«E quale sarebbe la verità, secondo lei?». L'espressione di Gigi è quella di un coatto che cerca la lite a tutti i costi.

«Lo sa benissimo».

«Ah, è così? Lei pensa che l'abbia ammazzata, no? È inutile che stia tanto a girarci intorno. Mi piacerebbe sapere su quali basi si è fatto 'sto film, dottore. Le mie impronte sul corpo? Ma se le ho detto che ho sciolto il cappio e ho adagiato Patrizia sul pavimento. Cos'altro ha in mano? Quali prove? Si vede lontano un miglio che muore dalla voglia di arrestarmi ma temo che resterà deluso, caro dottor Elleni».

Tommaso, a questo punto, gli volta le spalle e se ne va quasi di corsa nel timore di non riuscire a controllare il fremito al pugno destro, quasi calamitato verso la mascella dell'assassino che gli sta davanti.

«Ma dottor Anticoli...».

Sussiegoso, puntiglioso, tamburellante. Proprio come se l'era immaginato Tommaso. E anche un po' incavolato. Sarà perché sono passate le 23 il palazzo di giustizia, a quest'ora, è un cubo di cemento grigio e scuro, praticamente disabitato?

«Niente ma, dottor Elleni. Sono ore che state interrogando quel ragazzo e non mi ha portato una sola prova che sia una, solo sospetti, supposizioni e...».

«Non sol...». Elleni si rende conto che sta quasi urlando e abbassa il tono, cercando di darsi una regolata. «Non solo sospetti, dottore. La dinamica dell'impiccagione è incompatibile con un suicidio, Morani mente su tutto e abbiamo le prove che è un violento, picchiava spesso quella povera ragazza...».

«Quali prove? Per adesso non ne ho viste e... Un'ora fa lo sa chi mi sono ritrovato alla porta?».

Il papa? Il presidente del Consiglio? Il ministro della Giustizia? Tommaso, saggiamente, tace.

«L'avvocato Fausto Trofei, ha presente? Mi ha fatto una scenata da guerra, giurava che avrebbe scatenato un putiferio se non rilasciavamo subito Morani, ho dovuto quasi farlo buttare fuori».

Avvocato Fausto Trofei, soprannominato non a caso "Monsignor Assoluzione". Tonitruante. Magniloquente. Effervescente. Parcelle a sei zeri, amatissimo dai media, presente quasi più in tv che in tribunale, un Perry Mason all'amatriciana con cui pochissimi pubblici ministeri hanno voglia di accapigliarsi. Altro che buttarlo fuori, Tommaso immagina le sviolinate e i salamelecchi del magistrato a quel gigante della toga, capace di ridicolizzarti con eleganza e ironia davanti a milioni di telespettatori.

«L'avvocato fa il suo lavoro, dottore, ma questo non è un salotto televisivo», sbotta Elleni. «Lei mi chiede che prove abbiamo? Bene, ci sono le intercettazioni dei litigi e delle aggressioni di Morani alla Bolognesi e tra l'altro, come le ho ricordato, di recente abbiamo dovuto far intervenire una macchina per timore che la uccidesse».

«Non mi risulta che si sia parlato di tentato omicidio», puntualizza il magistrato, tamburellando sulla scrivania, *tic*, *toc*, *tic*, *toc*.

«Siamo arrivati prima che potesse ferirla o ammazzarla...

Ma l'ispettore che ascoltava le conversazioni ha capito che era un'emergenza e ha rischiato giustamente di far saltare l'operazione per salvare la ragazza».

Il pm si prende il mento tra il pollice e l'indice nella classica posa del pensatore.

«Uhm, questo, in effetti... Ovviamente lei avrà un verbale, una relazione redatta e firmata da questo suo solerte ispettore».

«Be', no... lì non fu fatta alcuna relazione di servizio se non quella dell'equipaggio intervenuto sul posto, ma...».

«Lo vede? Lo vede?», salta su il magistrato come un professore che ha beccato uno studente impreparato all'interrogazione. «Mi parla di prove e non c'è uno straccio di pezzo di carta. Ma almeno questo ispettore può testimoniare?»

«Sì, cioè, no... Insomma, l'operazione quella volta fu diretta da un'ispettrice e in questo momento si trova in Colombia per l'estradizione del latitante Quirino Alfredo ma sta tornando, si tratta di poche ore e...».

«Mi spiace, dottore, tempo scaduto. Non posso trattenere una persona che, tra l'altro, ha appena avuto un grave lutto, senza alcun elemento di riscontro, penso che lo capirà anche lei».

«Dottore, mi ascolti, se lo lasciamo andare quello sparisce e addio, chi lo vede più?»

«Allora sarà vostra cura tenerlo d'occhio e non farvelo scappare, ma per adesso, il signor Morani torna a casa. Mi spiace, dottore, questione chiusa. Buon lavoro».

Il magistrato si alza e tende la mano per far capire che il colloquio è finito e Tommaso fa una cosa inconcepibile, dal punto di vista dell'etichetta.

Gira sui tacchi, lo lascia con la mano a mezz'aria e se ne va senza neanche salutare.

In questura, er Fringuello si stiracchia, spegne una sigaretta gentilmente offerta da un poliziotto e si prepara a levare le tende.

Sulla porta dell'ufficio si trova davanti un Tommaso Elleni con una faccia che sembra un candelotto di dinamite con la miccia accesa.

Sorrisetto sarcastico.

Occhi negli occhi.

«Allora arrivederci, dottor Elleni, non se la prenda, lei ci ha provato».

«Fuori di qui».

«Con grande piacere».

Tommaso lo guarda allontanarsi con una passabile imitazione dell'annacata, il passo tracotante, da tacchino che fa la ruota, dei boss mafiosi e ringrazia San Michele Arcangelo, protettore della polizia, per avergli fermato la mano.

Anche se, comunque, l'ha fatta grossa e sa che in qualche modo dovrà scontarla.

«Dottoressa, per favore...».

Alfredo Quirino mostra i polsi ammanettati con aria supplichevole mentre i passeggeri cominciano a sistemare i bagagli nelle cappelliere del volo Bogotá-Roma. Solito trambusto di gente che solleva trolley e sacche, si spinge a vicenda, si sposta, cerca di individuare il sedile tra le tre file parallele della classe economica.

«Non sono dottoressa, Quirino, ma quante volte glielo devo dire? Solo una semplice ispettrice», puntualizza Angela, in jeans, camicetta, golfino di lana, giacca a vento leggera, scarpe sportive e coda di cavallo: perfetta tenuta per uno scomodissimo volo di dieci ore. All'andata si è quasi congelata per l'aria condizionata a palla, adesso non ha alcuna intenzione di tornare con un brutto raffreddore.

Non col bottino che ha nel carniere, il lavoro che l'aspetta e soprattutto...

Tommaso.

Che ha monopolizzato fin troppo i suoi pensieri e i suoi sogni quando invece avrebbe dovuto concentrarsi soprattutto su...

«Mi risparmi questa umiliazione, per favore», la voce di Cricrì la riporta al presente.

Un arrestato in teoria deve viaggiare ammanettato, ma è lei che decide. E il rapporto che ha instaurato con questo malavitoso distrutto dal dolore per l'assassinio del fratello, devastato dal rancore e dalla rabbia, assetato di vendetta e disposto, finalmente, a vuotare il sacco è troppo importante, non va incrinato e, quindi, decide che vale la pena di rischiare.

«Sovrintendente...». Angela fa un cenno d'assenso ad Alfio Moreschi, domandandosi se la complessa operazione di prendere la chiave e aprire la serratura delle manette non sia troppo per il suo quoziente d'intelligenza. Anche Moreschi è stato perfetto nel suo ruolo e ha fatto quello che gli riesce meglio: niente. Per quasi tutto il tempo è rimasto in camera d'albergo a trastullarsi con un videogioco portatile da ragazzini e a guardare la tivù senza capirci una parola. Neanche una città tentacolare e viziosa come Bogotá gli ha destato un minimo interesse. Be', se non altro non ha combinato casini, riflette Angela. Tommaso ha scelto bene.

Tommaso...

Lo steward assiste alla scena con aria perplessa e Angela gli rivolge il suo miglior sorriso da pantera per evitare che vada a protestare dal comandante che, su un aereo, ha un potere quasi divino e potrebbe imporre l'ultimatum: manette o sbarco immediato.

Lo steward sorride di rimando, conquistato all'istante. Pericolo sventato.

La poliziotta e il malavitoso siedono vicini, un po' impacciati, facendo attenzione a non toccarsi, seguendo le spiegazioni delle hostess sulle misure di sicurezza, aspettando come tutti gli altri il momento del decollo. Moreschi si accomoda dall'altro lato di Quirino e, dieci minuti dopo, sta già ronfando come una marmotta. Angela si domanda fugacemente se, in passato, la specie umana sia andata in letargo durante l'inverno. Se è così, il sovrintendente ha mantenuto questa capacità. In effetti dorme anche quando in teoria dovrebbe essere sveglio e presente.

Quando le ruote del carrello si staccano finalmente dalla pista, dopo un'attesa interminabile, Alfredo Quirino si fa velocemente il segno della croce, poi si gira verso Angela con un sorriso tirato.

«Vo' sapè una cosa, dottoressa? Questa è la seconda volta che prendo un aereo in vita mia. La prima è stata all'andata».

«Non sono una dottoressa, Quirino, solo...».

«Una semplice ispettrice, lo so. Ma me lo lasci dire, per me lei vale molto di più del suo grado. Ne ho conosciuti tanti di sbirr... di poliziotti. Funzionari, commissari, vicequestori. Creda, lei è molto meglio della media, ci sa fare, sa come trattare le persone, pure i delinquenti come me. So' sicuro che farà carriera».

«Be', la ringrazio, anche se rispetto a tanti colleghi sono solo una recluta». Angela cerca di deviare da quell'argomento imbarazzante. «È contento di tornare in Italia?», butta lì rendendosi conto di aver fatto una domanda idiota. L'Italia di Alfredo Quirino sarà una cella per chissà quanti anni.

«Be', je devo dì che non ne potevo più della Colombia, un postaccio pieno de brutta gente, criminali, spacciatori, puttane... scusi il termine dott... ispettore», replica allegramente l'uomo che, tra qualche giorno, confesserà di aver partecipato ad almeno tre omicidi. «E so' contento perché adesso gli infami che hanno ammazzato mio fratello la pagheranno», aggiunge con aria torva.

Angela fa un gesto di incoraggiamento appena accennato, degno di una psicologa junghiana.

«Vuole che le dica una cosa, ispettò? Una piccola anteprima di quello che racconterò al magistrato quando mi interrogherà...».

«Naturalmente, Quirino, dica pure».

«Vuole sapere chi è er peggio bojaccia della Banda? Il più cattivo, il più spietato, quello che ammazza con gusto, quello che non si tira mai indietro quando c'è da parcheggiare qualcuno? Da ammazzare, intendo...».

«Immagino stia parlando di uno dei suoi vecchi, come dire... amici, quelli della prima ora, con cui lei ha fondato la Banda».

«Acqua, ispettore Blasi, acqua... L'infame di cui parlo io s'è aggregato dopo e viene da tutt'altro giro. Io l'ho conosciuto solo di sfuggita, ar gabbio, ma je posso racconta vita, morte e miracoli...».

Venti minuti più tardi Angela ha il cuore che balla la rumba, un'impazienza di arrivare a destinazione che le impedisce di chiudere occhio per tutto il volo, di concentrarsi sul film, di godersi i pasti incellofanati serviti a bordo. Sta tornando a casa con un bottino favoloso, una notizia esplosiva, una svolta che potrebbe cambiare la storia criminale di Roma.

E sbrigati, maledetto pezzo di metallo volante. Portami a Fiumicino.

All'aeroporto Leonardo da Vinci, dieci ore dopo, arriva sfatta di fatica, stremata per la scomodità del volo ma ancora elettrizzata. Lei, Moreschi e Quirino sono i primi a scendere e non si meraviglia di trovare due auto della mobile ad aspettarla sulla pista.

Accanto a una vecchia utilitaria che funge da autocivetta c'è il Contabile, compunto e un po' immusonito per la trasferta mancata.

«Salve collega... prendo in consegna l'arrestato, ho l'incarico di portarlo direttamente in carcere dove verrà interrogato dal pm», spiega l'ispettore dopo una veloce stretta di mano e un vago, sgarbato cenno di saluto a Cricrì, che viene immediatamente ammanettato.

Angela annuisce un po' delusa, perché...

Poi una lieve stretta sul braccio la fa sobbalzare.

«Buongiorno, ispettore, ha fatto buon viaggio?».

Sorriso a trentadue denti, sguardo da piacione, capelli freschi di barbiere, lieve sentore di Eau Sauvage.

Angela fa uno sforzo immane per non saltargli al collo e si limita a tendergli urbanamente la mano.

«Si era nascosto, dottore?»

«Ero in macchina, volevo farti una sorpresa».

Uno davanti all'altra, un po' rigidi, con un milione di cose negli occhi.

«Peluzzi, l'ispettore torna con me. Tu vai a Rebibbia, ci vediamo più tardi in ufficio».

«Sì, dottore...».

Angela sale in macchina con Tommaso sentendosi brutta, sporca, gonfia, assonnata, sudata e, insomma, un cesso a cui nessun uomo rivolgerebbe un minimo di attenzione.

Una lievissima carezza sulla coscia la fa impazzire di eccitazione.

Tommaso guida veloce e concentrato, come sempre. La macchina imbocca la Roma-Fiumicino ma, anziché prendere lo svincolo per il centro prosegue fino alla rampa che porta a via del Pattinaggio.

«Ma… non andiamo in ufficio?»
«Dopo. Adesso immagino che vorrai riposare un po' e farti una doccia, no?»
«Magari ma… per casa mia la strada…».
Tommaso non risponde. Poi alla prima piazzola ferma l'auto, si scioglie la cintura, si gira verso di lei e la bacia appassionatamente.

CAPITOLO 7

«Si può?».

Rino Frati fa un gesto tra l'accomodante e il rassegnato alla testa scarmigliata che fa capolino dalla porta semichiusa del suo ufficio.

Ci sono giornate in cui non hai voglia di vedere nessuno. Men che mai un giornalista con la facoltà telepatica di capitarti tra i piedi nel momento più sbagliato, ma ormai è lì e il capo della mobile è troppo educato per mandarlo via.

«Dai, vieni, ormai ci sei ma sono impicciato blu... Ho poco tempo», grugnisce. Poi, mentre Marco Scalesi si piazza davanti alla sua scrivania, rovista nella borsa di Tolfa alla ricerca di penna e taccuino senza trovarli, smadonna, si autoperquisisce e alla fine li rintraccia nella tasca del giaccone, Frati riflette, considera, soppesa e alla fine decide.

«Qual buon vento, Marco?»

«Be', veramente ero venuto a cercare Elleni, ma mi hanno detto che è fuori ufficio...».

«Ah, quindi sono la seconda scelta, grazie eh!».

«No, sei il capo e non ti volevo disturbare. Sto molto attento a non intralciare il lavoro degli inquirenti, io, sono un cronista rispettoso dell'autorità e del riserbo investigativo».

«Sì, e io sono Giulio Cesare».

«Infatti era pelato. E una mezza checca, pure... Ma non ti voglio far perdere tempo col cazzeggio, visto che sei incasinato».

«Dai, per un amico qualche minuto in più lo trovo. In effetti Tommaso è andato a Fiumicino a prendere una persona...».

«Fiumicino? L'aeroporto? E chi è 'sto tizio, un capo di Stato?». Un lampo di cupidigia s'accende negli occhi di Marco. Primo requisito di un cronista che si rispetti: riconoscere al volo una notizia. E la faccia del capo della mobile gli conferma che è bella grossa.

«Non te lo posso dire, non ancora ma tieniti pronto, avrai parecchio da lavorare...», insinua Frati, più tentatore del serpente dell'Eden.

«Eh no, mica mi molli così! Giuro che non scrivo una riga ma...».

«*Nein*, niente da fare. Non faccio nomi, dobbiamo ancora parlare con la procura».

«Vabbè, almeno spiegami di che si tratta, sennò non ci dormo la notte, mi sveglio confuso, scrivo male, confondo polizia e carabinieri, dimentico di citare il capo della mobile quando uscirà il pezzo e...».

«Estorsione e ricatto a mezzo stampa, con l'aggravante dell'analfabetismo, almeno dieci anni di galera... Ma non voglio che il mio cronista preferito si maceri nell'attesa, quindi ti dico che abbiamo una grossa indagine sulla Banda, qualcuno che si è deciso a parlare e molto presto si vedranno i risultati».

«Wow, un pentito? Cavolo, questa è una notizia bomba».

«Diciamo una persona che è pronta a collaborare e che sa tante cose. Probabilmente tra un po' scriverai che abbiamo arrestato quasi tutti. Ma mi devo fermare qui, mi dispiace».

«Ti odio. A morte. Prometti che mi darai qualche chicca in esclusiva, almeno?»

«Lo faccio sempre, no? *Et de hoc satis est*, per ora».

«Insegnano il latino all'istituto agrario? Pazzesco...

Comunque non ero venuto per questo, visto che non lo sapevo».

«Non lo sa nessuno, solo tu. E allora che andavi trovando da Tommaso?».

Marco fa un ghigno a quell'espressione partenopea. In realtà ha sempre ammirato la cultura e la dialettica di Rino Frati che ormai, oltre che una fonte privilegiata, considera un vero amico.

«Ero venuto per quella storia della Bolognesi. Strano suicidio, no?».

Rino Frati corruga bocca, fronte, sopracciglia e palpebre, col risultato di assomigliare a una prugna secca.

«Ah sì? Cosa te lo fa pensare?»

«Eddai, Rino. Una s'impicca alla maniglia di una porta alta un metro e mezzo? E guarda caso è la compagna di un pregiudicato assassino, un ex terrorista sospettato di essere diventato un sicario della Banda? Un uccellino mi ha pigolato che state indagando per omicidio».

«Be', l'uccellino ha pigolato stronzate, o magari sei tu che hai capito male, visto che sei audioleso. Non abbiamo indagati, non ufficialmente, almeno…».

«Ma…?»

«Ma ci stiamo lavorando. La storia non è chiusa. In effetti parecchi dubbi ci sono. Qui lo dico e qui lo nego, ma la procura…».

«Figurati, con un nome come quello… Vogliono inguattare tutto e il suicidio va benissimo, immagino».

«Lo hai detto tu, non io. Ad ogni modo noi continuiamo a indagare e, ovviamente, non scartiamo alcuna ipotesi, omicidio compreso, anche perché…».

Rino Frati è un mago a lasciare le frasi in sospeso. Effetto garantito. Marco si sporge verso di lui come una foca da circo che aspetta il pescetto dall'addestratore.

«Se vuoi che mi tolga dai piedi vai avanti o mi dovrai

far portare via con le manette», minaccia neanche troppo per scherzo.

«Io non ti ho detto niente, ma ci sono precedenti significativi».

«Precedenti?»

«Aggressioni, pestaggi, minacce di morte e un tentativo di omicidio».

«Un tentativo di omicidio?». Gli occhi del cronista assumono le dimensioni di due uova sode. «Cazzo. Er Fringuello aveva già cercato di ammazzare la sua donna... E non fu arrestato, denunciato, almeno?»

«Niente denunce. Siamo in confessionale?»

«Sì, padre Rino». Marco si fa il segno della croce e china la testa.

«Bene. Come forse ti avevo già detto stavamo dietro a Morani Luigi per l'omicidio di Allevi Silvio...».

«Er Fichetto, già, sapevo che era sotto schiaffo».

«Gli avevamo riempito casa e macchina di cimici. Una notte l'abbiamo sentito litigare e aggredire Bolognesi Patrizia con tale violenza che siamo dovuti intervenire. Abbiamo mandato una volante sul posto ma lei non ha sporto denuncia, non era ferita e la cosa è finita lì, comunque mi sembra un indizio pesante».

«Pesante? È una montagna! Non dirmi che non posso scrivere neanche questo perché...».

«Non te lo dico, scrivi pure. Manderai in bestia qualcuno ma forse potrebbe smuovere le acque perfino in procura. Ovviamente non ci siamo visti né sentiti, non citare la mobile, parla di magistrati, amici di famiglia, ex camerati, voci di malavita, insomma tienici fuori».

«Naturalmente, Rino, grazie. Che colpaccio». Marco si alza con la classica smania del giornalista che ha uno scoop in tasca e non vede l'ora di parlarne con i suoi capi.

«Per quell'altra cosa ci sentiamo presto», lo congeda

Frati con una pacca sulle spalle. Marco trotta verso la porta, ma si ferma e si gira.

«Mi levi una curiosità?»

«Non faccio altro, mi sembra. Dai...».

«Quando parli di me dici Scalesi Marco o Marco Scalesi? No, visto che voi sbirri mettete sempre il nome dopo mi è venuto 'sto dubbio amletico».

«Né l'uno né l'altro. Dico il Rompicazzo. Capiscono tutti di chi sto parlando».

«Touché. Ci vediamo».

Grandi vetrate che si affacciano su una piscina circolare ombreggiata di palme. Una hall che sembra una piazza d'armi, arredata con toni sul marrone scuro, splendidi divani di pelle, pavimento di marmo lucido come uno specchio. Un portiere in divisa, impalato sulla porta, che accoglie gli ospiti con un leggerissimo inchino. Il traffico, lo smog, la confusione di Roma sembrano lontani anni luce da questo hotel a cinque stelle dove s'incrociano business men in abito da riunione, arabi con mogli velate al seguito, turisti accaldati in t-shirt e pantaloncini, sudamericani imbrillantinati dall'aria pericolosa, qualche coppia facoltosa e illecita in cerca di discrezione.

Angela si guarda intorno un po' frastornata mentre un tipo azzimato, in tre pezzi blu scuro, intercetta lei e Tommaso, li saluta cerimoniosamente, li guida direttamente verso un ascensore senza passare per la reception, li accompagna fino alla porta della suite e consegna a Elleni due tesserine di plastica dura.

La stanza dello Sheraton di via del Pattinaggio è una favola. Sul tavolino di cristallo del salottino troneggiano una bottiglia di Dom Pérignon nel secchiello del ghiaccio, un lussureggiante cesto di frutta tropicale e un biglietto di benvenuto scritto a mano con la firma del direttore.

Tommaso non le lascia neanche il tempo di sfilarsi il giubbotto: mani dappertutto, lingua che cerca la sua, anche che premono, un rigonfio promettente nei pantaloni.

Angela risponde al bacio, sentendo qualcosa che si scioglie dentro di lei, poi si scosta un po' troppo bruscamente.

«Amore, senti che cosa mi ha detto Cricrì sull'aereo…».

«Dopo, dopo…», grugnisce Tommaso, infoiato come un cinghiale, alle prese con un bottone che non vuol sapere di sganciarsi.

«Ma è importante, una cosa che…».

«Prima il piacere e poi il dovere, amore». Slinguata dietro l'orecchio. Brividino.

«Eddai, fammi parlare un attimo…». La felpa cade a terra mentre Tommaso è già passato alla camicetta.

«Amore, faccio schifo, sono tutta sudata, fammi dare una rinfrescata per favore». I jeans sono già a livello delle ginocchia. Tommaso sta per allungare una zampata alle mutandine per entrare in campo ma Angela si divincola, fluida come un praticante di tai chi, lo allontana con una manata sulle spalle e saltella goffamente verso il bagno, intralciata dai calzoni a mezz'asta come nella famosa barzelletta del pinguino.

«Aspettami un attimo, tesoro, dai… arrivo subito».

Il bagno potrebbe ospitare comodamente una famigliola di quattro persone. Angela chiude la porta a chiave per evitare irruzioni, fa scorrere l'acqua, s'infila sotto il getto tiepido con un gemito di sollievo, si lava con cura, s'avvolge un asciugamano a mo' di turbante sui capelli bagnati, si passa il deodorante sulle ascelle, si spruzza un po' di profumo dietro le orecchie e sui polsi e rimpiange di non essersi portata in trasferta una sottoveste trasparente o un coordinato mutandine-reggiseno da pornostar.

Quando rientra nella stanza, completamente nuda a parte l'asciugamano in testa, Tommaso la sta aspettando sul letto, steso sulla schiena, l'erezione che punta verso il cielo come l'albero di maestra di uno sloop.

«Certo che sei... Mi spedisci in Colombia in missione e quando torno non vuoi nemmeno starmi a sentire», protesta Angela, in tono querulo mentre due braccia maschili le cingono la vita, l'avviluppano, l'attirano.

«Adesso no, amore, ti voglio troppo».

Angela apre ancora la bocca ma solo per baciarlo.

Quaranta minuti più tardi stanno fumando uno a fianco dell'altra e chissenefrega se è vietato. Sono sbirri, no? Tenuti a far rispettare le regole, non a osservarle. Non sempre, almeno.

«Ci vieni spesso qui?». Il tono di Angela è quello da allarme giallo.

«Io? Ma che dici? È la prima volta».

«Non sembrava, da come ti hanno accolto... Sei il re dell'albergo. Di' la verità, ci porti tutte le tue amanti, vero? Dai, non mi offendo, in fondo chi sono io? Una delle tante, no? Che diritti ho di chiederti della tua vita?».

Tommaso spegne la sigaretta, si gira su un fianco, la fissa dritta negli occhi.

«Ho fatto un'indagine in questo albergo, Angela... Una cosa molto riservata su alcuni furti interni che non doveva mai essere resa nota per non danneggiare il buon nome dell'hotel. È andata bene e il direttore, in segno di gratitudine, mi ha fatto questo favore», spiega asciutto.

«Ma sicuro, come no? Gli hai detto che venivi con una squinzia e quello ti ha subito accontentato, niente documenti, niente registrazione... Come le puttane».

Tommaso si mette a sedere, la mascella contratta, i capelli scomposti su uno sguardo di pietra.

«Angela, sei libera di non crederci ma non ho mai avuto un'amante prima di te. Sono stato fedele a mia moglie per dodici anni e qualche occasione di tradirla l'ho avuta... Non pensare che questa cosa non mi crei problemi». Poi, meccanicamente, riprende il Piaget dal comodino, se lo affibbia al polso e inizia a rivestirsi con movimenti legnosi che tradiscono tensione, rabbia, frustrazione, senso di colpa.

Angela capisce di essere andata un passo oltre il limite consentito e batte in ritirata.

«Amore, scusami, non ti offendere... È che questa situazione destabilizza anche me. Ti penso sempre, vorrei averti per me, non dovermi accontentare dei ritagli di tempo e di tutti questi sotterfugi..., insomma, perdonami, so di essere una stronza».

Tommaso la guarda addolcito ma non commenta, non smentisce. Riflette.

«Allora, ispettore Blasi, che ti ha detto Cricrì?».

Angela accende un'altra sigaretta e, all'improvviso, si sente nuda, fragile, disarmata e s'avvolge nel lenzuolo come se fosse un peplo.

«Ci siamo, Tommaso. Vuole dire tutto. Nomi, ruoli, organizzazione interna, omicidi, sequestri, rappresaglie, piazze di spaccio. Stavolta li fottiamo tutti alla grande... come qualcuno ha appena fottuto me».

Tommaso non accenna neanche l'ombra di un sorriso e le fa cenno di continuare.

«E poi una cosa... che sicuramente ti farà piacere sentire», incalza Angela cercando di bypassare quella freddezza improvvisa.

«Cioè?»

«Sai chi è l'assassino più pericoloso della Banda? Quello specializzato in esecuzioni a freddo? Il più temibile, il più spietato? Indovina...».

«Lui?»

«Proprio così. E Quirino Alfredo è pronto a metterlo a verbale davanti al pm».

Tommaso resta in silenzio qualche istante, assaporando il suo trionfo personale mentre Angela lo guarda in tralice come un micio in attesa di una carezza. Poi decidono che la stanza è troppo bella per non godersela, hanno ancora un paio d'ore a disposizione prima di tornare in questura e sarebbe un vero peccato non approfittarne.

La bara entra nella basilica di San Lorenzo Fuori le Mura in un silenzio di ghiaccio. Nessuno applaude. Nella piccola folla in attesa si sentono singhiozzi smorzati, mormorii di dolore, brusii soffusi. Er Fringuello, rigido come uno stecco nel completo nero, con gli occhiali scuri che gli nascondono lo sguardo smarrito, vede arrivare Ranieri e Alessia Bolognesi abbracciati, che si sostengono l'un l'altra e sembrano invecchiati di dieci anni all'improvviso, fa per avvicinarsi ma un'occhiata dell'uomo lo inchioda e lo fa tornare al suo posto a testa bassa. Non c'è posto per lui nella panca di prima fila riservata ai genitori e ai parenti, lo ha capito fin dal momento in cui ha tentato di telefonare a casa dei Bolognesi e la domestica gli ha riferito, asciutta e severa come una guardia di custodia, che né il dottore né la signora desideravano parlare con lui e si astenesse dal richiamare, grazie.

Funerali sottotono, ottenuti a fatica dribblando, grazie ai buoni uffici di un monsignore amico di famiglia, l'articolo 1184 del codice di diritto canonico che vieta le esequie religiose ai "peccatori manifesti". Il tempo in cui i suicidi erano categoricamente esclusi dai funerali in chiesa è passato e, da diversi anni, si valuta caso per caso, ma è sempre difficile avere il placet. Il monsignore ha insistito, ha perorato, ha spiegato che nel caso di Patrizia c'è il sospetto che sia stata uccisa, ma anche il fatto che la ragazza vivesse con un ex terrorista e senza essere sposata ha pesato. Alla fine si è deciso per un compromesso tipicamente curiale: esequie sì ma senza sfarzo, in sordina, evitando musiche, battimani, lacrimosi discorsi alla fine del rito. La basilica a un tiro di sasso dall'istituto di medicina legale, un funeralificio dove i sacerdoti sono bravissimi a liquidare l'omelia di defunti mai conosciuti con qualche generico accenno alla resurrezione e alla misericordia divina, è perfetta. I Bolognesi sono andati oltre e hanno evitato di propalare data ora e luogo e a dare l'ultimo saluto alla figlia sono venuti solo i congiunti e gli amici più stretti.

Oltre al Fringuello, che nessuno ha potuto costringere a restarsene a casa da solo, nonostante i consigli di madre e padre a tenersi da parte. Una discussione conclusa con una scenata furibonda.

«Era la donna mia, porcocazzo, e manco posso andare al funerale? Ma che pure voi vi siete messi in testa che l'ho ammazzata?». Dal canto loro, Alberto e Daniela Morani si sono limitati a inviare una corona di fiori e un formale telegramma di condoglianze e non si aspettano una risposta come da galateo.

Le navate sono mezze vuote, il sacerdote se la sbriga in fretta col discorsetto standard, una decina di persone si avvicinano all'altare al momento della comunione mentre Gigi resta da solo come un appestato, seduto su una panca vicina all'uscita, immobile come una statua.

«Venite, santi di Dio, accorrete angeli del Signore. Accogliete la sua anima e presentatela al trono dell'Altissimo».

Il sacerdote, don Qualcosa di cui nessuno ricorda il nome, agita il turibolo intorno al semplice feretro di legno chiaro, impreziosito da una scintillante croce d'ottone e da una targa con il nome: Patrizia Bolognesi. A questo punto Gigi si alza d'istinto, percorre velocemente la navata e va a piazzarsi accanto alla bara, vicino ai sei amici d'infanzia della sua ex compagna che si stanno preparando a prendersela in spalla e trasportarla fino al carro funebre che aspetta fuori. Un ragazzo dai capelli rossi, ricci e scomposti gli scocca uno sguardo furibondo, ma er Fringuello fa finta di nulla e gli volta le spalle.

Una presa ferrea sulla spalla sinistra accompagnata da un violento strattone che gli strappa la manica del vestito alla spalla lo costringe a farsi da parte.

Gigi si volta come una vipera, con un ringhio e il pugno già alzato, il tipico riflesso del coatto quando qualcuno gli mette le mani addosso, ma la faccia di pietra di Ranieri Bolognesi lo blocca all'istante.

«Levati dai piedi, bastardo», sibila il suo ex datore di lavoro.

Umiliato, addolorato e furente, Gigi obbedisce senza fiatare, un po' per la sorpresa e un po' per evitare di scatenare una maxirissa in chiesa, visto che molti lo stanno fissando con intenzioni omicide. Lentamente, mettendoci tutta la dignità che gli resta, gira sui tacchi e si avvia a passi decisi verso l'uscita. Poi resta lì, combattuto tra l'impulso di andarsene e quello, insano ma irresistibile, di restare fino all'ultimo, sfidare il mondo come ha sempre fatto in vita sua.

La tumulazione nella sfarzosa cappella dei Bolognesi, una delle chicche architettoniche del cimitero monumentale del Verano che la famiglia possiede da oltre un secolo, è una cosa rapida. Dopo il *Padre Nostro* recitato in coro dai parenti, Gigi decide che è arrivato il momento di andarsene e si incammina, mesto, verso l'ingresso dove ha lasciato la moto sul marciapiedi.

Uno scalpiccio di passi sulla ghiaia lo fa voltare.

Ranieri Bolognesi sta camminando, affannato, verso di lui. Er Fringuello assume immediatamente la postura e l'atteggiamento falsamente rilassato che precede una scazzottata anche se gli sembra molto difficile che quel vecchio devastato dal dolore abbia il coraggio di provare a picchiarlo. Straziato dal lutto o no, Gigi non ha la minima intenzione di farsi prendere a schiaffi, se lo stronzo allunga un dito gli spezza il braccio.

Ma Ranieri Bolognesi non lo tocca. Fa di peggio.

«Mi ascolti bene, Morani, perché questa è l'ultima volta che le rivolgo la parola in vita sua», scandisce gelido dandogli del lei come non ha mai fatto, dato che lo conosce fin da bambino. «Ha quindici giorni di tempo per lasciare la villa. Prenda le sue cose, se ne vada e non si faccia più vedere. Lasci anche la macchina di mia figlia. Se, dopo che avrà sloggiato, scoprirò che manca un solo cucchiaino la denuncerò per furto e spero che lei torni presto in carcere, dove merita di stare. A mai più rivederci».

Poi gli gira le spalle e lo lascia con le guance in fiamme.

Gigi si sente un ragazzino sculacciato e fa una fatica immane a ricacciare indietro le lacrime. Poi raggiunge la moto, con una sensazione di angoscia e di solitudine che non ha provato neanche quando, a sedici anni, fu arrestato per omicidio. Sale sulla Enfield, percorre la Tiburtina, sterza verso il tronchetto, imbocca la A24 e si lancia in una corsa folle sull'autostrada, senza pensare, senza guardare, dribblando tra le macchine, frenando a pochi centimetri dai paraurti di auto e camion, spronando senza pietà i 500 cc del motore e solo quando s'accende la spia della riserva si decide a rallentare, entra in un'area di servizio e si rende conto di essere arrivato quasi a Pescara.

«Dentro questa valigia tutto il nostro passato non ci può stare...».

Se mi lasci non vale, 1976, brano di Luciano Rossi e Gianni Belfiore, anche se non lo sa nessuno e tutti pensano che l'abbia scritto Julio Iglesias.

Ad ogni modo, come colonna sonora, è perfetta. Er Fringuello si sorprende a canticchiarla malinconicamente, stonato com'è, mentre cerca di decidere cosa portare via e cosa lasciare negli armadi della casa dove ha abitato per anni, una casa che ha visto amore, passione, rabbia, gelosia, litigi e morte e che adesso gli tocca abbandonare in fretta. Scelta abbastanza semplice: si porterà dietro tutto quello che entra in una grossa sacca da legare al portapacchi della Enfield, visto che anche la Golf era di Patrizia e non ha nessuna intenzione di noleggiare un furgone. Per andare dove, del resto?

Quindi al diavolo tutto quello che non gli servirà in un immediato futuro nebuloso, incerto e che sta cominciando a programmare solo adesso, dopo lo shock dell'ultimatum del padre della sua ex compagna: fuori dai piedi e alla svelta.

Gigi ammucchia alla rinfusa jeans, magliette, scarpe sportive, un paio di giacconi, biancheria, qualche libro. All'inizio tenta di fare le cose per bene, piegando i vestiti e sistemandoli con ordine, poi, da ragazzo viziato che ha sempre contato su un piccolo esercito di domestici, rinuncia, appallottola tutto alla bell'e meglio, scarta, rimette a posto, torna a scartare. Via i vestiti eleganti e griffati che per ora non gli servono. Ne comprerà altri. Via lo stereo che ha pagato di tasca sua: la musica è l'ultima delle sue priorità. Via i testi di Nietzsche e quelli di giurisprudenza, tanto i primi non li apre da anni e i secondi non li leggerà mai, dato che la sua carriera universitaria è finita prima ancora di iniziare. Via il loden e il cappotto di cachemire.

Via le scarpe traforate su misura che costano come un motorino. Via la radiosveglia. Del televisore neanche se ne parla. Gigi entrerà nella sua nuova vita con poco o niente, libero come un monaco esicasta, come un eremita, come un fringuello.

Da sotto il materasso estrae la mazzetta di banconote che gli assicurerà la sopravvivenza per il primo periodo, una trentina di milioni per procurarsi un rifugio e un po' di coca da spararsi quando la riserva personale di quattro grammi sarà prosciugata da un naso che negli ultimi tempi, complice stress, dolore e umiliazione, tira peggio del bidone aspiratutto.

È un latitante non ancora ricercato ma, se le cose continuano ad andare come stanno andando (di merda) di sicuro lo sarà tra poco e non ha alcuna intenzione di farsi beccare come un pisquano. In cella non ci torna, su questo non ci sono dubbi. Piuttosto è pronto a morire combattendo o a uccidersi come un kamikaze sconfitto. Il ferro, per adesso, è sepolto al solito posto ma, non appena avrà trovato una tana dove nascondersi, andrà a recuperarlo e se lo porterà sempre dietro. Niente manette, meglio un colpo in testa e tanti saluti. In galera, comunque, durerebbe poco. Da qualche parte c'è di sicuro un taglìno col suo nome scritto sopra.

Gli ultimi giorni li ha passati girando a vuoto. La Banda sta implodendo, dilaniata da una sanguinosa faida intestina e minacciata da un'inchiesta che sta già facendo le prime vittime. In gran parte scarcerati dal tribunale della libertà, molti componenti stanno tornando dentro le sbarre. Arresti in sordina, almeno per adesso, pesci piccoli che finiscono dietro le sbarre nel corso di quelli che la questura si ostina a definire controlli casuali o indagini mirate su giri di piccolo spaccio, ma Gigi sa benissimo che c'è ben altro che bolle in pentola. Uno tsunami in avvicinamento, una bomba a orologeria che sta per deflagrare, *tic tac, tic tac*. Le voci corrono, le insinuazioni incalzano, la paura dilaga. Molti dei suoi vecchi complici sono scomparsi, non rispondono al telefono, non richiamano, non si fanno trovare. Dal carcere non arrivano più messaggi e perfino Teresa, l'impassibile, impenetrabile, inamovibile, inscalfibile Teresa, sorella di Cavallo Pazzo e, se possibile, ancora più folle e violenta del fratello, lo ha liquidato con uno sbrigativo "Mo' so' momenti brutti, Fringuè, me faccio viva io appena se rifiata un po'" e poi, prevedibilmente, non lo ha più cercato.

Tutti se la fanno sotto e c'è una sola spiegazione. Qualcuno sta parlando. Qualcuno che sa tutto e che non si può raggiungere e mettere a tacere con un colpo in testa. Qualcuno ben protetto. Se non fosse così, er Fringuello avrebbe già ricevuto nome e indicazioni per parcheggiare l'infame. Tutti pensano solo a salvarsi il culo e, a questo punto, tanto vale scomparire: anche se ufficialmente nessuno lo sta ancora cercando, Gigi ormai sa come funzionano certe cose. È solo questione di tempo.

Finalmente, la valigia è pronta. Gigi tenta di non pensare a tutto quello che si sta lasciando alle spalle e ai soldi che ha speso per gli abiti griffati destinati a finire in beneficenza (di sicuro nessuno dei familiari di Patrizia li indosserà mai, al massimo li regaleranno ai camerieri), sistema il suo bagaglio sulla Enfield, soppesa le chiavi di casa, resiste alla tentazione di pisciarci sopra e a quella di dar fuoco a tutta la baracca, chiude a doppia mandata, molla le chiavi sul parasole della Golf augurandosi che qualcuno la rubi, accende il motore e parte a razzo, godendosi un'inaspettata sensazione di libertà.

"Chi non ha nulla da perdere non ha paura di niente", dice un vecchio adagio.

Mezza cazzata. Gigi, in fondo al cuore, un po' di strizza ce l'ha.

La pensione di via Giolitti fa veramente schifo. Er Fringuello ha mollato la moto a distanza, vecchia precauzione da terrorista visto che, d'ora in avanti, si muoverà soprattutto coi mezzi pubblici e s'è fatto almeno un chilometro a suola e tacco, prima di trovare il posto giusto. Giusto? Aiutomamma... Intonaci tra il grigio e il verde muffa. Una carta da parati mezza strappata che è un'istigazione al suicidio. Odore di cibo esotico, pieno di spezie, cucinato abusivamente in una delle stanze su un fornello di fortuna. Stereo a palla da una delle poche camere occupate in permanenza, tutte le altre sono un viavai di puttane e travestiti da trentamila lire a botta. Alla receptionist c'è un tizio che potrebbe essere calabrese o tunisino, con una canottiera che, qualche secolo fa, doveva essere stata bianca e che sembra aver fatto voto di silenzio visto che agguanta il pagamento anticipato di una settimana, consegna la chiave con un grugnito, fa un vago cenno col pollice in direzione del terzo piano e non si sogna neanche di chiedere i documenti o di fargli firmare qualcosa. Magari non sa leggere. Magari gli hanno tagliato le corde vocali. Meglio così.

Gigi trascina sé stesso e il borsone sulle scale, augurandosi che non crolli tutto proprio durante i pochi giorni che passerà in questa topaia, che non scoppi un incendio, che non capiti una delle rare ispezioni di polizia, carabinieri o finanza. Entra, viene sopraffatto da un'ondata di nausea all'odore di fumo, sesso, scuregge e sudore stantio, si precipita ad apire la finestra (con vista panoramica su un cortile interno che è una via di mezzo tra una discarica, un cesso a cielo aperto e un intrico di fili che sostengono cenci stesi ad asciugare), si butta sul letto evitando accuratamente di controllare le lenzuola e resta per qualche istante a contemplare una grossa e verdastra macchia d'umidità sul soffitto, sperando che non sia piscio d'elefante o qualcosa di simile.

Poi decide che è arrivato il momento di perfezionare il piano.

Quale? Avercelo, un piano…

CAPITOLO 8

Federico Anticoli sbuffa d'impazienza mentre depone gli oggetti metallici nella vaschetta di plastica, passa il metal detector, recupera orologio, cercapersone, chiavi e tutto il resto chiedendosi perché mai un magistrato debba sottoporsi alla stessa, estenuante trafila dei comuni esseri umani.

Dura lex sed lex.

Dietro di lui, in rigido ordine gerarchico, Rino Frati, Tommaso Elleni e Angela Blasi, compunti e compresi nel ruolo, aspettano il loro turno, lasciano pistole e oggetti di metallo negli armadietti riservati ai visitatori ed entrano, a seguito del pm, in quel limbo di speranze, sofferenza, finzioni, intrallazzi e, a volte, dolore vero che è l'infermeria di Regina Coeli.

Detenuti in agonia. Detenuti gravemente malati che sperano in un agognato trasferimento in ospedale visto che le terapie, qui, sono poco più che rudimentali e restarci con un tumore, una cirrosi epatica o l'AIDS conclamato significa morte certa. Detenuti ammanicati che, grazie a bustarelle e spintarelle, hanno rimediato un soggiorno più confortevole che in cella, detenuti che ci marciano, detenuti con ferite da taglìno per un'aggressione nei bracci o nel cortile, detenuti in overdose, tutti ammucchiati nei lunghi stanzoni con due file di letti paralleli molto simili alle corsie di un qualunque nosocomio romano, spesso addirittura più puliti e ordinati.

Alfredo Quirino, detto Cricrì, non appartiene ad alcuna di queste categorie. Non è malato e non ha bisogno di fingere. È un collaboratore di giustizia, o sta per diventarlo, un soffione, un infame e gli infami vanno protetti. Cricrì si è guadagnato questo trattamento di favore con le buone intenzioni e le prime aperture che ha fatto ad Angela durante il volo. Il suo destino dipende da quello che dirà al pm: se la confessione risulterà utile e soprattutto comprovata passerà direttamente dall'infermeria a una camera di sicurezza della questura e, da qui, a una nuova vita blindata, con tanto di identità fasulla, domicilio protetto, posto di lavoro e tutto il resto. Altrimenti, se non sarà convincente o proverà a fare il furbo, si ritroverà dietro le sbarre, a tu per tu coi suoi vecchi complici e, in questo caso, tanto vale che s'impicchi subito col classico cappio ricavato dalle lenzuola o che sbatta la testa contro uno spigolo fino a sfondarsi il cranio, se non altro la dipartita sarà più veloce e meno dolorosa.

Lo sa lui e lo sanno i tre uomini e la donna che stanno andando a interrogarlo. Giocare sporco non gli conviene.

La location è la grande stanza dove i carcerati ricoverati, che non possono uscire dall'infermeria, trascorrono l'ora d'aria: televisore, tavolo da ping pong, calciobalilla, poltroncine lise e spaiate. In tuta sportiva e pantofole, Cricrì si alza per accogliere il pm e i funzionari con l'aria ansiosa dello studente di maturità davanti alla commissione d'esame.

Un esame da cui dipende la sua vita. E quella di tanti altri.

«Buongiorno, Quirino». Il magistrato stringe velocemente la mano che l'uomo gli porge, seguito da Frati, Elleni e Angela, l'unica a cui Cricrì rivolge un rapido sorriso e un cenno di riconoscimento che ha perfino qualcosa di amichevole. Un lampo nello sguardo che dice: visto? Eccomi qui, ci sei riuscita. Angela assapora una fugace sensazione di trionfo. È merito suo se uno dei fondatori della Banda, uno dei più autorevoli e sanguinari tra i boss della prima ora, sta per svelare tutti i suoi segreti e trascinare con sé, nella rovina, amici, complici, sodali e gregari. La futura débâcle della prima, vera, organizzazione criminale che ha tentato di conquistare il vertice della mala capitolina.

I Marsigliesi, negli anni Settanta erano un'altra cosa: andavano per la loro strada, se ne fregavano alla grande dell'egemonia e se qualcuno si metteva sulla loro strada si limitavano a farlo secco. Gang poliglotta, internazionale, senza alcun interesse per le altre organizzazioni romane: facessero i cavoli loro, basta che non si intromettano. A noi i sequestri e l'eroina, voi tenetevi pure usura, gioco d'azzardo, puttane e altri affarucci da cortile. *Et alors? On s'en fiche*. Oggi siamo qui, domani chissà...

La Banda è diversa. È nata qui, parla romanesco, vuole la città tutta per sé e, almeno in parte, già se l'è presa. I pochi indipendenti che restano verranno assoggettati senza pietà, è solo questione di tempo.

Ma il tempo si ferma oggi.

Il progetto va a rotoli.

La Banda si disgrega, implode, si sfalda.

Sempre che...

«Io nun so' un infame, dottò, e ce tengo a dillo, prima de comincià», esordisce, prevedibilmente, Cricrì. Il magistrato annuisce, compunto. Chissà perché tutti gli infami devono iniziare così, negando di esserlo. Come a cercare una giustificazione morale. Come se tradire i vecchi complici fosse più grave degli omicidi, dei sequestri, delle rapine, insomma, di tutti i reati che hanno commesso in passato. La scorza criminale è dura da grattare.

«Quei bojaccia hanno ammazzato mi' fratello», continua Quirino in un ringhio di rabbia e di dolore mai sopito. «Lui nun c'entrava, nun aveva fatto niente, era solo un pischelletto e l'hanno addobbato che manco un cane. A 'sto punto nun ce so' più santi né madonne, nun c'è più un cazzo, nun c'è amicizia e manco rispetto. In galera devono andare, dar primo all'ultimo. Giusto?»

«Capisco le sue motivazioni e il suo rancore, Quirino», approva il pm in tono neutro. Gli sbirri alle sue spalle fanno scena muta, è lui a condurre il gioco. Elleni, per la prima volta, deve riconoscere che Anticoli sa il fatto suo. Finora è stato perfetto: riservato, severo ma incoraggiante. Potrebbe funzionare. *Deve* funzionare.

«Da dove vuole che comincio, dottore?»

«Dall'inizio? Mi sembra la cosa migliore».

«Dall'inizio, già...». Cricrì si rilassa sulla poltroncina, rovescia per un attimo la testa all'indietro, abbandonandosi ai ricordi, tira fuori un pacchetto di sigarette e se ne accende una prima di ricordarsi di chiedere il permesso.

«Posso?»

«Naturalmente». Il magistrato tira fuori il pacchetto di Marlboro e l'accendino, subito imitato dai poliziotti.

«Dall'inizio, vabbè... Ci conosciamo fin da pischelli, io, Cavallo Pazzo, er Fichetto, er Sarago, er Lumaca, er Ciavatta... semo cresciuti assieme. Sa come abbiamo cominciato? Andavamo a rubare insieme ai banchi del mercato di via Corinto. Lo facevamo così, pe' giocà, visto che metà della roba che fregavamo la regalavamo o la buttavamo via. Andavamo pure a caccia di vipere sulla banchina del Tevere, c'era un farmacista a Testaccio che ce le pagava mille lire l'una, che ci facesse non l'abbiamo mai capito, qualcuno diceva che era per il siero antiveleno ma non ci ho mai creduto... insomma, pagava e noi gli portavamo 'ste vipere del cazzo, scusi dottore...».

Quattro ore dopo la stanza è una camera a gas, Cricrì non ha smesso un attimo di parlare e deve ancora arrivare al primo sequestro di persona.

«Ciao Zeppola».
«Ma chi...? Shei tu? Gigi? Non ci posho credere».
«Be', credici, visto che ti sto chiamando».
«Penshavo che fossi...».
«In galera? No, è parecchio che sono uscito. Anche se...».
«Da quanto?»
«Da quanto cosa?»
«Da quanto shei fuori?».
Gigi fa un momento di pausa. Il tono del vecchio camerata è decisamente scoraggiante, ma è già tanto che non gli abbia sbattuto il telefono in faccia, quindi fa un bel respiro e...
«Parecchi anni, Zeppola. Sì, lo so, avrei dovuto farmi vivo prima ma sono stato incasinato e...».
«Immagino». Una parola, una fucilata. Gigi si morde il labbro inferiore. Lo sapeva. Lo sapevano tutti, ovviamente. È stato veramente un imbecille, pensava di lasciarsi il passato alle spalle, completamente assorbito dal suo nuovo mondo e dalla sua doppia vita e ha completamente trascurato i vecchi compagni di fede, oggi comodamente piazzati in solide, rassicuranti esistenze borghesi. Qualcuno alla Rai, qualcuno medico, avvocato o imprenditore, qualcun altro in politica istituzionale di estrema destra, ma tutti ancora saldamente fedeli all'idea romantica di un Nuovo Ordine, di un'Italia basata sui sacri valori della tradizione, un'Italia degli italiani. Niente più riunioni per individuare i bersagli da colpire, niente più azioni con armi o esplosivo, ma Gigi sa per certo che si incontrano ancora, come una sorta di società segreta, di loggia massonica. Ordiscono

strategie impossibili, rileggono e citano i Sacri Testi del superomismo, del nazionalismo, dell'antisemitismo e si sostengono, si aiutano, si spalleggiano tra di loro. Anni di sangue, di paura, di agguati, fughe, azioni, inseguimenti e carcere li hanno uniti per sempre.

Tutti tranne uno.

Lui.

«Zeppola, ecco... mi dispiace. Avrei dovuto chiamarti prima, chiamarvi, ma...».

«Ma eri troppo impegnato a diventare un criminale».

Er Fringuello reprime l'impulso di mandarlo affanculo e riagganciare. Non è più il sedicenne di buona famiglia che tremava come una foglia, con un mitra in mano, in attesa della sua prima vittima. È cresciuto, ha scelto, ha ucciso. Ma per i vecchi amici resterà sempre la recluta all'ultimo posto della gerarchia. Anzi, il disertore.

«Mi spiace disturbarti, Zeppola», esordisce ingoiando rabbia e umiliazione.

«Ti shpiace chiamarmi Guido? Ormai quel shoprannome non lo ricorda più neshuno».

Gigi ghigna tra sé. Il soprannome forse no, ma la zeppola resta.

«Va bene, Guido, come vuoi... Ecco, non sto tanto a menarla per le lunghe. Ho bisogno di una mano».

«E perché ti rivolgi a me?».

Domanda da un milione di dollari.

Perché sei l'unico che ho trovato sull'elenco.

Perché mi sei sempre stato simpatico.

Perché se provassi col Capitano, con Amaro o con qualcuno degli altri (ammesso e non concesso che riuscissi a rimediare i loro numeri di telefono) sono sicuro che mi manderebbero a quel paese prima ancora che riuscissi a pronunciare la parola "ciao".

Perché quando sei un naufrago che nuota nella tempesta

ti aggrappi al primo relitto che ti passa accanto senza stare tanto a ragionarci su.

Perché sei la mia ultima chance.

«Senti Zepp... Guido, lo so, sono stato uno stronzo a scomparire così. Tra l'altro, puoi crederci o no ma non volevo mettervi nei casini, ero sempre sorvegliato e voi vi siete rifatti una vita... Insomma, è andata come andata ma, nel mio cuore, sono sempre rimasto un camerata».

Silenzio. Tanto lungo che il Fringuello si domanda se Zeppola abbia messo giù, poi una specie di sbadiglio, tra annoiato e rassegnato.

«E adesso non ti shorvegliano più?»

«Be', no, cioè, sì, insomma, non lo so... Comunque se possibile vorrei parlarne a quattr'occhi».

«Nel shenso che vuoi un appuntamento?»

«Se possibile sì. Tra l'altro mi farebbe molto piacere rivederti».

«Un piacere che hai rimandato per parecchio tempo... Qualcosha mi dice che non cerchi sholo una rimpatriata tra vecchi amici. E comunque shono parecchio occupato, in queshto periodo. Faccio il commercialishta, adessho».

«Ma certo, ho trovato il numero dello studio sull'elenco, dottor Guido Basilici, fiscalista, via Bruno Buozzi, complimenti». Gigi immagina l'ex guerriero della Rivoluzione in completo a tre pezzi, che compulsa numeri, calcoli e cifre, nasconde guadagni a sette zeri, suggerisce strategie e magheggi per beffare il fisco, convince i suoi ricchissimi clienti con la sua vocetta blesa e la "esse" strascicata.

Che vita di merda.

Già, perché quella del Fringuello, invece...

«Allora shai che queshto è il periodo delle dichiarazioni dei redditi, shiamo shommersi di lavoro», prosegue Zeppola, sbrigativo. «Facciamo coshì, lashiami un recapito e, appena mi libero un po', ti chiamo e magari ci vediamo a cena».

È un rifiuto e un commiato. Er Fringuello non accetta né l'uno né l'altro e si gioca la sua ultima carta.

«Zeppola, adesso apri quelle cazzo di orecchie. Ho bisogno di vederti ora, oggi, domani, non chissà quando. Quindi trova una mezz'ora per me e incontriamoci al massimo entro dopodomani».

«Shcusa ma che cazz…».

«Di giorno, di sera, di notte, al mattino presto, non mi frega un cazzo del posto e dell'ora, scegli tu, ma non tirarmi fuori le stronzate del professionista impegnatissimo. Me lo devi, Guido. E ricordati che io so tante cose, cose che non vanno in prescrizione, cose che, se saltassero fuori, potrebbero spedire parecchie persone dal posto dove sono rimasto chiuso per sei anni, mentre altri se ne stavano fuori tranquillamente. Mi sono spiegato?»

«Domani alle 13 al bar Vanni».

Zeppola riaggancia senza neanche aspettare la conferma. Er Fringuello un po' rosica e un po' esulta. Si sente come se l'ex camerata l'avesse appena schiaffeggiato, ma quello che deve chiedergli è troppo importante e il ricatto, l'arma segreta che aveva tenuto da parte sperando di non doversene servire, ha funzionato.

Bottiglia di champagne nel secchiello del ghiaccio.

Composizione di rose bianche come centrotavola, tanto elegante quanto discreta.

Vassoio di tartine di pesce comprate da Antonini, che lo fanno impazzire.

Due candele accese. Rosse.

Sonata a Kreutzer a bassissimo volume in sottofondo.

Tommaso guarda la tavola apparecchiata per un tête-à-tête romantico, poi la bella donna bionda in un sinuoso abito nero con tanto di maliziose calze velate ammiccanti e tacco da otto centimetri, ancora la tavola, di nuovo la donna, si domanda se per caso è capitato in un romanzo di Lucinda Riley, sgrana gli occhi, fa per agguantare una tartina e cacciarsela in bocca, si trattiene e ricorda che…

«Oh, cazzo, scusami, perdonami, che idiota… io…».

«Te ne sei dimenticato… in questo periodo dimentichi tante cose, tesoro, ma io no. Ah, ho portato la bambina da mamma e papà, stasera siamo soli».

Tommaso si sente avvampare, abbraccia Elena, sua moglie, la bacia delicatamente sulle labbra e scuote la testa sentendosi un perfetto idiota. Un idiota fedifrago, adultero, bugiardo. Uno stronzo col botto. Fitta di rimorso, senso di colpa in accelerata nucleare.

«Scusa ancora, amore mio, non so che dire».

«E non dire niente… In dodici anni di matrimonio questa è la prima volta che dimentichi il nostro anniversario». Non è un rimprovero ma una constatazione. La voce di Elena è dolce come una pasta di mandorle siciliana. Lo sguardo un po' meno. Niente mazzo di fiori. Nessun regalino. Nessun messaggio romantico, quest'anno. Ed è tornato a casa alle 22:10, completamente bollito.

«È che… sai, in questi giorni sto incasinato come non mai, non sai quanto mi dispiace, amore mio», farfuglia mentre comincia a sciogliersi la cravatta, poi ci ripensa, contempla il vestito sexy e glamour della moglie, i capelli freschi di parrucchiere, il trucco leggero e sapiente e se la riannoda al volo. Se Elena vuole una cenetta tutta in tiro stile primo appuntamento, l'avrà. È il minimo che possa fare per lei.

Risotto agli scampi per primo, spigola in crosta con verdure al vapore per secondo, sorbetto al limone come dessert. Tutto squisito. Tommaso si è domandato spesso come fa una donna che lavora minimo otto ore al giorno a essere una cuoca tanto raffinata. E, dopo aver divorato quattro tartine e il risotto, comincia a chiedersi come faccia a mantenersi tanto attraente e in forma, visto che non ha tempo per le palestre e riesce a malapena ad andare dal parrucchiere.

In realtà comincia a chiedersi un sacco di cose.

Visto che non può limitarsi a ingozzarsi e a lodare enfaticamente la cena a ogni portata che arriva in tavola, cerca un argomento di conversazione rilassante.

Ehi, tesoro, sai che mi sto scopando un'ispettrice della mia sezione? No, decisamente fuori luogo, anche se è esattamente quello che ha in testa. E chissà perché, all'improvviso, prova questo impulso autodistruttivo a confessare, svuotarsi la coscienza, chiedere perdono. Piangere come un ragazzino.

«Sei parecchio sotto pressione...». La voce di Elena è una specie di canto delle sirene, musicale, suadente, insinuante.

«Sì, amore. Sai, il tizio che sta parlando, quello che abbiamo beccato in Colombia... È una vera bomba atomica. Dobbiamo fare ancora parecchi riscontri, ogni cosa che ci racconta va vagliata, accertata, controllata, ma abbiamo capito fin dall'inizio che non dice stronzate. Tra pochi giorni scatteranno i provvedimenti di custodia, sarà una cosa mai vista a Roma. Tutta la Banda in galera. Ed è la mia prima indagine di rilievo, qui... Solo che non sono mai stato così stanco in vita mia».

«E allora rilassati, amore, goditi la serata e, se ci riesci, per una volta non pensare al lavoro».

Tommaso le prende una mano e sente gli occhi che, suo malgrado, si inumidiscono. Avrebbe tante cose da dire, tante cose che lo tormentano ma capisce che non è il caso né il momento delle confessioni quindi si limita a una parola.

«Grazie».

Elena annuisce, mette giù il cucchiaino del sorbetto che ha appena assaggiato (in realtà l'unico che ha fatto onore alla cena è stato suo marito, lei si è limitata a spilluzzicare qualcosa distrattamente) poi accende una sigaretta. Tommaso non l'ha mai vista fumare a tavola ma s'affretta a imitarla, ripromettendosi, per l'ennesima volta, di darci un taglio. Due pacchetti di Marlboro al giorno sono veramente troppi. Anche Angela, in questi giorni, sta fumando a catena...

...Angela.

No, non stasera. Stasera non esiste.

«Sei contento?». La domanda di Elena lo coglie di sorpresa e lo fa arrossire come se gli avesse letto nei pensieri.

«Io... Sì, naturalmente ma... di che?»

«Di questi dodici anni insieme, di me, di tua figlia, del tuo matrimonio... Di noi. Della nostra vita».

«Ma amore, certo che sì, che domande mi fai?»

«Quelle fondamentali. Quelle che ognuno dovrebbe porsi ogni tanto. Ci sono coppie che tirano avanti per mezzo secolo solamente per abitudine, magari odiandosi a vicenda o sentendosi perfettamente indifferenti l'uno all'altra, il che, secondo me, è peggio anche dell'odio». Elena conclude il fervorino con voce neutra mentre schiaccia la sigaretta nel posacenere dopo due o tre boccate. Poi lo guarda dritto negli occhi.

«Tutto questo per dire che con me non funziona così, Tommaso. Io ci credo ancora a quello che ci siamo promessi davanti al prete dodici anni fa».

«Ma... anche io, che ti viene in mente?», protesta Tommaso senza sapere che fare di mani, occhi, mimica facciale, atteggiamento corporeo, tono di voce. Insomma, tutto quello che può tradire un bugiardo. E ne sa qualcosa, visto che negli interrogatori ci sa fare. Solo, in questo momento, si sente dalla parte sbagliata.

«Bene, Tommaso, la vediamo allo stesso modo». La voce di Elena, adesso, è un bisturi, così affilato che, quando taglia, non fa neanche male. «E la prima cosa in cui credo, in realtà, sono due cose: fedeltà e sincerità, da cui viene tutto il resto. No, non dire niente, amore. So che sei a pezzi per il lavoro e credo che tu sia soltanto troppo stressato, in questo periodo, per essere l'uomo che ho sposato. Lo accetto, il matrimonio è anche questo e cercherò di starti vicina con tutte le mie forze. Se invece c'è qualcos'altro che devi dirmi, fallo. Fallo ora. Fallo il giorno del nostro anniversario di nozze. Non umiliarmi con bugie che non merito. Non umiliare te stesso e il nostro amore. E adesso te lo chiedo con chiarezza e per la prima e ultima volta: c'è qualcosa che devo sapere?».

Tommaso non esita un secondo.

«No».

E in quel momento lo pensa davvero.

«Allora vieni in camera e fai l'amore con me. Fai l'amore con tua moglie».

Un'ora dopo Elena dorme con la testa appoggiata alla sua spalla e una dolcissima espressione da bambina felice.

Tommaso non chiude occhio per tutta la notte.

CAPITOLO 9

Prima regola del terrorista clandestino: arriva sempre in anticipo a qualunque appuntamento, non farti vedere dalla persona che aspetti, controlla in giro che non sia una trappola, cerca di individuare eventuali sbirri "in abito simulato" e al primo sospetto taglia la corda.

Er Fringuello non è un clandestino.

Oppure sì, chi lo sa, forse in questo momento un giudice sta firmando il suo ordine di custodia cautelare, forse gli sbirri lo stanno già cercando...

Nel dubbio, Gigi si attiene alle buone, vecchie regole e alle 12:30 è già in via Monte Zebio, sul marciapiede opposto a quello del Bar Vanni, a controllare la postazione come un cecchino in agguato. Difficile riconoscere qualche poliziotto o qualche carubba nella folla di televisionari, cinematografari, giornalisti, fichetti vestiti da coatti, coatti vestiti da fichetti, tamarri tout court, attori in disarmo e aspiranti veline in cerca di un ingaggio o di un rimorchio (in genere in ordine inverso), che si accalca ai tavolini all'esterno, perennemente assillata da ambulanti che tentano di piazzare pedalini, giocattoli, accendini e cianfrusaglie anche se nessuno se li fila.

Er Fringuello aspetta, scruta, analizza, indaga e alla fine si tranquillizza, nessuna faccia da sbirro, portamento da sbirro, atteggiamento da sbirro. Tutti che si fanno i cazzi loro, si esibiscono, s'atteggiano su quel palcoscenico corale che sono i ritrovi trendy di Roma.

Anche Zeppola arriva in anticipo, forse per un retaggio delle vecchie abitudini e siede a un tavolo libero con la sicurezza del cliente abituale che trova posto anche con solo un quarto d'ora di preavviso. Il cameriere che accorre sembra scodinzolare mentre Zeppola gli sorride e ordina qualcosa.

Gigi inizialmente fatica a riconoscerlo e non perché sia cambiato, anzi, proprio per il contrario. S'aspettava un ex camerata ingrassato, imbolsito, ingrigito, magari stempiato o quasi calvo e invece eccolo lì: snello, scattante, abbronzato, capelli cortissimi, giacca blu con le spalle imbottite all'ultima moda, Tod's, orologione da cinque chili che si nota a dieci metri di distanza.

Gigi si avvicina, fa un cenno di saluto ma l'altro non si alza, non gli tende la mano e gli fa cenno di accomodarsi sulla sedia vuota con un semplice "Ciao".

Tre secondi dopo il cameriere arriva con due calici pieni di liquido arancione e un trionfo di assaggini, mini tramezzini, olive, patatine, pistacchi, e due minuscole ciotoline piene di pasta e fagioli: il classico aperipranzo alla romana.

«Ho ordinato uno Shpritz anche per te, shpero non sarai diventato ashtemio».

Traduzione: così ci sbrighiamo.

«Buongiorno anche a te, sì, anch'io sono felice di vederti dopo tutti questi anni».

Zeppola non coglie l'ironia o, se la coglie, se ne frega.

«Dovevi dirmi qualcosha, no? Dilla e vattene», taglia corto succhiando dalla cannuccia mezzo bicchiere di cocktail. Poi si spara tranci di tramezzino e una manata di arachidi, restando in attesa.

Gigi non tocca il bicchiere né gli assaggini e sente l'incazzatura che gli monta dentro come una marea.

«Bel modo di salutare un camerata che è stato in galera per l'Idea», grugnisce.

«Non shei più un camerata e dell'Idea te ne fotti. Forshe te ne shei shempre fottuto. Shei un criminale e i criminali vanno messhi al muro».

«E tu sei un camerata, Zeppola? Che hai fatto in questi anni? Hai continuato la lotta armata? Ti sei fatto arrestare? Stampi un giornale clandestino sulla difesa della razza? No, ti fai i cazzi tuoi, come tutti, quindi non venire a farmi la morale».

«Io lavoro, Gigi, hai presente? La-vo-ro. Non shpaccio droga, non frequento i delinquenti, non ammazzo le ragazze, *io*».

Gigi si morde il labbro. Doveva immaginarlo. Patrizia. Anche se i magistrati l'hanno scagionato, il tribunale della Roma Bene l'ha condannato senza appello ed è proprio il giro che frequenta Zeppola. Tra Parioli, Fleming, Aventino, Infernetto e Appia Antica nessuno dubita che Luigi Morani abbia assassinato la sua compagna. Se anche lo volesse, tornare in società, rimettersi a frequentare il "generone" sarebbe impossibile.

E 'sti cazzi.

«Allora?».

Zeppola batte il piede con impazienza, probabilmente teme di essere riconosciuto assieme all'Assassino di Fanciulle Innocenti. E allora perché ha scelto proprio quel posto? Probabilmente per abitudine, perché si sente al sicuro nel suo brodo, riflette Gigi. Le abitudini ti fregano sempre.

«Subito al sodo, eh? E va bene. Mi serve un passaporto, uno fasullo, ovviamente».

«E lo chiedi a me? Perché non vai dai tuoi amichetti criminali, quelli della Banda?»

«Il perché sono cazzi miei. Tu tenevi i contatti coi falsari, quando ce n'era bisogno. Sono sicuro che hai ancora qualche aggancio e se non ce l'hai trovalo».

«Altrimenti?»

«Altrimenti potrei ricordare chi c'era quel giorno sotto casa dell'avvocato assieme a me, al Capitano e ad Amaro... Il quarto uomo mai identificato. Sono sicuro che la DIGOS sarebbe felice della soffiata».

«Shtronzate e lo shai bene. Non hai uno shtraccio di prova, sharebbe sholo la shpiata di un infame». Quando Zeppola è sotto pressione la zeppola si sente ancora di più.

«Sai cos'è un *cold case*? Riesaminano gli elementi dei vecchi delitti con le tecnologie di oggi. Se hanno un nome, un nome preciso, un sospettato, quanto pensi che ci metterebbero a trovare una tua impronta sulla pistola che hai lasciato a terra quando sei scappato cacandoti sotto? O a confrontare un capello tra quelli repertati sul posto col DNA di un nuovo indagato? Non fare lo stronzo con me, Zeppola, non ti conviene. Dovresti ringraziarmi per aver tenuto la bocca chiusa per tutti questi anni».

«Vaffanculo. Va bene, avrai il passhaporto, ma non è gratish».

«Due milioni bastano?».

Prima che Zeppola possa rispondere, Gigi caccia di tasca una busta rigonfia di banconote e la sbatte sul tavolo. Zeppola la fa sparire più veloce del mago Silvan.

Prezzo medio di un passaporto falso: dalle cinquecentomila al milione. Dipende da quanto è buono. E da quanto ne hai bisogno.

«Quando ci rivediamo?»

«Non ci rivediamo. Mai più. Telefonami tra una shettimana e ti dico dove puoi ritirarlo. Lo lasherò in un ceshtino di rifiuti».

Vecchie reminiscenze. Negli anni di piombo i cestini della spazzatura erano le caselle postali dei terroristi rossi e neri. Ne sanno qualcosa giornalisti e poliziotti che dovevano andare a recuperare volantini, rivendicazioni e risoluzioni strategiche smanacciando tra cartacce, torsoli di mela, cicche e avanzi vari. Se non altro, a quei tempi, non dovevano fare a botte coi gabbiani mangiatori di immondizia. E c'erano anche meno topi in giro.

«Ti chiamo a quest'ora, tra una settimana esatta». Gigi si alza e se ne va senza perdere tempo a salutare. Torna a Termini, ma il pensiero della stanza fetida e angusta gli dà la nausea e, visto che non ha toccato il cocktail né l'aperitivo e gli è venuta fame, pranza da solo in una pizzeria immonda sentendo uno strano groppo alla gola.

Solitudine?

Questura di Roma, interno, notte.

Una sola luce accesa al secondo piano: squadra mobile, prima sezione, omicidi.

Tommaso e Angela in tête-à-tête. Niente di romantico, anche se sono esausti come se avessero passato una ruggente notte d'amore. Occhiaie a girocollo, voci arrochite dal fumo e dalla stanchezza, occhi arrossati.

«Ha detto di aver sparato quattro botte, calibro 9×21», Tommaso alza gli occhi dal verbale di Alfonso Quirino. «Hai trovato qualcosa nelle carte?».

Angela compulsa gli scartafacci che ha davanti soffocando a stento uno sbadiglio. Legge, rilegge, cerca e alla fine punta il dito.

«Ecco qui: quattro bossoli di semiautomatica calibro 9×21 rinvenuti sul posto, ci siamo. Anche la descrizione del luogo corrisponde: Quirino parla della strada di Acilia, dove c'è il bar, e di due grandi fioriere che il proprietario aveva piazzato abusivamente sull'asfalto, per non far parcheggiare le macchine davanti all'ingresso…».

«Hai controllato?»

«E quando? Sto tappata qui dentro con te da stamattina, casomai non te ne fossi accorto».

«Dobbiamo farci un salto domani e scattare qualche foto, per sicurezza».
«Magari il Comune le ha fatte togliere...».
«Cosa?»
«Le fioriere, no?»
«Speriamo di no. E se non ci sono più dobbiamo trovare qualcuno del quartiere che ce le descriva e metta a verbale che c'erano al momento dell'omicidio. Il barista no, visto che è colluso e magari, più avanti, blindiamo pure lui».
«Agli ordini, capo».

Riscontri.
Il lavoro più meticoloso, più noioso, più importante.
Passati i tempi in cui un pentito dava aria ai denti e tutto quello che raccontava era Vangelo. Bugie, vendette, calunnie e denunce farlocche a non finire. Il caso Tortora docet. Finita la luna di miele con gli infami, la stagione d'oro dei soffioni, la sbornia giudiziaria dei collaboratori di giustizia a tassametro, oggi si lavora con più criterio. Tutto va verificato, comparato, accertato in modo che le confessioni fiume, le accuse, le autoaccuse, le chiamate di correità possano reggere in Corte d'Assise. Armi, circostanze, moventi, luoghi, descrizioni, dinamiche devono passare attraverso il setaccio dei riscontri, sia sulle carte che sul posto. Uno sforzo titanico, considerando che Quirino parla, quasi ininterrottamente, da almeno tre giorni e che solo a starlo a sentire, nell'atmosfera pestilenziale dell'infermeria del carcere, si rischia un collasso da stanchezza. Finito di verbalizzare, il pm Federico Anticoli se ne torna bello tranquillo in procura e poi a casa, a ritemprarsi in attesa del prossimo round.
Per gli sbirri è tutta un'altra storia. Il lavoro vero inizia dove finisce quello del magistrato.
Riscontri.

Il Contabile dà una mano e nuota nel suo brodo, precisetto e puntiglioso com'è, sembra nato per queste cose. Tommaso e Angela, che sono i veri *dei ex machina* dell'inchiesta, non ne possono più.

Tommaso fa una spunta con la matita rossa sul verbale e segna un punto interrogativo, al posto della A cerchiata che significa Accertato. C'è il dettaglio delle fioriere da verificare, poi anche quella storia potrà considerarsi conclusa, avanti con la prossima.

«Senti, ma tu...».

Angela non risponde, visto che s'è addormentata sulla scrivania, la testa sulle braccia, i capelli che le nascondono il viso. Una bambina estenuata.

Tommaso si scioglie di tenerezza. Le si avvicina, l'accarezza leggermente, le scosta i capelli, le posa un bacio soffice sulla fronte.

Angela apre gli occhi, si stiracchia come un micetto, lo abbraccia.

«Amore mio... scusami, sono crollata», pigola col viso nell'incavo della spalla di lui, che le solleva il mento e la bacia ancora, stavolta sulla bocca.

Lingue che si incontrano, esplorano, frugano.

Tommaso sente un movimento tellurico bassoventrale nonostante stia per svenire dalla stanchezza.

«Dai, per oggi basta, ti accompagno a casa, oggi sono venuto con la mia macchina».

«Dammi un momento, se mi alzo adesso casco come una pera».

«Ma certo, amore... tranquilla, riposa un pochino».

Angela si lascia ninnare, felice, cercando stoicamente di non riaddormentarsi tra le sue braccia. Tutto dimenticato: Cricrì, la Banda, i verbali, i riscontri. In questo momento c'è solo Tommaso. Conta solo lui.

E forse è il sonno, forse la stanchezza che le fanno abbassare la guardia, o magari era parecchio che aspettava un momento come questo, fatto sta che...

«Ti posso chiedere una cosa?»

«Certo».

«Ma tu mi ami?».

Tommaso si irrigidisce. Non in quel senso... Quello è già passato come un lampo.

«Non rispondi? Non è una domanda difficile». Nella voce di Angela c'è una sinistra nota di minaccia, adesso.

Tommaso si scosta e la guarda dritta negli occhi.

«Sì, Angela, lo sai che ti amo». La voce lo smentisce. Burocratica, impersonale come quando testimonia in aula.

«Ma...?»

«Ma niente. Lo sai, amore, sono sposato. Io... be', insomma, sono pazzo di te ma non voglio che tu ti faccia illusioni. È un po' che volevo dirtelo perché ho capito che tu... Be', la faccio breve: non ho intenzione di lasciare mia moglie».

«Te l'ho mai chiesto?». Angela si alza, mette in ordine i fogli e si ravvia i capelli con le mani, legnosa, stizzita.

«No, ma mi sembrava giusto...». Tommaso allunga una mano verso di lei, debitamente ignorata.

«Roger. Messaggio ricevuto. Amanti e basta, almeno fino a quando ci andrà o non te ne troverai un'altra. Andiamo o chiamo un taxi?». Poi si avvia senza aspettare risposta.

Tommaso scuote la testa e sospira, un po' amareggiato e un po' sollevato. Finalmente è riuscito a dirlo.

Guida in silenzio fino a San Giovanni, visto che ogni tentativo di fare un po' di conversazione cade nel nulla e, nei diciassette minuti di percorso notturno verso casa di Angela, si rende conto con sgomento che rischia di perderla. Anzi, forse l'ha già persa.

Quando arriva trova un posto libero e non perde tempo a infilarcisi dentro. Scende, fa il giro della macchina per aprirle lo sportello e fare il suo solito numero da gentleman *old style*, ma lei lo precede scendendo da sola di scatto, come se l'auto stesse per esplodere.

Tommaso le tiene dietro a fatica fino al portone. La prende per un braccio, la fa girare, si protende verso di lei come un gattone in amore. Un grosso gattone libidinoso.

«Salgo da te? Se vuoi posso restare stanotte».

«Grazie, meglio che torni da tua moglie che ti aspetta. Buonanotte, a domani».

Sbam.

Incredibile quanto rumore possa fare un portone che sbatte.

Angela sale in casa, sbriga velocemente il suo rituale notturno (che sarebbe meglio chiamare mattutino, vista l'ora), indossa la sua vecchia, amata, maglietta di due taglie più grande che usa come camicia da notte quando dorme sola (praticamente sempre) e si mette a letto. È obnubilata di stanchezza, ma teme di non riuscire a chiudere occhio.

Infatti, non chiude occhio.

Alle 6:30 smette di rivoltarsi tra le lenzuola che le sembrano appena un po' più soffocanti di una camicia di forza, va in salotto, infila un foglio nella sua vetusta Olivetti Lettera 32, si asciuga una lacrima e comincia a scrivere.

Al Signor Dirigente la Squadra Mobile
Io sottoscritta Blasi Angela, ispettore di Ps attualmente in servizio presso la I Sezione Squadra Mobile, chiedo alla S.V. di essere trasferita ad altra sezione per motivi esclusivamente personali.

In fede
Angela Blasi

Gigi si guarda intorno, localizza il cestino della spazzatura traboccante di rifiuti, dà una lunga occhiata in giro alla ricerca di facce o atteggiamenti sospetti.

Niente da segnalare.

Si allontana, fa un lungo giro attorno alla piazza di Santa Maria Maggiore, torna ad avvicinarsi al cestino, cauto come una gazzella che va a bere al fiume sapendo che il leone potrebbe essere in agguato.

Altra occhiata circolare che abbraccia tutto. Quella che i praticanti di tai ki kung chiamano "lo sguardo del gufo".

E se Zeppola lo avesse tradito e avesse avvisato le guardie?

E se nel cestino al posto del passaporto ci fosse un ordigno pronto a scoppiargli in faccia?

E se uno degli ex camerati lo aspettasse per piantargli un proiettile nella nuca, proprio mentre si china a rovistare tra la spazzatura?

Domande che si è posto ininterrottamente da quando ha chiamato Zeppola ma la risposta è sempre la stessa: impossibile.

Ok, diciamo poco probabile. Ma un po' di rischio c'è.

Guido, quando lo ha chiamato, si è limitato a poche parole. Piazza di Santa Marta Maggiore, stasera alle 23, cestino sul lato destro, guardando la basilica.

Clic.

Inutile ritelefonare e, infatti, er Fringuello non ci ha neanche provato. I dubbi, le angustie, i sospetti, sono iniziati subito dopo.

Trappola? Imboscata? Tradimento? Ma perché?

Qualcuno degli ex camerati potrebbe volerlo morto? Difficile. In fondo non li ha mai traditi, non si è pentito, non si è dissociato, ha semplicemente cambiato bandiera ma non è diventato un nemico, un sinistroide o un infame. È un criminale e si fa i fatti suoi.

Zeppola potrebbe avere un buon motivo per tappargli la bocca per sempre. Gigi lo tiene in pugno, con la storia dell'agguato a cui ha partecipato senza mai essere incriminato e, forse, il suo ex camerata teme che er Fringuello continui a ricattarlo…

Poco probabile. Zeppola ha una bella vita tranquilla, adesso, ha rotto i ponti col passato e difficilmente vorrebbe compromettere tutto con un omicidio…

Eppure una vocina interna continua a sussurrargli: attenzione.

Dopo altri venti minuti di attesa, Gigi decide che c'è un solo modo di venirne a capo. Tra l'altro gli addetti alla Nettezza Urbana di Roma, per una volta, potrebbero decidersi a fare il loro lavoro e, se arriva un netturbino a svuotare il contenitore dei rifiuti, addio passaporto. Quindi er Fringuello tasca il calcio della pistola che porta infilata nella cintura dei pantaloni dietro la schiena, si avvicina al cestino costeggiando un ubriaco che farfuglia il suo delirio alcolico seduto sul marciapiede e un paio di battone già stanche e strafatte, che hanno appena iniziato il turno di servizio, s'accosta al cestino, si guarda le spalle per l'ultima volta e infila la mano dentro rimpiangendo di non essersi portato un paio di guanti.

Fruga, rovista, palpa ignorando il ribrezzo, scostando pezzi di pizza e panini in decomposizione, cartacce, lattine, bottiglie e barattoli vuoti, buste di plastica, cicche e altre cose ripugnanti non identificate augurandosi che non ci sia una siringa pronta a pungerlo anche se i tossici non sono così urbani da buttare le "spade" usate nella spazzatura.

Niente da fare, nessun passaporto… Gigi stringe i denti dalla rabbia, continua a ravanare e, finalmente, tocca una busta incellofanata con qualcosa di rettangolare e di sottile all'interno. La tira fuori, la guarda per un attimo e se la infila immediatamente in tasca, fregandosene se è lurida.

Poi torna velocemente alla Enfield che ha lasciato a via Merulana, mette in moto e si allontana velocemente.

Seconda regola del terrorista clandestino: dopo l'azione, abbandona il posto più rapidamente che puoi.

Torna alla pensione, lascia la moto a distanza, come sempre, sale nella sua stanzetta soffocante e sordida, chiude a chiave a doppia mandata ed esamina il passaporto.

Perfetto, almeno in apparenza. La carta filigranata sembra autentica, la sua foto idem, con un nome che Gigi s'affretta a imparare a memoria: Anselmo Rovinacci, anni 29, residente a Roma.

Gigi saggia la consistenza delle copertine, sfoglia le pagine intonse, cerca di individuare qualche particolare stonato, ma non ne trova. I falsari legati a Zeppola, come sempre, hanno fatto un buon lavoro. Per un attimo fugace si domanda se l'ex amico non lo abbia fregato, magari facendo stampare il nome di un ricercato in modo da farlo bloccare al primo controllo, ma decide che no, non esiste e sta diventando un tantino paranoico. Zeppola ha tutto l'interesse di vederlo sparire al più presto e il più lontano possibile.

Stai tranquillo, imbecille, sarai accontentato al più presto.

Gigi depone sul letto i suoi averi. Il passaporto, la pistola, due grammi di coca e la grossa mazzetta di banconote che porta sempre in una cintura portasoldi nascosta sotto la camicia. Gli sono rimasti ventisette milioni, quanto basta per partire e per i primi giorni di latitanza all'estero, poi dovrà arrangiarsi in qualche modo. La latitanza costa. Un ricercato, in media, paga in contante tre volte quello che spenderebbe se non avesse gli sbirri alle calcagna. Funziona così e basta.

Mezzanotte, in una camera di una pensione fetida, con le pareti così sottili che può sentire ogni scopata, ogni rutto, ogni scureggia delle stanze accanto, con l'unica prospettiva di ritrovarsi dall'altra parte del mondo senza amici, casa, lavoro o mezzi di sostentamento... quanto basta per farsi venire un'angoscia pazzesca.

Nella sua vita, in fondo non è mai stato solo: prima la famiglia, poi i camerati, poi la Banda, poi Patrizia e adesso?

Adesso si sente un fuscello nella tempesta, stritolato da un'enorme compassione per sé stesso.

Raccoglie tutto, s'affibbia la cintura portasoldi dopo averci messo dentro anche il passaporto nuovo, prende la cocaina e la pistola ed esce senza sapere dove andare, con l'unica certezza che, se resta in quel posto un minuto di più, dà fuori di matto.

La notte l'accoglie come un amico. Ha sempre amato la notte.

Cammina fino alla Enfield, rassicurante presenza meccanica che lo riporta sempre a giorni migliori, e mette in moto con l'intenzione di farsi un lungo giro senza meta, guidando fino al mattino.

Inserisce mentalmente il pilota automatico, accende il grosso motore borbottante, ingrana la prima con un colpo di tacco sul bilanciere del cambio a pedale e parte.

E la tristezza, la nostalgia, la solitudine gli fanno un brutto scherzo. Senza sapere come e perché, venti minuti dopo, si trova davanti al portone di una palazzina signorile dei Parioli. Costeggia l'ingresso, si allontana, torna, controlla, va a parcheggiare la Enfield a cinquecento metri di distanza, cammina veloce nel buio, ormai sicuro che non ci siano occhi indiscreti a spiarlo e suona col cuore in gola.

Nessuna risposta. Dormono? Sono fuori Roma? Gigi s'attacca al citofono come se dovesse segnalare un incendio fino a quando una voce assonnata e allarmata chiede chi è.

Mezzo minuto dopo suo padre, in pigiama, lo guarda stralunato sulla porta di casa.

CAPITOLO 10

«Che cazzo vuol dire?».

Tommaso fa la faccia di chi vorrebbe la domanda di riserva.

«No, guagliò, tu me lo devi spiegà. Che mi significa "motivi esclusivamente personali"? Sei il suo capo, no? Te l'avrà detto che problemi ha!».

«Be'... veramente no, non mi aveva avvertito», squittisce Tommaso guardandosi intorno alla ricerca di un buco, un pertugio, un anfratto, qualsiasi cosa abbastanza grande da infilarcisi dentro. «Non ne sapevo niente fino a quando non me lo hai detto tu».

«E allora parlaci, porcaeva! Convincila, toglile questa stronzata dalla testa... Con l'inchiesta sulla Banda che sta per quagliare, gli accertamenti da concludere e le informative al magistrato quella piglia e se ne va? Ma stamm' pazziando? Chiss'è 'n ufficic' 'eppolizia, nel caso ve ne foste dimenticati».

Foste. Passato remoto indicativo. Seconda persona plurale. Il dirigente della mobile non va oltre. Ve ne foste dimenticati, tu e lei. Parole in sospeso. Basta lo sguardo.

Tommaso si domanda che cavolo le sarà preso ad Angela e si ripromette di torchiarla appena possibile ma, per il momento, il posto nel tritacarne è tutto suo.

«Non preoccuparti, vedrò di farla ragionare, è un ottimo elemento, è motivata, non si risparmia... In fondo è stata lei a convincere Quirino Alfredo a parlare, sono sicuro che non vorrà mollare tutto proprio adesso», bofonchia, pensando che non si sentiva così a disagio da quando, a tredici anni, suo padre lo beccò con «Playboy» in una mano e l'altra... vabbè, lasciamo perdere.

L'espressione di Frati è molto più ingrugnita di quella del papà buonanima.

«Un ottimo elemento eh? Motivata, vero? Una che non si tira indietro? Allora mi domando cosa le sia successo visto che, di punto in bianco, prende e se ne va... Non ti viene in mente niente?».

La faccia di Tommaso dice Maramaldo, tu uccidi un uomo morto.

Rino Frati fa uno sforzo immane per darsi una calmata, appoggia le mani sulla scrivania, fa un bel respirone stile Hatha Yoga ed entra in modalità paterna-assertiva.

«Tommà, sient'ammè. Non mi interessa cosa fanno funzionari e ispettori fuori dal servizio, mi sono spiegato? Affari loro. Affari vostri. Siete adulti e vaccinati e questo non è un oratorio. È un ufficio investigativo e qui dentro si viene per *la-vo-ra-re*. Le questioni "esclusivamente personali" le lasciate fuori dalla porta. Non ne voglio sentir parlare. E se queste questioni interferiscono con le indagini e il rendimento del personale, allora sono anche affari miei e non mi sta bene neanche un po'...».

Pausa.

Tommaso si augura solo che abbia concluso lì. Illuso.

«Finora sei stato un ottimo elemento anche tu. Ma il comportamento in servizio, specialmente coi sottoposti, è importante quanto la bravura, lo capisci? Non mi far pentire di averti chiamato a dirigere la omicidi, anche se sei un novellino. Sono stato chiaro?»

«Chiarissimo, capo. Mi dispiace, davvero... Parlo io con Angela, vedrai che cambierà idea. Sarà stato lo stress, la stanchezza... un momento di debolezza capita a tutti».

«Me lo auguro. Non possiamo battere la fiacca proprio al traguardo. Puoi andare».

Tommaso abbozza un gesto di saluto non ricambiato e sgattaiola via come un furetto. Un furetto umiliato e furente.

Angela, ovviamente, è di riposo. Tommaso passa in rassegna le alternative.

Telefonarle e farle una scenata da guerra.

Telefonarle e farle un numero da innamorato afflitto, supplicandola di non lasciarlo o, quantomeno, di non lasciare la I sezione omicidi della squadra mobile di Roma.

Non telefonarle affatto, tanto probabilmente non risponderebbe neanche o butterebbe giù appena sentita la sua voce. Angela è abbastanza matta da fare una cosa del genere nonostante la gerarchia, il rispetto del ruolo, i doveri d'ufficio e tutto il resto.

Precipitarsi a casa sua. Affrontarla faccia a faccia stile "ma che cazzo ti è venuto in mente?" o magari "amore mio non farmi questo, ti prego". Patetico. In entrambi i casi.

Nel dubbio sceglie la strada taoista. *Wu Wei*. Non fare. Non opporsi agli eventi, aspettare qualche ora che le acque si plachino. Domani parlerà con Angela con calma, le spiegherà che non può mettere in crisi la sua carriera per una ripicca da amante incavolata, si offrirà di aggiustare le cose, le proporrà di continuare a lavorare fianco a fianco, con l'affiatamento di sempre, anche se è decisa a troncare la loro relazione, le descriverà gli inconvenienti di un trasferimento su richiesta così improvvisa, farà leva sul suo amor proprio, sul suo senso del dovere, sulla sua sacrosanta ambizione.

Insomma, sarà Tommaso il Saggio, l'Imperturbabile, il Raziocinante.

E allora perché si sente così di merda?

«Ma tu agg' ccapite che mi combin'isso? Anziché lavurà se ffott' l'ispettrice e chilla mo vuò 'o trasferiment' per motivi personali ddoo cazz, eccheccazz...».

Nicola Destrieri pensa che avrebbe bisogno di un traduttore simultaneo, ma di quelli bravi, visto che ha capito bene solo "motivi personali", ma lascia correre: il senso è chiaro.

E le voci ancora di più. Radio Serva questura sta trasmettendo in diretta le notizie sulla storia tra Tommaso e Angela praticamente da prima che fosse iniziata.

Destrieri sospira, scrolla le spalle, minimizza.

«So' giovani, Rino... Sai com'è, no?»

«Giovani nu cazz... E lui è pure sposato, mannaggialamort».

Destrieri abbozza dato che anche lui ha un cerchietto d'oro all'anulare e non potrebbe certo partecipare al concorso per Mister Fedeltà Coniugale ma, come si dice, *nisi caste saltem caute*. E mai in ufficio, mai e poi mai. Ma, insomma, può succedere, no? In fondo l'uomo non è di legno, l'occasione quando capita capita e tutto il resto.

Vallo a spiegare a Frati, adesso.

Neanche un briciolo di solidarietà maschile nel dirigente della mobile. Inutile provarci, osservare che Angela è proprio uno schianto e che qualunque maschio eterosessuale tra i diciotto e i settant'anni sarebbe indotto in tentazione. Niente solidarietà al testosterone. Frati non capirebbe. Oltre alla famiglia ha un solo, unico, grande amore che si chiama polizia di Stato.

«Nicò, te lo chiedo da amico... Ho fatto una cazzata a prendere Tommaso? Ti sembra uno inaffidabile? Guarda che se continua così lo chiedo io, il trasferimento, ma per lui».

«Ma no, che dici! È uno dei migliori e lo sappiamo entrambi. Da quando è arrivato non ne ha sbagliata una. Hai fatto benissimo a chiamarlo alla mobile e ce lo dobbiamo tenere. Vedrai che 'sta sbandata passerà, a lui e a lei, ci potrei giurare».

«Allora, guarda, pensaci tu. Ti do questo incarico formale. Parlaci, rimettilo in riga, spiegagli che qua dentro non voglio casini. 'Sta storia mi ha già fatto perdere abbastanza tempo. Voglio lui e Angela massicci e incazzati domani mattina. E guai se sento più parlare di motivi personali».

Nicola Destrieri se ne va domandandosi perché tutte le grane del cosmo debbano ricadere, sempre, solo sulle sue spalle.

«Madonna santa, tesoro, come sei dimagrito... Ma non hai mangiato in tutto questo periodo?».

Cioccolata calda alle 2 di notte. Savoiardi. Sapori di casa. Mamma e papà in vestaglia, apprensivi, amorevoli, angosciati. Tutti gli screzi, i problemi, i litigi dimenticati. Il figliol prodigo è tornato, ammazzate il vitello grasso. In questo caso cacao solubile Nesquik, ma va bene lo stesso. Gigi si sente come non si sentiva da una vita.

Protetto.

E non importa se, fuori, ci sono gli sbirri, i cattivi, la Banda che va a rotoli, gli ex camerati infidi, i falsari da pagare. Questa notte niente gli può succedere. Questa notte er Fringuello è un bambino, al sicuro tra le braccia premurose dei suoi genitori.

«Devi stare attento, due giorni fa è venuta la polizia...». È il padre, per primo, a riportarlo alla realtà.

«Cosa volevano?»

«Non ce lo hanno detto... Hanno chiesto di te. Abbiamo

risposto che non sapevamo dov'eri dal giorno dei... sì, insomma, dei funerali di Patrizia, il che è la pura verità». Nella voce di mamma c'è quel mix di preoccupazione e rimprovero che solo le madri riescono ad assemblare.

«Avevano un mandato? Mi volevano arrestare?», incalza Gigi, già in allerta, teso come un'antilope all'abbeverata.

«Non lo sappiamo, non hanno perquisito la casa... Ci hanno raccomandato di avvisarli se avessimo avuto tue notizie. Per il tuo bene, hanno detto così».

«Gigi, che sta succedendo? È per la storia di Patrizia? Pensano ancora che sei stato tu a...». Daniela Lezzi Morani riempie di nuovo la tazza di Gigi mentre lo guarda con le lacrime agli occhi. Il suo bellissimo figlio delinquente. Il suo strazio, la sua delusione, il suo amore più profondo, con la barba lunga, i tatuaggi, l'accento romanesco, i vestiti da tamarro, lo sguardo un po' folle, da preda e predatore al tempo stesso.

«Non lo so, mamma... Non so neanche se sono ricercato, te lo giuro. E comunque è un errore, io non ho fatto proprio niente, mi dovete credere. Stanno blind... stanno arrestando parecchia gente, gente che conosco da quando ero in galera e non vorrei che qualcuno avesse fatto una soff... avesse fatto il mio nome per sbaglio o per pararsi il c... insomma, capito, no?».

Alberto Morani annuisce, grave, assertivo, razionale.

«Domattina chiedo all'avvocato Trofei di farsi un giro in procura. Ha un sacco di agganci, se c'è un ordine di custodia cautelare lo saprà di sicuro e anche se non c'è ma stanno per firmarlo. È uno che si sa muovere».

«Grazie Pà. Non sai quanto mi dispiace, davvero, sono una bella delusione eh?». Gigi sente un groppo alla gola e una terribile voglia di piangere, di rannicchiarsi tra le braccia della madre, di mettersi a letto nella sua stanza, di dimenticare.

«Non ci pensare. Aggiusteremo tutto, vedrai. Nel frattempo però non puoi restare qui». Alberto Morani continua a esporre il suo piano che prende forma man mano che parla: un passo alla volta, con cautela, sondando bene il terreno prima della mossa successiva, come ha fatto sempre nella sua vita. «Troppo pericoloso, sicuramente ci tengono sotto sorveglianza. Non ci sono microfoni qui dentro, almeno non ora».

«Avete avuto strane visite? Operai, tecnici del gas, della luce, rappresentanti che sono riusciti a entrare?», si preoccupa Gigi.

«No, tranquillo, nessuno. Anche i poliziotti sono rimasti sulla porta. E comunque ci avevo già pensato io, ho chiamato un detective e ho fatto bonificare tutti i locali. Possiamo parlare tranquillamente, non ci sono microfoni, qui dentro».

«Ma… come sapevi che sarei tornato, papà?»

«Non lo sapevo. Ci speravo. Ed è sempre meglio essere prudenti, no?».

Gigi abbassa la testa, confuso, umiliato. L'ex terrorista, il criminale, l'assassino spietato è molto meno scaltro di suo padre, che al massimo ha evaso le tasse, ha fatto qualche impiccio con la contabilità e si è fatto togliere qualche multa. Eccolo, il vero potere: soldi, contatti, agganci. Un avvocato maneggione, un politico o un alto prelato da chiamare in caso di emergenza, una rete di amicizie influenti tutte basate sul *do ut des*.

«È meglio che me ne vada, allora. Non vorrei mettervi nei guai, se mi beccano qui». Gigi fa per alzarsi e andarsene anche se non ne ha nessuna voglia e gli sembra che il suo corpo, adesso, pesi due quintali, sia quasi impossibile da sollevare.

«Non se ne parla. E dove vorresti andare? Per stanotte resta, se la polizia fosse in agguato qui fuori ti avrebbero già preso. Andrai via domattina presto, all'alba». Alberto Morani, ormai, ha preso il timone. Stabilisce, decide, programma.

Gigi lo lascia fare. Grazie, papà. Grande, papà.

«Ma domani dove andrai, amore? Oddio, Gigi, se ti arrestano di nuovo io...». Daniela Morani non resiste e scoppia in lacrime.

«Ci penso io, ho un'idea, aspettatemi...». Alberto Morani va velocemente in camera, indossa pantaloni e maglione a pelle, prende il libretto degli assegni e le chiavi.

«Se suonano, non rispondere. Se dovessero arrivare i poliziotti non farli entrare, chiama Trofei, buttalo giù dal letto e digli di venire subito», ordina alla moglie.

«Ma dove vai a quest'ora?»

«A svegliare Pino».

«Ma... starà dormendo».

«Appunto, lo sveglio. E vedrai che mi ringrazierà per l'alzataccia. Torno subito».

Gigi resta solo con la madre, che lo guarda adorante e lo accarezza timidamente e, all'improvviso, viene assalito da una tale stanchezza che inizia a ciondolare e sbadigliare.

È sul punto di crollare quando il padre rientra con espressione trionfante, chiude a doppia mandata e mostra un grosso mazzo di chiavi.

«Ecco qui, risolto», annuncia gongolante.

Gigi si limita a guardarlo, speranzoso.

«Le chiavi della villetta di Pino, a Ladispoli. Nessuno ti cercherà lì. Potrai starci quanto vorrai e, se ci saranno problemi, ti farò avvisare».

Pino, il portiere, il factotum, l'artiere fidato, il servo sempre disponibile. Al servizio del palazzo e delle famiglie che ci abitano da sempre. Lealtà incondizionata, cementata da mance, regali, buste piene di soldi a Natale, Pasqua,

Ferragosto. Sempre pronto a darsi da fare, affaccendato come il Figaro di Rossini. Una certezza.

«L'ha comprata due anni fa, è intestata alla figlia, i poliziotti non ci arriveranno mai. Per tre milioni ha accettato di affittarmela *sine die*. Starai lì fino a quando avremo capito cosa sta succedendo o le acque si saranno calmate. D'inverno c'è poca gente ed è meglio che ti faccia vedere poco, fuori. La spesa, magari, falla lontano da casa. Se ci saranno novità ti farò avvisare da qualcuno».

«Grazie, papà, ma per i soldi ci penso io».

«Non esiste...». Alberto stringe il braccio di Gigi, il massimo dei gesti d'affetto che può concedersi. Rigido, compassato, misurato come sempre.

«Sei mio figlio, Gigi. Qualsiasi cosa sia successa, qualunque cosa tu abbia fatto noi siamo con te. Sempre. Ricordatelo».

Gigi annuisce, si alza, si scusa e va a dormire nella sua stanza di quando era bambino. Domattina all'alba si alzerà, prenderà un taxi per la stazione e il treno regionale per Ladispoli. Prima andrà a parcheggiare la Enfield da qualche parte, dato che lasciarla vicino casa è troppo rischioso.

Domani inizierà la sua seconda fase di latitanza e stabilirà le prossime mosse, quasi certamente un viaggio solo andata all'estero, il più lontano possibile da ordini di custodia internazionali, rogatorie, richieste di estradizione.

Domani tornerà ad essere il fuggitivo, il delinquente ricercato, il latitante con la pistola, i soldi, la cocaina.

Stanotte è un ragazzino che piange nel buio.

CAPITOLO 11

«Dottore, mi sembra che le evidenze ci siano tutte. Il soggetto è uno degli elementi più pericolosi dell'intera organizzazione, nonostante la giovane età».

Il pm Federico Anticoli si aggiusta gli occhiali sul naso con una smorfia a metà tra il condiscendente e l'infastidito, un'espressione che dice "ancora con questa storia".

Tommaso Elleni digrigna i denti come un babbuino incavolato.

«Una sua deduzione, dottor Elleni. Lei ha sempre puntato il dito su Morani Luigi ma...».

«E avevo ragione, dottore. Come vede, il Quirino Alfredo ne parla diffusamente più volte e lo definisce il killer più spietato della Banda, un assassino consumato che ha ucciso almeno tre persone. Io e l'ispettore Blasi, qui, abbiamo riscontrato punto per punto le sue affermazioni, che risultano inattaccabili sotto tutti i punti di vista».

E beccati questa, testa di cazzo.

Il magistrato mantiene la sua aria sostenuta che sembra studiata per mandare in bestia Tommaso...

...e Angela.

Seduta composta, sobria ed elegante nel coordinato scuro maglioncino-pantaloni, coda di cavallo e appena un filo di trucco, assiste allo scontro senza aprire bocca, con mille sentimenti contrastanti in testa, troppo frastornata per concentrarsi del tutto.

Del resto, lei il suo dovere l'ha fatto. Adesso tocca al suo capo vedersela con questo monumento all'indecisione che dovrebbe essere un magistrato inquirente.

Il suo capo che, guarda caso, è il suo amante.
Rettifica. Ex amante. Destituito da meno di 24 ore.

A ripensarci, Angela deve ammettere che Tommaso è stato grande. L'ha affrontata con pacata ragionevolezza, ha fatto leva sulla sua ambizione e dedizione, le ha parlato in tono misurato e addolorato e ha raggiunto vette quasi poetiche tipo…

«Tu non sai quanto ti penso, quanto sei entrata nella mia vita, quanto soffro perché mi vuoi lasciare. Così tanto che mi fa paura. Se non vuoi più stare con me va bene, lo capisco, lo accetto anche se mi sanguina il cuore ma, Angela, non mollare la squadra… questa indagine è troppo importante per me, per te, per la tua carriera, per tutti noi», e bla bla bla in crescendo rossiniano.

Insomma, alla fine l'ha convinta, probabilmente perché, dopo il colpo di testa della richiesta di trasferimento, non chiedeva altro che di farsi convincere.

Ha revocato le dimissioni, la lettera è finita nel cestino, Rino Frati s'è un po' placato e tutti sono felici.

Felici? Be', non esageriamo. Anche perché tra poco qui, in procura, rischia di finire a urlacci.

«Evidentemente, in passato, non c'erano gli elementi per un provvedimento di custodia cautelare», puntualizza Anticoli che a volte, in quanto a pedanteria, dà dei punti perfino al Contabile.

«Gli elementi c'erano eccome, dottore», alza la voce Tommaso nonostante l'occhiata ammonitrice di Angela, visto che sta passando il segno.

«Non mi risulta».

«Ah no? Intercettazioni, testimonianze di aggressioni precedenti, l'intervento di una volante per un tentato omicidio…».

«Discussione animata».

«*Tentato omicidio*. E non era la prima volta. Se l'avessimo arrestato allora, adesso non staremmo qui a domandarci dov'è finito e a cercare di rintracciarlo in Italia o all'estero senza un minimo di pista investigativa. Se solo lei mi avesse ascoltato...». Tommaso lascia la frase a metà visto che il resto potrebbe essere materia di una denuncia per insulti, turpiloquio, oltraggio, blasfemia e un altro paio di articoli del codice ancora da inventare.

Federico Anticoli si sfila gli occhiali, incrocia le dita e fissa Tommaso dritto negli occhi con l'aria di un preside esasperato da un alunno troppo discolo.

«Non accetto lezioni di procedura penale da lei, dottor Elleni, cerchi di contenersi. Del resto qui non stiamo parlando della morte di Bolognesi Patrizia».

«Omicidio. Dell'*omicidio* di Bolognesi Patrizia», lo interrompe Elleni nel modo più sgarbato possibile tanto, ormai, chissenefrega.

«Cosa mai dimostrata. Forse dovrebbe riflettere sulle sue modalità investigative. Su quella vicenda, da lei, ho ottenuto solo ipotesi, congetture e illazioni. Non bastano per mandare una persona in carcere». E beccati questa, questurino presuntuoso.

«Soprattutto se questa persona ha alle spalle una famiglia che conta...».

Chiunque altro, a questa uscita, sbatterebbe come minimo un pugno sul tavolo. Anticoli non fa una piega e si limita a serrare la bocca in un'imitazione di una chiusura lampo.

«La avviso, non esageri, Elleni. Ora, tornando in argomento, abbiamo abbastanza riscontri sia per i reati specifici di omicidio, porto abusivo d'arma e spaccio di droga che per quello associativo».

Articolo 416 del codice penale. Associazione per delinquere. "Quando tre o più persone si associano per commettere più delitti, coloro che promuovono o costituiscono od organizzano l'associazione" eccetera eccetera.

Tommaso, per una volta, ha il buon senso di tenere chiuso il becco.

«Di conseguenza non ho difficoltà a firmare l'ordine di custodia cautelare a carico del Morani Luigi. Ora tocca a lei, veda di non lasciarselo scappare».

Quest'ultima battuta è veramente troppo. Tommaso capisce di avere due alternative. Se ne va o si fa arrestare.

Saggiamente sceglie la prima, si alza con un grugnito che potrebbe essere preso per un saluto e se ne va tallonato da una Angela sbalordita e leggermente ammirata. Il suo uomo non si fa mettere i piedi in testa da nessuno.

Ex uomo.

Ma ne siamo sicuri?

Tommaso ha altro per la testa e a malapena si rende conto della sua presenza. Dove diavolo sarà finito er Fringuello?

DOV'È FINITO IL KILLER DELLA BANDA?
LA FUGA ANNUNCIATA DI UN ASSASSINO PROTETTO

di Marco Scalesi

Lo stanno cercando in tutta Italia e all'estero ma, probabilmente, è già troppo tardi. Luigi Morani, detto er Fringuello e considerato dagli investigatori uno dei killer più spietati della Banda, sospettato di almeno quattro omicidi, tra cui quello della sua compagna Patrizia Bolognesi, è uccel di bosco e sarà molto difficile, per gli inquirenti, riuscire a rintracciarlo. Una vicenda inquietante di ritardi, sviste, protezioni ad altissimo livello sul filo della complicità che «Repubblica» è in grado di raccontare in esclusiva. Ma prima di addentrarci nel groviglio di intrighi e "disattenzioni" della magistratura che hanno permesso a Morani di eclissarsi nel nulla, è bene riepilogare le tappe della vita di questo personaggio inquietante, un ragazzo di buona famiglia arrestato per la prima volta a 16 anni quando, militante del gruppo terroristico di estrema destra Azione Rivoluzionaria, uccise per errore l'inquilino di un palazzo del Nomentano. La vittima designata era un avvocato sospettato di essere una spia.

In carcere, Morani rimase sei anni, quanto bastava per legarsi ai boss della Banda, allora nel periodo di maggior fulgore...

Marco Scalesi guarda compiaciuto il titolo in prima pagina, gongolante come ogni cronista che ha messo a segno uno scoop, chiedendosi che effetto farà il suo pezzo in procura. Ha scaricato una tonnellata di letame su palazzo di giustizia e le reazioni saranno prevedibili: indignazione, smentite, probabilmente minacce di querela e, forse, una telefonata al vetriolo dai vertici della magistratura inquirente romana al direttore del quotidiano.

E chissenefrega.

Lui ha fatto il suo mestiere e, dopo aver parlato con le fonti, si è dovuto sottoporre a una sorta di terzo grado all'ufficio centrale. Ha spiegato, argomentato, dimostrato, esibito informative e verbali e, soprattutto, assicurato sul suo onore che l'informazione è assolutamente attendibile ed esclusiva. Esclusiva, la parola magica che fa battere il cuore di chiunque abbia il tesserino rosso scuro dell'Ordine dei giornalisti in tasca.

«Ce l'ho solo io per almeno due giorni, poi la danno a tutti». Il sottile ricatto che apre tutte le porte di una redazione e fa giustizia di qualunque obiezione.

Alla fine, ha avuto il placet e si è messo al lavoro. Rileggendo il pezzo (un'articolessa di centoventi righe, con foto di Morani da ragazzo e com'è adesso e una breve scheda riassuntiva sul personaggio) non può che farsi i complimenti da solo, nell'attesa che glieli facciano il direttore o il caporedattore centrale durante la "messa cantata", la riunione di tutti i settori delle 11. Ben scritto, ben strutturato, avvincente, con la giusta dose di sarcasmo e di indignazione, un articolo di pura controinformazione sul filo delle grandi inchieste dell'«Espresso» o di «Paese Sera» negli anni Settanta. Dritto al cuore del problema, nessun rispetto per l'autorità costituita, versioni ufficiali smontate pezzo per pezzo, silenzi istituzionali stigmatizzati, mancanze e inefficienze sottolineate senza pietà.

Vecchia scuola.

Il procuratore e il pm s'incazzeranno come bisce? Affari loro. Marco immagina i suoi colleghi della giudiziaria, veri e propri lacchè delle toghe sempre in giro per gli uffici a mendicare notizie e carte da pubblicare, chiamati a rapporto, strigliati a dovere, umiliati dai loro referenti. Molti di loro staranno già rosicando e saranno pronti a tradirlo, a schierarsi dalla parte dei giudici fottendosene dell'etica e della solidarietà professionale, ad accusarlo di essere un kamikaze, un irresponsabile, un venduto (io?), un cacciaballe.

Be', affanculo anche voi, lecchini.

Lui ha il direttore di «Repubblica» dalla sua parte, che è più o meno come sedere alla destra di Dio Padre Onnipotente. Intoccabile. Se arriveranno le querele ci penseranno gli avvocati del giornale, che sono pagati per questo. Per precauzione, Marco ha fotocopiato l'agenda e messo al sicuro i verbali che gli sono stati passati sottobanco, in previsione di una di quelle perquisizioni punitive e repressive, intimidatorie e vessatorie che, spesso, scattano quando un giornalista fa il suo mestiere e svela quello che doveva restare sotto silenzio. Probabilmente, a buttargli all'aria casa e ufficio saranno le stesse persone che gli hanno passato lo scoop e Marco non può trattenere un ghigno immaginando i loro cipigli severi e corruschi quando si presenteranno alla porta col mandato e le gomitate, le strizzatine d'occhio, le allusioni che seguiranno *in camera caritatis*.

Marco trangugia il caffè come se fosse una coppa di champagne.

Quanto amo questo mestiere... E quanto ci metteranno a nominarmi inviato speciale?

Tommaso Elleni legge le ultime righe del pezzo, soffoca un singulto di rabbia, reprime l'impulso di accartocciare il giornale e buttarlo nel cestino visto che, in qualche modo, si tratta di un corpo di reato e si strizza la punta del naso come fa sempre quando è nervoso.

Proprio adesso, porcadiunaputtanazozza.

Adesso che le acque sembravano calmate, che Angela è tornata nei ranghi, che l'indagine sulla Banda sta andando avanti come un caterpillar e le sue quotazioni personali sono tornate in ascesa, 'sto cazzo di pennivendolo si mette a sparare a zero sulla procura e a tacciarla addirittura di "colpevole incompetenza", a insinuare su complicità nascoste, agganci vischiosi, relazioni pericolose...

Non che siano tutte balle. Se non fosse coinvolto personalmente, Tommaso potrebbe sottoscrivere ogni parola del pezzo e, magari, farebbe una telefonata d'apprezzamento al giornalista che l'ha scritto ma...

Ma è coinvolto fino alla punta dei capelli e non può permetterselo. Non ora. Il suo screzio col pm ormai è di dominio pubblico e chiunque, senza essere Sherlock Holmes, può dedurre che questa sia una vendetta a mezzo stampa.

Chissà come sarà la vita al commissariato di Porto Palo?

Per queste cose, a volte, si scomoda perfino il ministro, specie quando è un procuratore capo a tirarlo per la giacchetta. Ministro degli Interni o della Giustizia? Magari tutti e due, in fila per fotterlo a turno.

Tommaso si alza dalla sedia, ci ripensa, si risiede.

Excusatio non petita...

Al diavolo, tanto l'*excusatio* gliela chiederanno lo stesso, appena la rassegna stampa avrà fatto il giro degli uffici, tanto vale anticipare i tempi, anche perché non riesce a star fermo in attesa della prima telefonata.

Torna ad alzarsi e, senza darsi il tempo di cambiare idea, marcia come un marine in parata verso la porta di Rino Frati, bussa, s'annuncia, entra, lo trova in compagnia di Nicola Destrieri, guarda prima uno e poi l'altro come un imbecille e resta impietrito.

Non ha mai visto un alligatore sogghignare ma l'espressione dev'essere la stessa di questi due.

Fausto Trofei indugia sulla porta prima di suonare, si aggiusta la cravatta, sospira, poi, finalmente, preme il campanello.

Latore di brutte notizie, pessimo ruolo soprattutto quando devi darle a qualcuno che conosci fin dai tempi del liceo classico.

Entrando, soppesa la vecchia borsa di cuoio, logora e consunta come quella di ogni avvocato di lungo corso che si rispetti. Trofei ha una faccia da avvocato, un vestito da avvocato, occhiali da avvocato, atteggiamenti da avvocato e tutto il resto. Figlio di un magistrato, nipote di un grande civilista, è nato con la toga addosso. A quindici anni, mentre tutti i coetanei si masturbavano sulle pagine di «Spermula», pronunciava ferventi arringhe in camera sua davanti a un tribunale immaginario. A diciotto dispensava consigli legali ai compagni di università rimasti impelagati in storie di hashish o manifestazioni finite in scontri. A ventidue studiava legge con la media del trenta. A cinquantasei è uno dei penalisti più accreditati, maneggioni, imbattibili in aula, astuti nelle schermaglie procedurali, magniloquenti nelle discussioni, temibili nei controinterrogatori. Si racconta che una volta, mentre un presidente di Corte d'Assise pronunciava una sentenza di assoluzione particolarmente combattuta, abbia avuto un orgasmo. Vero o no, è perfettamente in linea col personaggio. Una moglie trasparente, niente figli, nessun vizio conosciuto. Vive per la Legge, per aggirarla, appianarla, adattarla, adoperarla per i suoi scopi, violarla con cautela quando è necessario.

Insomma, uno che ama il suo lavoro con tutto sé stesso. Tranne qualche volta. Come questa.

«Fausto...». Gli occhi di Alberto Morani sono quelli dei parenti di un ricoverato in rianimazione. Due pozze piene d'angoscia.

«Ciao, Alberto, c'è Daniela?»

«È in palestra... Non ti aspettavamo così presto».

«Meglio così. Vengo direttamente dalla procura, volevo parlarvi subito».

Alberto Morani deglutisce, annuisce e poi si ricorda delle buone maniere, visto che sono ancora in piedi all'ingresso.

«Entra, scusami, andiamo in salotto... Ti faccio preparare un caffè?»

«Grazie, l'ho preso poco fa... E chiudi la porta, è meglio».

Morani fa strada nello studio, siede sulla severa poltrona Frau di fronte al divano dove l'avvocato ha sistemato la sua stazza da facocero e fa cenno a Trofei di parlare.

«La casa è bonificata, è venuto un detective qualche giorno fa, niente microfoni», spiega notando un'impercettibile esitazione del legale. «Puoi parlare tranquillamente. Allora?».

L'avvocato fa passare un paio di secondi, come se stesse raccogliendo le idee, un atteggiamento studiato che serve a dare maggior peso alle sue parole e che, ormai, gli viene naturale.

«Brutte notizie, Alberto, mi spiace».

«Allora dimmele in fretta e facciamola finita».

«Gigi è ricercato. Omicidio. Il Gip ha appena firmato l'ordine di custodia cautelare, tuo figlio sta per diventare un latitante. Mi spiace».

Alberto Morani annuisce, del resto se l'aspettava.

«Già, la polizia è già venuta a cercarlo, anche se non mi hanno detto perché... La storia di Patrizia, vero? Pensano ancora che l'abbia uccisa».

Il penalista lo guarda come se non capisse di cosa sta parlando.

«Patrizia? Ma no, quella faccenda è risolta, è stato scagionato in istruttoria e non ci sono elementi per riaprire le indagini».

«E allora?».

L'avvocato guarda l'amico di vecchia data con comprensione. I genitori, come i mariti cornuti, sono sempre gli ultimi a sapere.

«Alberto, tu sai cosa ha fatto tuo figlio da quando è uscito dal carcere?»

«Be', ha lavorato un po' per il padre di Patrizia, poi si è licenziato, è andato a vivere con lei e dopo che... insomma, dopo che è morta se n'è andato per conto suo. Io e Daniela l'abbiamo visto pochissimo fino a quando, lunedì scorso, si è presentato qui in piena notte. L'abbiamo mandato in un posto sicuro che...».

Trofei lo ferma con un gesto.

«Non me lo dire, non lo voglio sapere. Comunque hai fatto bene».

«Ma perché? Mi vuoi spiegare che sta succedendo? Piantala di girarci intorno, cazzo».

«Be', allora la faccio breve: secondo il pm, Gigi è diventato un elemento di spicco della Banda, uno dei capi. Un killer, Alberto. Lo accusano formalmente di tre omicidi, ma è sospettato di almeno altri due. Guarda che ti sto dando informazioni riservate e secretate, guai se si venisse a sapere che ho parlato con te, rischierei un'accusa di favoreggiamento, anche perché non sono il suo legale».

«Un killer... mio figlio...», balbetta il padre di Gigi, sconvolto. Si aspettava pessime nuove ma questa...

«Il più spietato assassino della Banda, il pm lo definisce così nella richiesta del provvedimento. Secondo loro, si sarebbe legato ai malavitosi durante la detenzione».

I tatuaggi. Il dialetto. I soldi. I vestiti griffati da tamarro. Ecco da dove venivano. Alberto Morani fa un singhiozzo a secco, troppo sconcertato anche per piangere.

«E tu? Pensi che sia vero?», squittisce alla fine. L'altro alza le spalle.

«Non lo so, non ho seguito le indagini... Se mi nomina suo legale potrò accedere a tutte le carte».

«Potrei nominarti io. È possibile?»

«Sì, articolo 96 del codice di procedura penale, comma II. Naturalmente Gigi potrà confermare o revocarmi se lo arrestano».

«Spero che non accada mai, stavolta se lo prendono non esce più».

L'avvocato non commenta. C'è poco da aggiungere.

«Preparo la delega, poi passerai in studio a firmare...».

«Va bene ma... non mi hai detto la cosa più importante, Fausto. Da amico, non da avvocato: ci credi?»

«Non posso esprimermi senza aver visto i faldoni. Stanno preparando una grossa operazione contro la Banda al completo. Decine di arresti e, purtroppo, Gigi è considerato una figura di spicco. Quello che posso dirti è che Anticoli, il pm, è uno tosto. Pignolo ma preciso, non si butta se non è sicuro di atterrare sul morbido. E la squadra mobile ci sta lavorando da un pezzo... Hanno un pentito e un sacco di riscontri. Insomma, la situazione non è facile. Chiederò la revoca del provvedimento, appena avrò letto gli atti, ma ti dico subito che ci sono poche speranze di ottenerla. Le prove sembrano solide, a quanto ho capito».

«Grazie per la franchezza. E ora? Che succede?»

«Il Gip deve consegnare i provvedimenti, che verranno affidati alla polizia giudiziaria per essere eseguiti. Normalmente passano un paio di giorni, anche tre, prima che scatti l'operazione, soprattutto quando ci sono parecchi indagati come in questo caso. Questo intervallo è un po' come una terra di nessuno. Il momento migliore per... ci siamo capiti».

Alberto Morani non può far altro che annuire, sopraffatto dalla piega che stanno prendendo le cose.

«Allora io me ne vado... Ti aspetto in ufficio domani». Fausto Trofei si rimette faticosamente in piedi e agguanta la sua vecchia borsa.

«Grazie, amico mio».

«Dovere. E... se lo senti, saluta Gigi da parte mia. Digli che ce la metterò tutta».

«Lo farò, se lo sento».

Neanche una parola sulla parcella. Non ce n'è bisogno. Il conto arriverà alla fine e sarà salato. Nel vocabolario dell'avvocato Fausto Trofei, patrocinante in Cassazione, la parola gratis non esiste.

CAPITOLO 12

«Non mi guardate così, io non c'entro, capito?».

La voce di Tommaso Elleni ha un inconsueto tono stridulo. Strizza? Incazzatura? Amor proprio offeso? Dignità messa alla prova? Probabilmente tutto questo insieme e qualcosa di più.

«Ma di che parli?». Nicola Destrieri nasconde un ghigno mefistofelico sotto i baffoni trichecheschi.

«Dai, del giornale, no? Lo so benissimo che cosa state pensando, ma non sono stato io».

«Quale giornale, guagliò?», interviene Rino Frati, mellifluo che neanche Jago.

«Per favore, capo... non mi prendere in giro. "Repubblica", no? Ho letto il pezzo di Scalesi che racconta tutta la storia di Morani e, ribadisco, non sono stato io».

«A fare cosa? A scrivere l'articolo? In effetti non c'è la tua firma e poi non sapevo fossi diventato giornalista».

Tommaso incassa la frecciata con stoicismo, tanto quei due, ormai, lo hanno condannato senza appello, ma si picca di tenere il punto.

«Io non ho parlato con Scalesi né con nessun altro cronista. Vorrei che fosse chiaro, tutto qui», scandisce sussiegoso.

«Ma certo che non sei stato tu, lo sappiamo benissimo», lo pimpina Destrieri che, evidentemente, se la sta godendo un mondo.

«Be', mi fa piacere. Se scopro che lo stronzo che ha raccontato tutto a quel pennivendolo è nella mia sezione gli sego le gambe», sbotta Elleni, sollevato. Dopo la faccenda delle dimissioni di Angela, anche se rientrate a stretto giro di posta, un'altra figuraccia non gli ci voleva proprio. Quotazioni in picchiata.

«Datti una calmata, guagliò, non è nella tua sezione», lo tranquillizza Frati.

«Ah, vabbè, allora sapete chi è stato, capo?»

«Naturalmente». Doppia ghignata da *jena ridens*. «Siamo stati noi».

«Vo... Voi?». Tommaso indica Frati e Destrieri come se li vedesse per la prima volta in vita sua. Chi è il gatto e chi la volpe?

«Certo, dirigente e vicedirigente della squadra mobile», spiega allegramente Frati. «Abbiamo convocato il nostro amico Scalesi, gli abbiamo cortesemente offerto un caffè e ci siamo fatti una bella chiacchierata a quattr'occhi... anzi, scusa, a sei».

Tommaso Elleni scuota la testa e si rimangia il mezzo milione di domande che gli stanno per uscire di bocca. Contenti loro...

«Vedi, Tommà, la stampa o la gestisci o la subisci. E a volte può dare una mano, soprattutto quando c'è da spiegare perché un pericoloso assassino latitante sia diventato, appunto, latitante». Destrieri versione maestro elementare.

«Qualcuno, magari al Viminale, potrebbe chiedersi perché non l'abbiamo arrestato già da qualche mese e gli è stato consentito di scomparire... la polizia non ci fa una bella figura», ancora Frati, che parla in sintonia con il suo vice stile Qui, Quo, Qua.

«E, forse, a via Arenula, al ministero di Giustizia, qualcuno ha letto "Repubblica" e si è incazzato di brutto. Resti fra noi ma quel pm, Federico Anticoli, una bella strigliata se la merita tutta».

«Magari una richiesta ufficiale di spiegazioni, scritte e firmate», vagheggia il capo della mobile.

«E soprattutto si legge chiaro e tondo che la questura non c'entra. Scalesi è stato di parola», sottolinea Destrieri.

«Per queste cose non si può convocare una conferenza stampa...».

«Neanche a parlarne...».

«Né rilasciare dichiarazioni ufficiali...».

«Stiamo scherzando?»

«Ed ecco a che ti serve un giornalista amico che, in cambio di un piccolo scoop, accetta di fare il tuo portavoce senza citarti mai. Quando si tratta di tutelare le fonti, Scalesi diventa un mastino. Tre anni fa lo stavano per arrestare per una storia di terrorismo. La procura l'ha accusato addirittura di complicità con le Brigate Rosse per un pezzo che aveva scritto in esclusiva... Ti ricordi, Nicò?»

«Sì, vagamente, l'identificazione di un telefonista che aveva rivendicato un attentato o qualcosa del genere».

«Sì, secondo il pm era un segnale mandato ai suoi amici della stella a cinque punte. Hanno coinvolto perfino la DIGOS e gli hanno sequestrato un sacco di roba a casa. Comunque lui niente, tosto, duro, non ha aperto bocca. Alla fine gli hanno dato rivelazione di segreto d'ufficio, una stronzata».

«Be', stavolta non ha rivelato segreti, ha solo raccontato le cose come stanno. La storia della convivente uccisa, l'intervento precedente della polizia a casa di Morani, le nostre richieste di un provvedimento di custodia».

«Inascoltate e ignorate», puntualizza Destrieri.

«Appunto. Tutto nero su bianco», approva Frati.

«Be', io comunque non ci parlo volentieri, con la stampa», mugugna Tommaso Elleni che s'è sorbito la lezioncina chiedendosi quante altre cose hanno da insegnargli questi due marpioni.

«E fai bene, guagliò, per questo ci sono i superiori che, guarda caso, siamo noi due».

«Ehi, il pivello mi sembra sollevato», lo sfotte Nicola Destrieri.

Tommaso evita saggiamente di rispondere. Chissà le risate che si sono fatti quando l'hanno visto entrare angosciatissimo come uno scolaretto prima dell'esame.

«Be', questione chiarita. Mettiti tranquillo e stanotte vai a letto presto».

«Vuoi dire che...?»

«*Jawohl*, aspettiamo le ordinanze, il Gip le sta firmando proprio ora. Domani notte scatta l'operazione e li blindiamo tutti».

Tutti meno uno, riflette amaramente Tommaso. Proprio quello che vorrei arrestare prima degli altri.

Gigi spegne la televisione, nauseato da tutte quelle scempiaggini: le strappone rifatte e sgambettanti che, a sessant'anni, fanno finta di averne venti, i polemisti perennemente incavolati, i dibattiti in cui tutti urlano e nessuno ascolta, i preti mielosi, i politici grufolanti, i moderatori servili o arroganti a seconda dell'interlocutore, le pubblicità imbecilli, le musichette scassapalle...

Che Paese di merda.

A volte vorrebbe essere ancora com'era da ragazzo, un fanatico dell'Idea, un militante duro e puro, un soldato pronto a farsi uccidere per un'Italia migliore, una nazione sana, austera, lavoratrice: controllo sui programmi televisivi, censura alla stampa, stranieri a casa loro così non rompono il cazzo, scioperi e manifestazioni vietati, froci e criminali al muro...

Il problema è che, adesso, anche lui è un criminale al cento per cento e non può tornare indietro.

Er Fringuello s'aggira nella villetta del portiere, linda e

pulita come ogni seconda casa popolare che si rispetti, inzeppata di pacchianate da vomito: quadri ignobili, sculture immonde, centrini, federe ai mobili, ninnoli leziosi, statuette, soprammobili, posaceneri... Tutta roba che urta il suo senso estetico e il suo radicato snobismo e a volte, quando è particolarmente depresso o arrabbiato, gli fa venire voglia di appiccare un bel falò e bruciare tutto. Anche la casa è semplicemente spaventosa, disegnata da un architetto stile "vorrei ma non posso", anzi, probabilmente neanche un architetto: il solito geometra che butta giù un progetto e se lo fa firmare e una squadretta di operai pagati in nero che lavorano a pala e picco in barba a ogni norma edilizia e di sicurezza e, se arrivano i vigili, una bella mazzetta e passa la paura. Nel giardinetto c'è perfino una ridicola imitazione di piscina di due metri per tre, poco più di una vasca da bagno con l'acqua perennemente insudiciata di grilli, cicale, falene e insetti vari che fa vomitare solo a guardarla.

L'unico vantaggio è che è isolata, abbastanza distante da Ladispoli e assolutamente anonima. Gigi, appena arrivato, ha constatato che in dispensa c'erano solo due pacchi di spaghetti, olio, sale e una latta di pelati. Ha preso la moto ed è arrivato a un centro commerciale sull'Aurelia dove, cappelletto ben calcato sul viso e occhiali scuri, ha fatto una spesa da survivalista: cibi in scatola o precotti, pane in cassetta, latte a lunga conservazione, frutta sciroppata, bottiglie e lattine in quantità. Ha pagato in contante, come sempre, ha infilato tutto in un grosso zaino e sul portapacchi della Enfield, un carico eccessivo che ha messo in serio pericolo l'equilibrio cinetico e la tenuta di strada della moto, è tornato alla villetta, controllando spesso di non essere seguito e s'è tappato dentro come un ghiro nella tana.

Ad aspettare, pianificare, progettare e farsi due palle come angurie.

Non esce, legge poco, cerca di tenersi in forma con un'oretta di ginnastica quotidiana, tira pugni e calci a vuoto, guarda svogliatamente la televisione (figurati se quei tamarri non avevano uno schermo stile multisala in salotto anche nella casa al mare), pensa al futuro.

La coca è finita e comincia a sentirne la mancanza. Dopo due giorni, deve ammettere a sé stesso di essere in astinenza e, visto che non può uscire per rifornirsi, compensa col Johnnie Walker. Di solito, nel tardo pomeriggio, è già mezzo sbronzo, la sera si schianta in un torpore alcolico e la mattina ha un martello pneumatico tra le orecchie.

È stata proprio la smania di un paio di strisce come si deve a fargli decidere la sua prossima destinazione.

Amsterdam.

Coi caffè dove si fuma liberamente erba, gli spacciatori dappertutto, le droghe a buon mercato e le ragazze disinibite, visto che non ne può più del vecchio cinquecontrouno.

Ad Amsterdam, tra l'altro, sono di casa un paio di amici della Banda che, tre anni prima, avevano organizzato un grosso furto in un caveau saltato all'ultimo momento, ma che continuano a tornarci per rifornirsi di roba, scopare, divertirsi e mettere a segno qualche lavoretto, visto che la polizia locale non brilla certo per solerzia e acume investigativo.

Il problema è che non ha la minima idea di come rintracciarli. La capitale olandese ha circa ottocentomila abitanti: non come Roma, ma sono parecchi comunque. No problem, Gigi confida nel suo istinto, nella fortuna e nel fatto che i posti frequentati dalla mala, in fondo, sono tutti uguali. Basterà bazzicarne qualcuno per un po', entrare in confidenza con la fauna locale, allungare qualche banconota, fare qualche domanda discreta e, alla fine, gli italiani salteranno fuori.

Sì, Amsterdam per prima cosa, poi si vedrà. Il mondo è grande e le sue sole esperienze all'estero, finora, sono state una gita di due giorni a Parigi con la classe delle medie e un mese in un pallosissimo campeggio-scuola in Galles, spedito *manu militari* dai genitori a dodici anni nella vana speranza che imparasse un po' d'inglese mentre, in realtà, aveva imparato a mangiare porridge e aringhe a colazione, masturbarsi sulle riviste zozze e a fare a cazzotti con gli spocchiosi ragazzetti britannici che lo chiamavano "macaroni".

Il mondo è grande, un posto buono per vivere lo troverò.

Il campanello d'ingresso gli gela il sangue nelle vene.

Le 21:45.

Polizia? Un vicino ficcanaso? Qualcuno che ha visto le luci accese, pensa sia il portiere e viene a fare quattro chiacchiere?

Gigi afferra la semiautomatica, scarrella e se la infila dietro la schiena. Ha già deciso che in galera non ci tornerà mai. Non per restarci tutta la vita. Piuttosto muore qui e ora, con l'arma in pugno, dopo aver portato qualche sbirro con sé.

Secondo i vichinghi, chi si faceva ammazzare in combattimento, senza mollare la spada, filava dritto nel Walhalla.

Fottersi le valchirie, banchettare e duellare per l'eternità con gli altri guerrieri onorevolmente defunti. Non male.

Gigi si domanda come fanno pensieri così assurdi a frullargli nella testa mentre s'accosta alla porta, tenendosi di lato e chiede chi è simulando una voce impastata di sonno.

«Signor Morani? Signorino Luigi?». Più che una voce è uno squittio.

«Chi è? Chi cerca a quest'ora?»

«Sono Jessica… la figlia di Giuseppe».

«Giuseppe chi?»

«Pino, Pino Pergolesi, il portiere. Mi manda suo padre, ho una busta per lei».

Gigi socchiude la porta quel tanto che basta per intravedere un visetto gradevole e spaventato, due grandi occhiali da vista e una mano da ragazza che s'infila dentro la porta, gli porge una grossa busta e scompare all'istante. Gigi richiude la porta prima ancora che la tizia riesca a dire "arrivederci". Passi affrettati sul vialetto.

Gigi rimette a posto la pistola dopo aver tolto il colpo in canna e apre la busta, grossa e gonfia.

Dentro ci sono parecchie mazzette da centomila lire e un biglietto.

"Scappa subito. Sei il mio dolore e la mia delusione ma ti vorrò sempre bene".

Niente firma, non ce n'è bisogno.

Gigi conta i soldi: trenta milioni, probabilmente tutto quello che papà è riuscito a raggranellare in un giorno. Nella cintura portasoldi ne restano altri diciotto e spiccioli, quindi il problema denaro, per adesso, non esiste.

Gigi comincia a buttare indumenti alla rinfusa in un borsone, pronto a partire subito, ma ci ripensa. Non di notte, con l'aeroporto semideserto dove potrebbe dare più nell'occhio e, del resto, non sa neanche se c'è un volo in partenza per Amsterdam fino al giorno dopo. Meglio confondersi tra la folla dei viaggiatori e, sicuramente, i controlli saranno meno accurati, con tanta gente che si affolla ai varchi.

Deciso. Partirà domattina.

CAPITOLO 13

Notte a luci blu.
Notte di divise, di pistole, di manette.
Notte di lampeggianti e di sirene.
Notte di cani poliziotto che uggiolano e strattonano il guinzaglio.
Notte di elicotteri pronti a decollare.
Notte di battute fiacche, di caffè nei thermos, di sigarette che punteggiano il buio come lucciole.
Notte di irruzioni, di urti sulle porte sprangate, di urla, imprecazioni, bestemmie.
L'ultima notte della Banda. Da domani sarà tutto diverso.

Quartiere generale degli investigatori, presiede Rino Frati, teso come un centometrista prima della finale olimpica. Al suo fianco Nicola Destrieri e Tommaso Elleni, sbarbati di fresco in previsione della conferenza stampa già programmata per mezzogiorno, consapevoli del fatto che quello che sta per accadere nelle prossime ore sarà un passo fondamentale per la loro carriera, un momento indimenticabile della loro storia di sbirri. L'inchiesta sulla più grossa organizzazione criminale che abbia mai messo radici a Roma si chiude con quarantadue arresti e quindici denunce a piede libero, praticamente tutti i livelli della gang che ha monopolizzato per anni il business della cocaina, dai vertici agli spacciatori di strada fino alle vedette appostate ventiquattro ore al giorno sui tetti e agli angoli delle strade. Tutti dentro.

Le ordinanze di custodia cautelare firmate dal Gip riassumono un decennio di omicidi, agguati, ferimenti, traffici di droga, alleanze, scontri interni, faide di quartiere, guerre di predominio. Quello che accadrà in tribunale è tutto da vedere, alcuni si salveranno, altri se la caveranno con poco, qualcun altro riuscirà a sgusciar via per scadenza dei termini di carcerazione preventiva, cavilli procedurali, assoluzione in secondo grado o in Cassazione. Molte accuse reggeranno, altre cadranno, ma lo scossone sarà comunque irrimediabile e definitivo. Il regno della Banda è finito per sempre. I superstiti, i pochi sfuggiti alla cattura o quelli che riusciranno a farsi scarcerare, non saranno più in grado di ricostruire un'organizzazione ormai al collasso.

Gli ordini di custodia vengono distribuiti come medaglie, in ordine d'importanza: i capi spettano, di diritto, agli investigatori che hanno lavorato di più, che sono riusciti a incastrarli.

«Angela, questo è per te…».

Molti approvano con un cenno del capo o un sorriso mentre Angela, in jeans, giubbotto scuro, scarpe sportive e coda di cavallo, prende dalle mani di Tommaso Elleni il provvedimento intestato a Morani Luigi inteso er Fringuello. Tre omicidi, associazione per delinquere finalizzata al traffico di stupefacenti, porto e detenzione abusiva di armi e altre imputazioni minori.

Angela non lo arresterà questa notte. Lo sanno tutti. L'irruzione all'ultimo domicilio conosciuto, casa dei genitori ai Parioli, è un pro forma. Gigi è sparito. La squadra mobile ha sguinzagliato gli informatori, ha dragato il giro delle amicizie, delle parentele, delle complicità, perfino degli ex camerati di un tempo, i posti di frontiera verranno avvisati, le liste dei passeggeri controllate ma, per adesso, er Fringuello è introvabile. L'incarico di catturarlo è, comunque, prestigioso: un riconoscimento pubblico e formale del lavoro che Angela ha fatto in tutti questi mesi. Rino Frati la gratifica di un sorriso a denti stretti e di una scherzosa ammonizione con l'indice puntato come a dire "hai visto, scemetta, volevi mollare tutto e invece...". Anche Tommaso sorride ma con un fondo di amarezza, perché l'ispettrice Blasi Angela, in servizio alla I sezione omicidi, è tornata ad essere la sua compagna di lavoro ma non di letto. Storia chiusa anche questa, come quella della Banda.

Fuori dalla caserma, alle 5:30, quando le prime pattuglie sono già partite, arrivano i cronisti. Un po' di polizia-spettacolo, quando il bottino è succulento, non guasta. Le redazioni sono state preavvisate a tarda sera, notizia embargata fino al giorno dopo, con minacce di severe ritorsioni giudiziarie per chi tentasse di fare il furbo e bruciare l'operazione. Cameramen bardati come Robocop, coi gilet pieni di tasche e le telecamere a tracolla, fotografi in sella a moto e scooter, con le loro grosse borse che pendono di lato e la Nikon con teleobiettivo al collo. Quattro o cinque cronisti irriducibili e assonnati della carta stampata, Marco Scalesi in testa, quei neristi di strada che non si accontentano della conferenza stampa o dei racconti dell'indomani in questura: vogliono esserci, partecipare, guardare, sentire, elettrizzati quasi come gli sbirri. Una sfilata di sirene, una teoria di volanti che escono a passo d'uomo col lampeggiante acceso a uso e consumo delle TV, visto che nessuno va ad arrestare un ricercato dandogli un avviso sonoro che si sente a un chilometro di distanza, dà il via ufficiale all'ultima fase di un'indagine battezzata, dopo lunghe riflessioni, "operazione Cupolone". Una bella trovata del questore, che ha unito il simbolo della capitale con una parola di vaga assonanza mafiosa. La

Nuova Mafia Romana, così i giornalisti, tra qualche ora, definiranno la Banda.

Motori imballati, prima e seconda, ululati di sirene che squarciano il silenzio, giroscopi color celeste carico che illuminano l'alba. Si comincia.

Leonardo da Vinci-Schiphol, volo Alitalia, prima classe, due ore e venti minuti.

Gigi infila in tasca la mano sudata e accarezza il passaporto come se fosse un talismano, chiedendosi se reggerà ai controlli di frontiera. Ha comprato il biglietto al banco della compagnia di bandiera, trovando solo un posto in prima perché la classe economica, stranamente, era al completo, ma più gente c'è meno le verifiche saranno accurate...

O almeno se lo augura.

La fila di passeggeri in coda davanti al gabbiotto di vetro, impazienti, sbuffanti, ciarlieri o assorti, avanza lentamente, tutti distanziati di almeno un metro, tutti col loro bravo documento in mano, tutti in preda a quell'indefinibile senso di attesa e trepidazione tipico di quando sei al cospetto di un'autorità costituita che ha il potere di farti sentire insicuro anche se non hai niente da nascondere.

Luigi Morani detto er Fringuello, invece, ha un motivo validissimo per farsela quasi addosso dalla strizza. Ricontrolla, per l'ennesima volta, la foto, i timbri, il nome e la data di nascita di Anselmo Rovinacci cercando di individuare inesattezze, sbavature, errori, irregolarità che possano far saltare la sua identità fasulla e, a un certo punto, è assalito dalla smania irrazionale di fare dietro front, tornare sui suoi passi, mandare affanculo l'aereo, tentare la fuga via terra dove forse potrà evitare i valichi di frontiera come un contrabbandiere o uno spallone...

Troppo tardi, tocca a lui.

Il poliziotto ha un viso grigio come il suo mestiere, un volto affilato, volpino, un'aria malevola e grossi occhiali da vista con la montatura di plastica nera. Gigi ha sempre diffidato di chi porta gli occhiali.

Rintanato nel suo cubo di vetro come una murena in agguato nella tana, l'agente saluta con un grugnito incomprensibile, prende il passaporto, se lo rigira tra le mani, lo apre, lo esamina, aggrotta le sopracciglia, digita qualcosa su una tastiera, guarda ancora...

Gigi sente un rumore di cavalli al galoppo nella cassa toracica.

L'agente scruta un'invisibile schermata sul computer, scuote la testa, guarda qualcosa alla sua sinistra. Gigi sa cos'è: il cosiddetto "librone", le note di ricerca appena aggiornate e non ancora archiviate in un file dove, sicuramente, c'è anche il suo nome. E la sua foto.

Una goccia di sudore gli cade dalla fronte al naso nel momento stesso in cui il poliziotto alza lo sguardo e lo fissa dritto in faccia con un'espressione di diffidente perplessità.

Gigi calcola mentalmente quante possibilità ha di voltarsi, scappare a precipizio e guadagnare l'uscita prima di essere acciuffato. Nessuna. L'aeroporto brulica di divise, mitragliette, pastori tedeschi al guinzaglio con la lingua ciondoloni come uno straccetto rosa. Tempo di terrorismo, di attentati, di bombe sugli aerei. Massima sorveglianza, colpo in canna, dita sul grilletto.

Minuti come secoli.

Mormorii spazientiti alle sue spalle.

Il poliziotto allunga una mano verso il telefono. Gigi sente che deve fare qualcosa, qualsiasi cosa, altrimenti gli scoppia il cuore. Tenta di parlare ma ha la lingua incollata al palato e la gola di sabbia.

Lo sguardo dell'agente è un trapano.

«Amore, che succede? Problemi?».

Gigi si volta di scatto alla voce femminile che sembra provenire da un punto imprecisato dietro la sua spalla destra.

La donna è sulla cinquantina, bionda, alta, elegantissima, con una trousse da viaggio di Prada che le penzola negligentemente sul fianco, occhiali da sole da diva anni Cinquanta, un décolleté arrogante che se ne infischia della forza di gravità, una capigliatura da leonessa screziata di meches, un fisico da cinque ore di palestra alla settimana. Molto sexy, molto glamour, molto ricca.

«Avete beccato mio marito, agente? Avete scoperto che è un narcotrafficante sudamericano?». Voce roca, da fumatrice accanita, venata di ironia, che si rivolge all'agente con la sufficienza e la bonomia condiscendente di chi parla con un cameriere.

Gli occhi del poliziotto sono calamitati dalle bombe in evidenza; dietro le spesse lenti da miope, brillano di cupidigia.

«Normale controllo, signora, è suo marito?»

«Il mio compagno, per ora… Contiamo di sposarci ad Amsterdam, sempre che non me lo arrestiate».

Il tono scherzoso ha qualcosa di provocante, di insinuante, di promettente. Quel tono da cortigiana, da prostituta navigata, capace di suscitare fantasie e mettere in subbuglio le parti intime di qualunque maschietto.

«Allora auguri a tutti e due…». L'agente restituisce il passaporto a Gigi, dà appena una sbirciata a quello di Miss Poppe da Urlo e fa cenno di passare a entrambi.

Gigi cammina a fianco della donna in silenzio, incapace di profferire parola, sollevato e sconcertato. La segue sulla scaletta d'imbarco riservata alla prima classe, individua la sua poltrona e ci si schianta sopra, estenuato mentre la cinquantenne bionda s'avvicina allo steward, gli sussurra qualche parola, ottiene un consenso ossequioso e si siede accanto a lui.

Lieve sentore di J'Adore, sigarette, seduzione.

«Gli ho chiesto se potevamo stare vicini, tanto la prima classe è mezza vuota, oggi».

Gigi sta zitto e guarda due tacchi a stiletto che si accavallano con disinvoltura, lasciando intravedere due caviglie sottili inguainate di naylon fumé sotto i pantaloni di pelle aderentissimi.

«L'ho vista in difficoltà con quel poliziotto e mi sono permessa di intervenire, spero che la storia del futuro maritino non l'abbia spaventata... Non si preoccupi, non era una proposta». Tono a metà tra la presa in giro e l'interrogatorio di terzo grado. «Ah, mi scusi, che cafona, non mi sono neanche presentata: Alessandra Volpi, piacere, può chiamarmi "Ale", come fanno tutti».

«Gi... Anselmo Rovinacci, piacere mio. No, non so cosa gli fosse preso a quello sbi... a quell'agente di polizia. Forse mi ha scambiato per qualcun altro», balbetta Gigi, che ancora si chiede che diavolo sta succedendo e chi è quell'angelo sexy piombato dal cielo per salvarlo.

Alessanda Volpi detta Ale annuisce con un mezzo sorriso incredulo, come davanti a un bambino che tenti di nascondere una marachella troppo evidente.

«Be'... comunque grazie, è stata gentile, confesso che mi sentivo un tantino a disagio». Gigi recupera velocemente il tono salottiero che ha imparato a casa fin dall'adolescenza.

«Cosa la porta ad Amsterdam, signor "Rovinacci", se posso chiederglielo?». Gigi è assolutamente convinto di aver sentito le virgolette sul suo cognome farlocco.

«Io, be'... affari, sì, affari. E lei?».

La bionda risponde solo con un sorriso. Apre la trousse di Prada, ne estrae una copia di «Repubblica» tutta spiegazzata e, tenendola bassa per non farla vedere agli altri passeggeri, gli mostra un titolo di prima pagina.

ROMA, SGOMINATA LA BANDA, DECINE IN GALERA
CACCIA ALLA PRIMULA ROSSA, IL KILLER LATITANTE

Marco Scalesi e Elisa Tozzoli alle pagine 13 e 14.

Gigi non ha bisogno di guardare la vecchia foto segnaletica due volte. Si riconosce subito.

«Stia tranquillo, non sono una sbirra né una giornalista, se avessi voluto farla arrestare l'avrei già fatto, può fidarsi».

La faccia di Gigi è un punto interrogativo.

«Si sta chiedendo perché l'ho aiutata e la capisco... diciamo che non amo le divise e che ho letto qualcosa su di lei. Una vita piuttosto interessante. O forse ho una passione per i fuorilegge e i banditi. Lei lo è?»

«Cosa?»

«Un bandito, un fuorilegge... Ha una storia da raccontare? Non cominci subito a dire che è innocente, per favore, non mi annoi con qualche panzana. Come le ho detto non sono una poliziotta né un magistrato».

«Allora cos'è?»

«Una donna d'affari. Una vera, non come lei. E mi faccio gli affari miei, ma il mio aiuto ha un prezzo».

«Lo immaginavo. Quale?»

«Parli. Mi racconti della sua vita, del suo passato... E sia sincero, non le domando altro. All'arrivo, se crede, ognuno per la sua strada e io non l'avrò mai vista».

Gigi esita solo qualche secondo, poi capisce di non avere alternative.

«Si avvertono i signori passeggeri che stiano iniziando le manovre di atterraggio, prevediamo di arrivare a Schiphol entro quindici minuti, si prega di allacciare le cinture. Il tempo è nuvoloso e la temperatura è di 8 gradi centigradi».

La voce del pilota interrompe er Fringuello che sta parlando ininterrottamente da oltre due ore.

CAPITOLO 14

Questura di Roma, cinque mesi dopo

Il Contabile controlla. Guarda, ingrandisce, confronta, scruta, analizza.

Poi controlla ancora.

E un'altra volta, tanto per stare sicuro. Bingo.

Chiunque altro, a questo punto, lancerebbe un urlo di gioia, un muggito di trionfo, un canto di vittoria. Chiunque altro avesse passato centocinquantatré giorni, esclusa qualche domenica e i turni di riposo, a esaminare e comparare le videoriprese di tutti gli aeroporti e i porti d'Italia, a passare al setaccio le liste dei passeggeri, a consumarsi gli occhi sui fermo immagine dei viaggiatori: facce sgranate, seminascoste, confuse, irriconoscibili, a zoommare, ingrandire, analizzare dettagli di fronti, menti, orecchie, nasi.

Molti avrebbero dato forfait, lui no. E alla fine è stato premiato: eccolo lì, inconfondibile, ripreso in piena faccia senza ombra di dubbio.

Chiunque altro si alzerebbe dalla sedia, farebbe una danza di guerra o l'aeroplanino, si applaudirebbe da solo, si direbbe "evvvaiiiii".

Lui no.

Il Contabile è un animale a sangue freddo. E gli rimane ancora un dubbio da sciogliere prima di presentarsi da Tommaso Elleni e annunciargli che ce l'ha fatta. Lui, lo sbirro da scrivania, il poliziotto-impiegato con la faccia da ragioniere, le tre penne nel taschino, gli occhiali da presbite perennemente sulla punta del naso o appesi al collo con una cordicella, lui e soltanto lui ha fatto centro. Alla faccia di chi ha visto troppi film e pensa che la polizia giudiziaria sia tutta una faccenda di inseguimenti, pistole e manette.

Il Contabile sospira, si stiracchia, si alza dalla scrivania con quel vago senso di rimpianto indefinibile che ci prende sempre quando finiamo un lavoro lungo e impegnativo che ci ha assorbiti per tanto tempo. La famosa sensazione "e adesso che faccio?". Gli scrittori ne sanno qualcosa, quando il libro è finito.

Finito? No, non ancora, c'è quell'ultimo dettaglio.

Il Contabile torna a sedersi davanti allo schermo ma, stavolta, ignora la faccia ormai riconosciuta dell'uomo giovane e atletico con lo zainetto sulle spalle e si concentra sulla bella milf con la trousse firmata.

Qualcosa gli dice che…

Fruga nella memoria visiva perché quella chioma da leonessa, quel viso marcato e terribilmente sexy, quelle tette poderose li ha già visti da qualche parte. Ma dove?

No, non si sbaglia, dovrebbe proprio essere…

Il Contabile si alza, spegne il computer e agguanta la giacca perché sa dove deve andare per risolvere l'enigma.

A casa sua.

«Dottor Elleni, permesso?»

«Entra, Peluzzi, novità?»

«Be', effettivamente, qualcosina ci sarebbe».

Tommaso soffoca a fatica uno sbadiglio e si domanda perché mai quel topo da scrivania gli faccia venire sonno ogni volta che lo vede. E sì che si è fatto una dormita di sette ore filate, un'ora e mezzo di corsa, una bella doccia bollente, è fresco e riposato ma, davanti al Contabile, gli prende sempre un attacco di narcolessia.

«Allora?».

Il Contabile si avvicina, compunto e sussiegoso, scartabella nella pila di fogli che ha in mano, ne estrae uno, lo guarda bene come per accertarsi che sia proprio quello giusto e glielo piazza davanti.

Tommaso gli lancia un'occhiata distratta, poi un'altra, poi un'altra ancora...

«Maporcocazzo!».

Il Contabile tace. Nessuno lo ha mai sentito imprecare. Non in ufficio, almeno. Come niente, è anche un quacchero o qualcosa di simile.

Tommaso lo guarda stralunato.

«Ma è...».

«Sì dottore, non ci sono dubbi. Si è imbarcato per Amsterdam il 6 novembre scorso, esattamente il giorno dopo che è scattata l'operazione Cupolone. Sulla lista dei passeggeri è registrato come Rovinacci Anselmo. Ho controllato: non ci sono corrispondenze all'anagrafe con persone della stessa età e che quel giorno abbiano preso l'aereo. Evidentemente aveva un passaporto fasullo. Ho anche verificato i nominativi di tutti i passeggeri a bordo. A una prima cernita risulterebbero tutti regolari, niente complici o altre false identità, anche perché sono quasi tutti rientrati in Italia pochi giorni dopo ma, naturalmente, è un accertamento da approfondire e mi ci vorrà ancora qualche giorno».

Tommaso lo guarda come se si fosse messo a svolazzare per la stanza cantando *Oh my darling Clemetine*. Questo è proprio un alieno.

«E me lo dici così?»

«E come glielo dovrei dire?».

Già, si era dimenticato che lui è il Contabile. Chissà se quando è nato ha strillato come tutti i neonati o ha detto urbanamente "buongiorno, sono qui"?

«Sei un grande, Peluzzi. Ti amo. Sei il migliore. Ce l'hai fatta, cazzo, ma ti rendi conto? E non fare quella faccia, sembri in lutto».

«Che faccia dovrei fare?».

Niente da fare, tempo perso. Il Contabile sembra sempre in lutto.

Tommaso agita i pugni in aria godendosi la standing ovation di una platea immaginaria, no, uno stadio gremito e lui è la punta che ha appena infilato il gol della vittoria.

Vabbè, l'assist glielo ha dato faccia da topo, ma chissenefrega, è così che funziona. Il merito va ai superiori e i sottoposti si fanno il mazzo.

«Abbiamo risolto, Peluzzi, ma ti rendi conto? L'abbiamo beccato. Adesso mando subito una nota di ricerca all'Interpol e... ma mi spieghi perché mi guardi in quel modo? No, se dici qualcosa come "in che modo la dovrei guardare?" giuro che ti sparo».

«Non ha notato niente, dottore?».

Tommaso scruta bene la foto e la paragona al file mentale intitolato Morani Luigi. Nessun dubbio.

«È lui, al cento per cento», conclude.

«E non c'è qualcosa che magari le sfugge? Scusi, sa, ma...».

«Porcatroia, ma che fai, giochi agli indovinelli? Cosa dovrei notare? Cosa mi è sfuggito?».

Il Contabile alza gli occhi al cielo.

«La donna, dottore, guardi, camminano affiancati, sembra quasi che si sfiorino... Stanno parlando. Quando avremo i filmati dell'aeroporto di Schiphol mi gioco lo stipendio che li vedremo scendere tenendosi per mano come fidanzatini. Quei due stanno insieme, glielo dico io».

«Mi sa che hai ragione... una complice? Eppure non ci sono donne latitanti, nella Banda. Un'amica? Una parente? Be', sai come si dice, *cherchez la femme*. Dobbiamo cercare di identificarla, intanto io vado dal capo».

Tommaso si alza, trionfante, agguanta il foglio, fa per uscire, si ferma…

Il Contabile è rimasto seduto, con uno strano luccichio ironico negli occhi.

«Già fatto».

«Cosa?»

«Già fatto, dottore, so chi è la donna».

«Ma… come…?»

«Un colpo di fortuna. Mi sono ricordato che mia moglie legge "Novella 2000"».

«Volpi Alessandra, 52 anni, vedova, residente a Montecarlo».

«Per non pagare le tasse…».

«Ovvio e comunque ci resta solo lo stretto necessario, in realtà è sempre in giro per il mondo, soprattutto tra Roma, Amsterdam e Johannesburg. Una tipa tosta, a quello che ho… abbiamo scoperto».

Rino Frati fa un gesto d'incoraggiamento mentre Tommaso Elleni scorre velocemente le pagine del taccuino fitto di appunti vergati con la sua calligrafia ordinata. Hai una calligrafia da vescovo, gli diceva sempre il padre. Tommaso non ha mai capito bene il riferimento.

«Che altro sappiamo?»

«Vent'anni fa ha sposato il conte Carlo Ottomanni, il titolare della catena di gioiellerie a Roma, Milano e Venezia. Solita storia: lui ricco, nobile, anziano, divorziato, padre e nonno felice. Lei giovane, bella, intraprendente, spiantata. Trentadue anni in meno del maritino che, infatti, ha avuto il garbo di farsi venire un infarto secco cinque anni e mezzo dopo il matrimonio…».

Il ghignetto impertinente di Tommaso provoca il gesto

molto napoletano di Frati: mano a pigna rivolta verso il mento, avanti, di' quello che stai pensando.

«Be', capo, secondo alcuni pettegolezzi rilanciati da qualche settimanale di gossip Ottomanni sarebbe morto di... insomma, in circostanze particolari. A quanto si sa, stavano facendo sesso e non gli ha retto la pompa, durante la pompa».

Se anche il capo della mobile apprezza il sottile umorismo, la sua occhiata severa non lo dimostra affatto.

«*Relata refero*, capo. È quello che hanno scritto "Novella 2000" e "Grand Hotel". Mi sono fatto una cultura sulla Volpi, pensa che l'avevano soprannominata "la Mantide"».

«L'insetto che divora il maschio dopo l'accoppiamento. E lei non ha querelato?»

«*Nein*, probabilmente aveva altro per la testa. La vedovella ha dovuto vedersela prima coi figli del conte per l'eredità. L'accusavano di essersi fatta intestare parecchie cose da Ottomanni prima che morisse e di aver inguattato altre ricchezze... Una causa che poteva andare avanti per decenni, ma la signora avrebbe risolto sganciando un sacco di soldi e, alla fine, si è arrivati a un accordo. Poi si è buttata a pesce nella gestione delle oreficerie, di cui era già socia prima del decesso del marito e, a quanto pare, ha il tocco per gli affari perché l'azienda continua a prosperare».

«Be', complimenti Tommà, sei tornato in gran forma, a quanto pare».

Un complimento che è una velata allusione alla faccenda di Angela. Tommaso lascia correre.

«Non è tutto. La Volpi, quando è in Italia, è una sorta di reginetta della mondanità. Feste, ricevimenti, inaugurazioni, prime di cinema e teatro... Non manca mai, spesso con uomini più giovani che i settimanali definiscono "accompagnatori" e che scompaiono alla velocità con cui sono arrivati. Non si è risposata, non ha un compagno stabile, gestisce un salotto "demi-monde" in cui si ritrova un po' di tutto: artisti con un grande futuro dietro le spalle, speculatori, intrallazzoni, attricette mezze zoccole, scrittori di poco successo...».

«Demi-monde, e questa dove l'hai letta?»

«Su "Novella 2000". O meglio, l'ha letta il Contabile. Meglio ancora, sua moglie ma, evidentemente, il nostro sovrintendente ogni tanto dà anche lui una sbirciatina, visto che se n'è ricordato e ci ha risparmiato un sacco di tempo con l'identificazione».

«E che c'entra 'sta tizia con Morani Luigi?».

Tommaso allarga le braccia, dubbioso.

«Forse niente. Magari si sono solo scambiati qualche parola salendo in aereo come due cortesi passeggeri di prima classe, magari se l'è scopato nella toilette durante il volo... Non risulta che si conoscano e nemmeno, dal poco che sono riuscito a scoprire, che la Volpi avesse contatti con la famiglia del Fringuello. Sono ambienti molto diversi, i Morani sono tradizionalisti, bacchettoni, frequentano ambienti politici di destra e...».

«Va bene, va bene, sette più. Bravo Tommaso. È poco ma è qualcosa, fai i complimenti anche al Contabile da parte mia, se non altro sappiamo che Morani è ad Amsterdam».

«O almeno che c'è arrivato cinque mesi fa...».

«Appunto. Mando immediatamente una nota di ricerca alla polizia olandese, tramite Interpol. Devono scoprire se il ricercato è ancora lì e segnalarlo. Nel frattempo, gli chiedo di localizzare la signora e di avvisarci immediatamente se prende un aereo e soprattutto se torna in Italia. Dobbiamo interrogarla ma, ovviamente, di rogatorie internazionali per favoreggiamento non se ne parla nemmeno, non per una foto che la ritrae con un latitante.

T'immagini che faccia farebbe il pm se gli chiedessimo una cosa simile?».

Tommaso la immagina benissimo e non gli piace affatto, quindi approva.

«Secondo te gli olandesi ci sanno fare, capo? Non ne so molto a parte formaggi tondi, girasoli, puttane in vetrina e bar dove si fuma marijuana... come sarà la polizia da quelle parti?»

Stavolta tocca a Frati allargare le braccia.

«E che ne sacc' io, guagliò? Speriamo che almeno nu pedinament 'o sappino facere».

Alessandra Volpi, 52 anni, detta la Mantide, gioca d'anticipo e spiazza tutti. Come al solito.

Diciannove giorni dopo sbarca trionfalmente a Fiumicino, trousse di Prada, tacchi a spillo, criniera leonina fresca di parrucchiere e tutto il resto. Sale sulla berlina che l'aspetta all'uscita e punta diretta verso la sua villa sull'Appia antica, una magione faraonica con piscina, campi da tennis e due caprette domestiche nel parco, presidiata in permanenza da una pattuglia di domestici anche quando la padrona di casa è all'estero.

L'auto civetta della mobile la tallona a distanza fino a quando il cancello non si chiude e resta lì a presidiare la posizione.

Per una settimana esatta.

«E se non ci fa entrare?»

«Vedremo... Se è coinvolta, probabilmente mentirà, altrimenti, se non ha niente da nascondere, non credo che farà la stronza. Questi riccastri cercano di tenersi sempre buona la polizia, se non altro per paura che coinvolgiamo la guardia di finanza per dare una spulciata alla contabilità».

Angela fa una smorfia di disgusto verso gli evasori fiscali, le ville con piscina e i riccastri in generale. Per l'occasione ha scelto la mise più stramiciata del suo guardaroba, con tanto di jeans slavati e scarpe da jogging da rottamare, mentre Tommaso, in completo blu sartoriale con cravatta e pochette gialle a pallini, camicia Oxford bianca e scarpe Church's, è Sua Ficaggine in persona.

«Ti sei messo in tiro per la bella tardona...».

Tommaso abbozza. Quando sei in servizio con un'ex amante qualche frecciatina acida devi metterla in conto.

«Mi mimetizzo con l'ambiente...».

«Ti riesce benissimo... senti, secondo me 'sta storia è tutta una stronzata, stiamo perdendo tempo».

«Hai qualche alternativa? Senti, Angela, la polizia olandese ha confermato che Morani è rimasto ad Amsterdam per qualche mese, poi è sparito nel nulla. Non sappiamo altro. La Volpi sembra pulita: in questi sette giorni non ha avuto contatti con lui, ha fatto e ricevuto pochissime telefonate e dalle intercettazioni non risulta nulla di sospetto. Ha visto qualche amico e se n'è rimasta quasi sempre nella villa. È possibile che riparta tra poco, all'improvviso e addio, chissà quando la rivedremo più. Quindi l'unica cosa che possiamo fare è provarci».

«Sarà, ma...».

«Lo so, ti sembra una stronzata. L'hai già detto. Cerca di non dimostrarlo troppo, almeno...».

«Per chi mi hai preso? Una dilettante?».

Tommaso alza gli occhi al cielo. Meno male che sono arrivati.

«Ha detto squadra mobile?»

«Sì signora, sono il vicequestore Tommaso Elleni della omicidi e con me c'è l'ispettore Angela Blasi, vorremmo fare due chiacchiere con lei, se non le dispiace».

«Può avvicinare il viso alla telecamera? Anche la signorina, per favore, e se poteste mostrare un distintivo… Sa, questa è una zona isolata e…».

Tommaso e Angela mostrano le loro migliori espressioni rassicuranti e sbirresche al videocitofono, placchette di metallo dorate della polizia di Stato bene in vista.

«Bene, scusate la diffidenza, mando un domestico ad aprirvi e a farvi strada».

Il domestico è un orientale che potrebbe essere benissimo un killer della mafia filippina, uno di quelli che ti scannano col karambit.

Tommaso lo segue, pensando che forse ha visto troppi film. Magari è un cristiano pentecostale con moglie e sette figli che legge la Bibbia in famiglia tutte le sere.

Angela segue tutti e due cercando di non mostrarsi troppo ingrugnata, troppo fuori posto, troppo tutto…

Sii professionale, ragazza. Lascia parlare Tommaso, ascolta, guarda, cerca di cogliere le esitazioni, le incongruenze, le contraddizioni, i segni inequivocabili di qualcuno che racconta frottole.

Prima regola di un interrogatorio: non scoprire troppo le carte. Fai credere che sai tutto anche se non sai niente. Lascia che sia il sospettato a raccontare, ingannalo, seducilo, incalzalo, incoraggialo senza farti scoprire.

Avete presente i polizieschi dove il detective in manica di camicia e cravatta slacciata spiattella tutto al tizio che sta torchiando e ogni tanto s'interrompe per sbraitare: «È così vero? Dillo che è andata così»? Be', nella realtà è esattamente l'opposto. Un sottile gioco di dico-non-dico, una schermaglia di allusioni, una messinscena di suggerimenti a mezza bocca e di false certezze per far vuotare il sacco a chi nasconde un segreto e non ha intenzione di rivelarlo.

Di solito funziona. Soprattutto se il sospettato non è un

malavitoso di quelli che, prima ancora di sedersi, stanno già chiedendo un avvocato.

Di solito.

Per attraversare il parco, costeggiando la piscina (vuota) con vista sulle caprette beate e su un gazebo che dev'essere costato come un appartamento in periferia, ci vogliono quasi dieci minuti. Perfino Angela è costretta a trattenere il fiato davanti a quell'esibizione non sfrontata ma evidentissima di ricchezza. Ricchezza vera, solida, accumulata per generazioni, custodita, accresciuta, coccolata.

Entrano in casa, attraversano un corridoio, svoltano a destra, approdano a un salotto che potrebbe ospitare comodamente l'orchestra sinfonica della Rai, siedono a un divano di pelle chiara che sembra fatto per tutto tranne che per appoggiarci le natiche…

E restano entrambi colpiti. Il vero spettacolo è la signora che li sta aspettando.

CAPITOLO 15

Angela non aveva mai visto una tuta rosa fucsia. E soprattutto non come quella. Più che una tuta, una seconda pelle che aderisce come il costume di un supereroe, modella, evidenzia, mette in risalto ogni centimetro del corpo.

E che corpo.

Alessandra Volpi è una sirena. Spalle da nuotatrice, fianchi da ballerina, ventre piatto, il seno prorompente che sembra pronto a balzare fuori dal tessuto che lo imprigiona, braccia e gambe sottili ma tornite, la massa di capelli biondi con le meches un po' scomposta e tenuta a bada da una fascia di spugna sulla fronte, un sottilissimo velo di sudore sul bel viso dai tratti marcati, aggressivi, senza un filo di trucco e il tocco finale: ai piedi le infradito, rosa anche quelle, che mettono in risalto le unghie perfettamente curate e smaltate, come quelle delle mani, di rosso cupo.

Tommaso si gode il panorama chiedendosi se l'anagrafico non abbia toppato, perché gli sembra impossibile che 'sta gnocca spaziale abbia passato da un pezzo la boa del mezzo secolo.

Angela stringe le labbra e fa quello che fanno di solito le donne quando si trovano davanti a una bella, sensuale, ricca e fascinosa: rosica.

«Buongiorno e scusate se vi ricevo così». Anche la voce è un canto di sensualità, roca, profonda, quasi maschile. «Mi stavo allenando: non mi piace andare in palestra e sono quasi sempre in viaggio, quindi ne ho allestita una in casa e ne approfitto ogni volta che posso. Se mi aveste dato un minimo di preavviso avrei avuto il tempo di cambiarmi».

Tommaso incassa la stoccata con indifferenza. «Ci scusi lei, signora Volpi, se siamo arrivati all'improvviso ma a volte, purtroppo, il nostro lavoro ci impedisce di osservare le regole della buona educazione. Mi spiace per l'irruzione improvvisa e le saremo grati se potesse dedicarci un po' del suo tempo».

Angela grugnisce qualcosa e si domanda se tutte quelle smancerie hanno un senso: probabilmente il vecchio libertino sta già pensando di scoparsi 'sto mignottone.

«Capisco e immagino il perché siate qui... ma almeno un caffè ve lo posso offrire?».

Senza aspettare risposta, Alessandra Volpi preme un campanello sulla boiserie e un attimo dopo, come il genio della lampada, si materializza il killer-cristiano pentecostale, che ricompare pochi minuti dopo con un vassoio su cui troneggiano tazzine, bricco d'argento, un vassoietto pieno di biscotti e una caraffa d'acqua.

Alessandra Volpi si comporta da perfetta padrona di casa: sorride, versa il caffè e l'acqua nei bicchieri, beve il suo e si accende una sigaretta da un pacchetto posato sul tavolino.

«Ovviamente potete fumare, in questa casa è tutto ammesso», gorheggia indicando un massiccio posacenere di cristallo che probabilmente pesa e costa come una Harley-Davidson.

Tommaso e Angela la imitano all'istante.

Angela immagina di spegnere la cicca sul divano di pelle, solo per vedere che faccia fa la stronza. Poi fa un reset mentale ed entra in modalità investigatrice, anche se il suo ruolo, stavolta, è secondario e anzi, a pensarci bene, si domanda perché Tommaso abbia voluto portarla con sé: di sicuro il suino se ne sta pentendo e vorrebbe restare a tu per tu con questa maliarda da fotoromanzo.

«Be', signori, come si dice, volete venire al sodo?»

«Certo, signora Volpi, siamo qui per chiederle dei suoi rapporti con un passeggero che ha incontrato sul volo per Amsterdam, cinque mesi fa. Forse se ne ricorderà, si è presentato come Anselmo Rovinacci».

Il sorriso della Volpi è pieno di ironia.

«Bel nome, Anselmo... Ma sono sicura che lei intende dire Gigi Morani».

«Conosceva la sua vera identità?». Tommaso capisce che la manfrina "dico-non-dico", stavolta, può andare a farsi benedire. È la tizia a condurre il gioco.

«Ovviamente. E per anticipare le vostre domande e risparmiarvi la fatica di un interrogatorio, ammetto subito che conosco bene il suo passato e la sua storia, visto che è stato lui a raccontarmeli poco dopo che ci siamo conosciuti».

«E... lo ha frequentato ad Amsterdam?». Tommaso sente che qualche domanda deve pur farla. In fondo il poliziotto è lui.

«Abbiamo vissuto insieme per qualche mese. Non sapeva dove andare e quindi gli ho offerto ospitalità. Sì, abbiamo avuto una storia d'amore, se è questo che vuole sapere. Evidentemente ci sono ancora uomini che mi trovano attraente, nonostante sia una vecchietta».

Tommaso fa per dire qualcosa di galante ma una specie di vibrazione aggressiva proveniente dalla persona seduta al suo fianco gli tappa la bocca. Gli inglesi dicono *phishing for compliments* e la signora che ha davanti, di sicuro, non ne ha bisogno.

«Be', con Gigi all'inizio è stato bellissimo. Era come un

ragazzino nel negozio di giocattoli, la città gli piaceva, si sentiva al sicuro, voleva girare, vedere, assaggiare tutto... Coi suoi trascorsi non aveva potuto viaggiare e, alla sua età, un Paese come l'Olanda era una vera scoperta: musei, gallerie, canali, concerti, i coffee shop, il quartiere a luci rosse. Purtroppo è durato poco».

«In che senso? È scappato?»

«È caduto in depressione. La lontananza, la paura di essere rintracciato, forse il rimorso... Non so. Il suo umore è cambiato più velocemente del tempo che, in Olanda, è sempre incostante. L'entusiasmo iniziale è durato poco. Gigi ha cominciato a chiudersi in sé stesso, a diventare scontroso, irritabile, cupo, a bere, a drogarsi. Amsterdam, come sapete, è uno dei più grandi mercati di stupefacenti a cielo aperto d'Europa, si trova di tutto. Qualche canna me la faccio anche io, lo ammetto, soprattutto perché lì il consumo è legale, ma Gigi ci ha messo pochissimo a fare il salto: anfetamine, cocaina, eroina, crack. Nel giro di due mesi era un tossicodipendente a tutti gli effetti e potete immaginare come sia la convivenza con una persona perennemente strafatta, che alla minima osservazione, al consiglio più amorevole, si mette a sbraitare o scoppia a piangere come un ragazzino... Un inferno».

Tommaso annuisce e tace, tanto non c'è bisogno di chiedere, la tizia va avanti a ruota libera.

«Volevo portarlo da un dottore perché temevo che si fosse ammalato seriamente, ma non ne voleva sapere. Era dimagrito, aveva una carnagione giallastra e temevo si fosse beccato un'epatite o, peggio, una cirrosi epatica, con tutto l'alcol che trangugiava. Era capace di scolarsi un'intera bottiglia di whisky da solo nel giro di una sera. Non facevamo più sesso, erano liti e scenate continue e alla fine l'ho convinto a cambiare aria, a partire sperando che stare in un altro Paese potesse rimetterlo in sesto».

«Un altro Paese? Quale?»

«Il Sudafrica, dottore. Come sicuramente sapete, ho degli interessi laggiù e ce l'ho spedito con un biglietto di sola andata e l'incarico, del tutto fittizio, di occuparsi della filiale di Johannesburg, anche se avevo avvisato il responsabile di dargli un incarico irrilevante, almeno all'inizio e soprattutto di tenerlo d'occhio».

«Ed è lì che si trova adesso?». Tommaso si tende in avanti come un setter che ha fiutato un fagiano bello grasso.

«A quanto mi risulta, sì».

«Può dirci dove, signora? Ha un indirizzo?»

«Certo, a Braamfontein».

Tommaso annota il nome senza farselo ripetere, la penna più veloce del West.

«Ed è sicura che sia ancora lì?»

«Difficile che se ne sia andato. È un cimitero».

«Prego?»

«Ha sentito benissimo... Luigi Morani è morto esattamente dieci giorni fa, di overdose. Evidentemente la mia speranza che potesse ristabilirsi non si è avverata. I miei uomini hanno la spiacevole tendenza a lasciarmi sola e passare a miglior vita. La vostra caccia è finita, come il mio amore per lui».

«Dovremo andare in Sudafrica per i test del DNA sul cadavere», mormora Tommaso, sconcertato, più a sé stesso che ad Angela.

«Temo sia impossibile, dottor... Elleni, giusto?»

«Sì, Tommaso Elleni. Perché impossibile?»

«Il corpo è stato cremato due ore dopo il decesso. È stata una decisione delle autorità locali, credetemi, io non c'entro. C'è una grossa carenza di tombe laggiù e con quel clima... Immagino abbiano voluto sbarazzarsi della salma il più presto possibile. E adesso, se non avete altre domande, vorrei farmi una doccia e mettermi un po' a lavorare».

Tommaso fa per alzarsi ma ci ripensa.
«Vorrei chiederle solo un'altra cosa, se permette».
«Dica pure».
«Perché lo ha aiutato? Sapeva che era un ex terrorista e un assassino...».
Alessandra Volpi fa un sorriso amaro. «Mi faceva tenerezza. Si atteggiava a duro ma mi creda, dentro era solo un cucciolo spaventato. L'ho capito dal primo momento. Forse ha risvegliato il mio istinto materno, visto che non ho avuto figli. Vi basta?».

Il fax della polizia locale, contattata dall'Interpol, arriva il giorno dopo.
La salma di Luigi Morani detto er Fringuello, ricercato per associazione per delinquere, omicidio, traffico di stupefacenti, detenzione di armi da fuoco e stupefacenti, aggressione, estorsione e altri reati minori non esiste più.
L'inchiesta è finita.

IL KILLER MORTO IN SUDAFRICA
NESSUN DNA PER ER FRINGUELLO

di Marco Scalesi

La conferma è arrivata con un fax dell'Interpol. Il cadavere cremato nel cimitero di Johannesburg appena due ore dopo il decesso è quello di Gigi Morani, detto er Fringuello, uno dei killer più spietati della Banda, riuscito a sfuggire alle manette alla vigilia dell'operazione Cupolone, l'inchiesta della mobile che ha decapitato l'organizzazione criminale.
Stando alle poche notizie che filtrano dagli uffici degli investigatori, Morani (un ragazzo di buona famiglia con un passato di terrorista nero e un arresto per omicidio a soli 16 anni), dopo la fuga si era rifugiato, per qualche mese, in Olanda, dove poteva contare sull'aiuto di alcuni ex camerati o di altri componenti della Banda non ancora identificati. Successivamente, però, avrebbe

sentito odore di manette e sarebbe riparato in Sudafrica. Tossicodipendente da molto tempo, er Fringuello sarebbe morto per overdose. Impossibile, però, stabilire senza ombra di dubbio che la salma fosse, effettivamente, quella del ricercato. Il corpo, infatti, è stato cremato soltanto due ore dopo che il cuore di Morani si è fermato. Una procedura, sembra, abbastanza comune nel Paese sudafricano, che soffre da tempo di una carenza di posti per le inumazioni nei cimiteri.

Tante le domande ancora senza risposta. Chi ha avvisato er Fringuello che la mobile stava per arrestarlo? Chi lo ha aiutato a fuggire all'estero? Chi gli ha fornito i soldi per la latitanza? E non potrebbe trattarsi di una colossale messa in scena? Un modo per scomparire definitivamente e rifarsi una vita con un nuovo nome e, forse, un nuovo volto?

«Siamo ragionevolmente sicuri che Morani sia deceduto, tutti i riscontri investigativi sembrano escludere altre possibilità», dice una voce anonima in questura, dove si stanno cercando di ricostruire con esattezza gli ultimi giorni del latitante. Una eventuale trasferta degli investigatori in Sudafrica non è data per imminente: si lavora soprattutto sulle carte e con la polizia locale, tramite l'Interpol. Ma sull'incredibile vicenda di Luigi Morani resteranno per sempre molti dubbi.

Marco Scalesi rilegge velocemente il pezzo, scritto in fretta e furia dopo una soffiata che l'ha bloccato in redazione alle 21:30, quando stava per andarsene a casa. Approva mentalmente e preme il tasto "Invia". Poi fa un cenno col pollice alzato al suo capo, in agguato dentro il suo gabbiotto, si stiracchia, si rilassa, spegne il computer chiedendosi dove rimedierà qualcosa da mangiare, visto che il frigo, come sempre, è desolatamente vuoto.

Fa per alzarsi, guarda la foto del bel viso aggressivo di Gigi Morani sulla pagina di un quotidiano di qualche giorno prima, abbandonato nel caos della sua scrivania, e si ferma qualche istante a riflettere.

Sei morto veramente?

Sei scappato chissà dove e hai fregato tutti?

Il cronista fa un sorriso che sembra un ghigno. Chissà perché, questa seconda ipotesi gli piace di più. Poi, finalmente, si decide a levare le tende. Tanto nessuno saprà mai com'è andata.

EPILOGO

Roma, via Barnaba Oriani, nove mesi dopo

Il telefono squilla a lungo in una casa addormentata.

Alberto Morani lo sente attraverso una sorta di nebbia, pensa che sia un sogno, si rimette giù ma lo squillo continua, insistente, lacerante, allarmante.

Morani guarda il Submariner posato sul comodino: le 4:17. Si alza velocemente, senza preoccuparsi di svegliare la moglie che, come al solito, è immersa nel torpore ipnotico provocato dagli psicofarmaci. Da quando ha saputo che Gigi è morto, Daniela Lezzi Morani è crollata. Un breve ricovero in clinica, poi il ritorno a casa, sorvegliata come un detenuto in isolamento per paura che possa tentare il suicidio. Adesso, con tre sedute di psicoterapia a settimana e dosi massicce di stabilizzanti dell'umore, sedativi, sonniferi e, praticamente, ogni supporto chimico disponibile, sembra aver superato il periodo peggiore e si rifugia nel sonno. La signora attiva, dinamica, sportiva, mondana di un tempo è un relitto che passa dalle tredici alle quindici ore a letto. Mangia, si appisola, ingrassa, non si cura e, dopo nemmeno un anno, è irriconoscibile.

Alberto Morani ciabatta verso il telefono in salotto, chiedendosi chi cazzo sarà a quest'ora infame. Ma lo sa già: la polizia. Probabilmente sono giù in strada e lo chiamano perché non ha sentito il citofono. Da quando il figlio è morto, sembra che ci prendano gusto a presentarsi all'improvviso, in qualsiasi momento e coi pretesti più assurdi, tanto per dargli il tormento. Nessun rispetto per il suo dolore.

Sbirri di merda.

Alberto Morani sa di avere la casa piena di microfoni ma se ne frega. Non ha niente da nascondere, lui, e comunque, anche la sua vita è finita come quella di Daniela. Chi sopravvive alla morte di un figlio? Alberto questa forza non ce l'ha e tira avanti con la medicina universale, preferita da molti uomini devastati da una tragedia: il lavoro. Resta in studio o in sala operatoria dalle 9 alle 20, dal lunedì al venerdì e cerca di non pensare. A volte ci riesce perfino per una giornata di seguito. I weekend sono terribili. Non ha voglia di andare fuori Roma, di vedere gente, di giocare a tennis, di socializzare, di andare al cinema. La mountain bike gli dà un minimo di consolazione. Se non piove la inforca ogni sabato mattina e pedala per ore e ore, da solo, accumulando centinaia di chilometri nei muscoli delle gambe sempre più tonici. Biciterapia. La domenica va a messa, solo, in una chiesa distante dal suo quartiere dove può sfuggire alle occhiate di compassione o disprezzo, ai mormorii, alla solidarietà fasulla e, se non esce un'altra volta in bicicletta, resta per ore davanti alla televisione senza neanche capire cosa stanno trasmettendo, in attesa che venga lunedì e possa rintanarsi di nuovo in studio o in clinica. Ha ripreso a fumare di brutto, beve di nascosto e, quando proprio non ce la fa più, ricorre a qualcuna delle pillole di sua moglie.

Il telefono continua a squillare. Alberto Morani sente la tentazione di non rispondere e di lasciare gli sbirri a contemplare la facciata del palazzo ma sa che comunque non lo lasceranno mai in pace, quindi agguanta la cornetta e risponde «Chi è?» con un grugnito di pura rabbia.

La voce gli sussurra solo poche parole.

Clic.

Alberto Morani piange in silenzio con la cornetta in mano. Poi la casa addormentata si riempie di urla.

FINE

INDICE

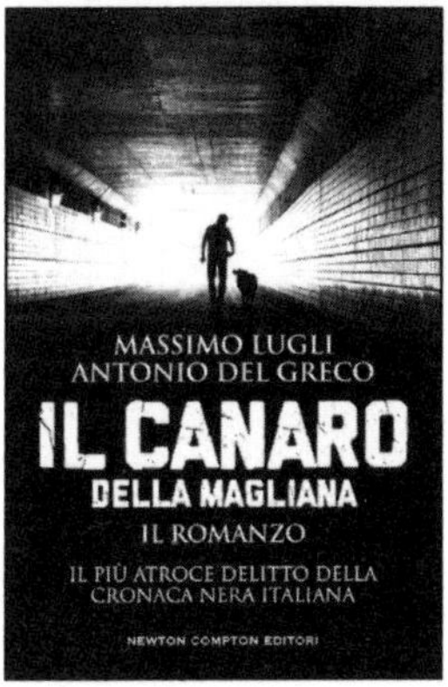

Massimo Lugli
Antonio Del Greco

Il Canaro della Magliana

Volume di 336 pagine

Roma, 19 febbraio 1988.Un cadavere smembrato e carbonizzato viene rinvenuto in una discarica della Magliana, alla periferia della Capitale. Il corpo presenta segni di orribili, raccapriccianti torture, e le indagini partono immediatamente, coinvolgendo la squadra mobile e Angela Blasi, una giovane ispettrice al suo primo caso nella sezione omicidi. L'inchiesta, per la polizia, si prospetta tutt'altro che semplice. Una volta identificata la vittima, infatti, le tracce portano a un insospettabile: il proprietario di una toeletta per cani...

NEWTON COMPTON EDITORI

Massimo Lugli
Antonio Del Greco

Inferno Capitale

Volume di 352 pagine

Roma. L'autrice di un noto programma della RAI viene brutalizzata e uccisa nel parco di Villa Ada e una serie di omicidi a sfondo sessuale gettano nel panico la capitale. È un caso difficilissimo per il vicequestore Angela Blasi, dirigente della sezione omicidi della Mobile, incalzata dai superiori e dalla stampa e alle prese con una realtà inimmaginabile. Promossa a funzionario dopo l'inchiesta sul Canaro della Magliana, si troverà ad affrontare un'indagine che la porterà a ripercorrere alcuni casi del passato, in apparenza senza alcun collegamento tra di loro: proprio per questo l'esito della vicenda sarà ancora più inaspettato.
Antonio Del Greco e Massimo Lugli tratteggiano il quadro di una città oscura, notturna e violenta, in cui si muovono criminali, spacciatori, stupratori seriali e personaggi dalla doppia vita e dove la legalità e la verità sono merci rare.

NEWTON COMPTON EDITORI